INTERPARADIGMAS

A REVISTA DE DOUTORES DA CONSCIENCIOLOGIA

Ano 6, N. 6, 2018

The Journal of Conscientiology's Doctors

BILINGUAL EDITION

The Consciential Paradigm and Other Paradigms of Consciousness Research

O Paradigma Consciencial e Outros Paradigmas de Pesquisa da Consciência

EDITORIAL

Paradigmas Para a Pesquisa da Consciência

A pesquisa da consciência é possivelmente o mais expressivo front de vanguarda científica e filosófica. A verdadeira natureza da consciência desafia os paradigmas de premissa fisicalista, predominantes no *establishment* científico. As descrições nomológicas das ciências naturais excluem a subjetividade, no entanto a consciência é subjetiva. O chamado *problema difícil* de Chalmers (1995) é a síntese do desafio, o qual, para Revonsuo (2015), sinaliza anomalia no programa de pesquisa das neurociências. Já dizia Descartes, pensamento e extensão são categorias incompatíveis. Pode-se dizer que o problema da consciência, no fundo, precisa compatibilizar pensamento (subjetividade) e extensão, seja reduzindo uma a outra (monismos materialista ou idealista; panpsiquismo), seja mantendo o distinto lugar de cada uma (dualismo). O desafio é descrever em quais condições a pesquisa da consciência enquanto subjetiva pode ser objetiva, tornando-se científica.

Nesse escopo, surgem propostas de diferentes paradigmas, sendo uma delas o paradigma consciencial, associado à Conscienciologia. Segundo esse paradigma, cada indivíduo pode abordar suas experiências pessoais com objetividade, incluindo principalmente os estados alterados de consciência. São aplicadas técnicas para manter e ampliar a lucidez com relaxamento físico profundo, de modo inteiramente natural, sem indução externa alguma. Assim, a objetividade da pesquisa da consciência torna-se possível com referência aos pensenes (pensamentos, sentimentos e energias que manifestam a consciência), ao invés do cérebro tão somente. Trata-se de desenvolver as implicações das experiências parapsíquicas para a pesquisa da consciência. Eis a base do paradigma consciencial.

O presente número da *Interparadigmas* propõe a reflexão sobre as diversas propostas de paradigmas de pesquisa da consciência e a respectiva interlocução com o paradigma consciencial.

Alejandro Parra, doutor em Psicologia e presidente do Instituto de Psicología Paranormal da Argentina, traz o artigo *Estudio exploratorio de la teoría del temperamento y las experiencias paranormales*, onde procura indícios empíricos de correlações entre tipos de temperamento e fenômenos paranormais. O cerne interparadigmático é a *predisposição temperamental*.

O artigo *Adaptabilidade migratória internacional: da adaptação ao neoambiente à evolução consciencial*, de Viviane Passos Gomes, doutora em Direito, amplia e aprofunda interparadigmaticamente o tema tão atual da adaptabilidade migratória até a *adaptabilidade autoevolutiva*.

A doutora em Biologia Celular Tanise Knakievicz, com o artigo *Quadridimensionalidade da manifestação humana intrafísica*, faz o cotejo entre as teorias das Mentalidades Econômicas, Constelações Familiares e Conscienciologia, apontando convergência interparadigmática na *inteligência evolutiva*.

No artigo *Análise comparativa entre as metodologias de pesquisa na Psicologia e na Conscienciologia sobre Síndrome do Impostor*, Adriana Kauati, doutora em Engenharia Biomédica, coteja as abordagens epidemiológica e autoexperimental, ambas convergindo interparadigmaticamente na *tecnicidade*.

Marina Vinha, doutora em Educação Física, apresenta o artigo *Consciência indígena no espaço acadêmico e na perspectiva consciencial*, onde compara casos científicos fronteiriços da Antropologia e Conscienciologia. O cerne interparadigmático é a *cientificidade não convencional*.

A *Entrevista com Antonio Pitaguari – Intercâmbios Conscienciologia-Parapsicologia na década de 1990* faz o registro histórico da primeira experiência exploratória do ambiente científico europeu por parte da Conscienciologia. O centro interparadigmático da entrevista é a *comunidade científica*.

Ótimas reflexões interparadigmáticas a todos!

Alexandre Zaslavsky
Editor-chefe

REFERÊNCIAS

CHALMERS, David. Facing up to the problem of consciousness. *Journal of Consciousness Studies*, 2(3):200-19, 1995.

REVONSUO, Antti. Hard to see the problem? *Journal of Consciousness Studies*, 22(3–4): 52–67, 2015.

EDITORIAL

Paradigms for Consciousness Research

Consciousness research possibly is the most expressive front of scientific and philosophical avant-garde. The true nature of consciousness challenges the paradigms of physicalist premisses, predominant in the scientific establishment. The nomological descriptions of the natural sciences exclude subjectivity, although consciousness is subjective. Chalmers' (1995) so called hard problem is the synthesis of that challenge, which to Revonsuo (2015) means an anomaly of the Neuroscience investigation program. As Descartes said, thought and extension are incompatible categories. One could say that the problem of the consciousness, at the bottom line, must make thought (subjectivity) and extension compatible, whether reducing one to the other (materialist or idealist monisms; panpsychism) or keeping them distinct (dualism). The challenge is to describe on which conditions can consciousness research, as subjective, become objective, that is, scientific.

At this scope, different proposals of paradigms come up and one of them is the consciential paradigm, associated to Conscientiology. According to this paradigm, each individual can approach objectively his or her own personal experiences, including mainly the altered states of consciousness. Techniques are applied aiming to keep and expand lucidity while in deep physical relaxation, in a totally natural manner, without any external induction. Therefore, the objectivity of consciousness research becomes possible in reference to thosenes (thoughts, sentiments and energies which manifest the consciousness), instead of the brain only. It is about developing the implications of parapsychic experiences to consciousness research. This is the basis of the consciential paradigm.

The present issue of Interparadigmas suggests the reflection on the diverse proposals of paradigms to consciousness research and the respective interlocution with the consciential paradigm.

Alejandro Parra, the President of the Institute of Paranormal Psychology of Argentina and PhD in Psychology, presents the article *Exploratory study of temperament theory and paranormal experiences*, where he seeks for empirical indications of correlations between types of temperament and paranormal phenomena. The interparadigmatic core is the *temperament predisposition*.

The article *International migratory adaptability: from adaptation to the neo-environment to consciential evolution*, by Viviane Passos Gomes, PhD in Law, interparadigmatically broadens and deepens the current theme of migratory adaptability to *self-evolutive adaptability*.

Tanise Knakievicz, PhD in Cellular Biology, with the article *Four-dimensionality of intraphysical human manifestation*, makes a comparison between the theories of Economic Mentalities, Family Constellations and Conscientiology, pointing out an interparadigmatic convergence toward *evolutionary intelligence*.

In the article *Comparative analysis between research methodologies in Psychology and Conscientiology on Impostor Syndrome*, Adriana Kauati, PhD in Biomedical Engineering, compares the epidemiological and self-experimental approaches, both converging interparadigmatically into *technicity*.

Marina Vinha, PhD in Physical Education, presents the article *Indigenous consciousness in academic space and on consciential perspective*, where are compared frontier scientific cases of Anthropology and Conscientiology. The interpardigmatic core is *non-conventional scientificity*.

The *Interview with Antonio Pitaguari: Interchange Conscientiology – Parapsychology in the 1990's* makes a historical record of the first exploratory experience of the European scientific environment by Conscientiology. The interparadigmatic center of the interview is the *scientific community*.

Great interparadigmatic reflections to all!

Alexandre Zaslavsky
Chief-editor

REFERENCES

CHALMERS, David. Facing up to the problem of consciousness. *Journal of Consciousness Studies*, 2(3):200-19, 1995.

REVONSUO, Antti. Hard to see the problem? *Journal of Consciousness Studies*, 22(3–4): 52–67, 2015.

ESTUDIO EXPLORATORIO DE LA TEORÍA DEL TEMPERAMENTO Y LAS EXPERIENCIAS PARANORMALES

Alejandro Parra

Resúmen: Aunque existen estudios que han explorado los rasgos de personalidad para explicar ciertas experiencias paranormales, es sorprendente que poco se ha examinado la conexión entre tales experiencias y el temperamento individual. El objetivo de este estudio es comparar cuatro tipos de temperamentos en términos de frecuencia de experiencias paranormales. Mediante un procedimiento de reagrupación en base a la puntuación alta/baja de una muestra pre-seleccionada de 403 estudiantes de psicología, se comparó las medias de la puntuación de experiencias paranormales de cuatro grupos: Flemático (n= 30), Sanguíneo (n= 54), Melancólico (n= 159) y Colérico (n= 160), usando la versión argentina estandarizada del Cuestionario de Personalidad de Eysenck para adultos. Se empleó un segundo inventario de 10 reactivos diseñado para colectar tipo y frecuencia de experiencias anómalo/paranormales espontáneas. Los resultados muestran que el perfil colérico obtuvo una media más alta en la frecuencia de algunas experiencias paranormales, tales como Experiencias proyectológicas, Recuerdo de Sueños, Aura, Déjà-vu, y recuento (suma) del total de experiencias, el perfil Sanguíneo obtuvo una media más alta en Telepatía, y el perfil Melancólico en Sensación de presencia. Ciertas experiencias anómalas, podrían ser mejor comprendidas analizando individuos con tales perfiles.
Palabras clave: temperamento, experiencias paranormales, Inventario de Personalidad de Eysenck, Psi Index, perfil colérico.

INTRODUCCIÓN

La teoría del temperamento tiene sus raíces en la antigua teoría de los cuatro humores, la cual tuvo su origen en el antiguo Egipto y en la Mesopotamia, pero fue el médico griego Hipócrates (460-370 AC) quien la desarrolló en un contexto médico (ver Kagan, 1998). Hipócrates creía que ciertos estados de ánimo, emociones y comportamientos eran provocados por un exceso o falta de líquidos corporales (llamados "humores"), sangre, bilis amarilla, bilis negro y flema. Más tarde, Galeno (129-200 DC) desarrolló la primera tipología del temperamento a la que clasificó como caliente/frío y seco/húmedo, del cual se producía un "equilibrio" entre las cuatro cualidades, dando un total de nueve temperamentos (van Sertima, 1992).

La palabra "temperamento" proviene del latin *temperare* (temperatura). La personalidad "ideal" se produce cuando las temperaturas, caliente/frío y húmedo/seco, están cuidadosamente balanceadas. Pero a menudo, en los cuatro tipos, uno de éstos es el dominante por sobre todos los demás. En los cuatro restantes, un par de cualidades domina el par complementario; por ejemplo, el cálido y húmedo domina al frío y seco. Los cuatro temperamentos es una "proto-teoría" psicológica que sugiere que hay cuatro tipos fundamentales de personalidad, la sanguínea (optimista-líder), la colérica (malhumorada o irritable), la melancólica (analítica-tranquila), y flemática (relajada-tranquila). La mayoría de éstas permiten un gran número de combinaciones (Kagan, 1998; Martindale y Martindale, 1988).

El médico griego Hipócrates (460-370 AC) incorporó los cuatro temperamentos en sus teorías médicas como parte del antiguo concepto de los estados de ánimo, y que los cuatro fluídos corporales afectan la personalidad y el comportamiento humano. En su *Canon Médico* –un texto de medicina clásico en muchas universidades medievales– el erudito persa Avicena (980-1037 DC) amplió la teoría de los temperamentos hasta abarcar "aspectos emocionales, capacidad mental, actitudes morales, conciencia de sí, movimientos y hasta los sueños" (Kagan, 1998, p. 210). Immanuel Kant (1724-1804), Rudolf Steiner (1861-1925), Alfred Adler (1879-1937), Erich Adickes (1866-1925), Erich Fromm (1947) entre otros, todos ellos también han teorizado acerca de los cuatro temperamentos (con diferentes nombres) y en buena medida moldearon en mucho nuestras actuales teorías acerca del temperamento (Martindale y Martindale, 1988).

Otros investigadores desarrollaron sistemas similares, muchos de los cuales no emplean la antigua nomenclatura del temperamento, pero parean la extroversión con otro factor diferente, lo que determinaría la orientación a la tarea. Uno de las más conocidos hoy día es el Keirsey Temperament Sorter (KTS) (Billemont, 2012), cuyos cuatro temperamentos están en gran medida basados en los dioses griegos, y están asignados a los 16 tipos del Myers-Briggs Type Indicator (MBTI), los cuales se renombraron Artesano (SP), Guardián (SJ), Idealista (NF), y Racional (NT). En lugar de utilizar la extroversión y la introversión (E/I) como otras teorías, el KTS configura los temperamentos "Sensación" e "Intuición" (S/N, renombrado "Concreto" y "Abstracto") como un nuevo par categórico, "Cooperativo" y "Pragmático". Cuando se factorializan "Rol/Informativo" y "Rol/Directivo" (que corresponde a la orientación a las personas o a las tareas), con E/I se obtienen los 16 tipos.

Se considera al temperamento un aspecto relativamente estable de personalidad heredado, y es el fundamento de las reacciones descontroladas que la gente tiene frente a los estímulos emocionales (Snowden & Gray 2010). Sin embargo, no hay muchos estudios sobre temperamento y experiencias paranormales/espirituales. Steiner (1909/2008) trató de encontrar una síntesis entre espiritualidad y temperamento. En su trabajo filosófico, que denominaba *ciencia espiritual*, trató de aplicar el pensamiento de la filosofía occidental a cuestiones espirituales. Lachman analizó algunos de los principios de la antroposofía de Steiner, la vida después la muerte y el renacimiento, el espiritismo, y la historia oculta del mundo. El propio Steiner se negaba a decir cómo sabía estas cosas, pero se podría concluir benignamente que los aprendió en su propia práctica de ejercicios de meditación (para una revisión, ver Lachman, 2007).

La proyecciología es un subcampo o especialidad de la ciencia Conciencio-logía, que estudia las proyecciones de la conciencia para fuera del cuerpo físico, o sea, las acciones de la conciencia en dimensiones no físicas, por fuera del cuerpo biológico (Vieira, 1986, 1999). La proyecciología también investiga decenas de fenómenos tales como la bilocación, la clarividencia, las experiencias cercanas a la muerte (ECM), la precognición, la telepatía (ver Vieira, 1997, 2000). Sin embargo, hay pocos estudios que hayan explorado los rasgos de personalidad para explicar las experiencias proyecciologicas espontáneas, de modo que no es sorprendente la conexión entre tales experiencias y el temperamento individual. Individuos que indican tener ciertas experiencias, muestran una tendencia a preocuparse, estar deprimido y ansioso, tener quejas psicosomáticas, sentirse cansado y ser propensos a la neurosis – todos aspectos del temperamento (Gómez Montanelli y Parra, 2004; para una revisión ver Kramer, Bauer, & Hövelmann, 2012). Personas que muestran niveles más altos de desadaptación y gregarismo que las personas "normales" tienden a tener mayor frecuencia de experiencias paranormales (Sebastián y Mathew, 2001). Sin embargo, Fox y William (2000) examinaron a estudiantes universitarios que completaron el Keirsey Temperament Sorter pero no obtuvo ninguna relación significativa.

Varios estudios evaluaron los correlatos de personalidad de aquellos que tienen experiencias espontáneas, algunos de los cuales han estudiado las experiencias psíquicas y un gran número de variables cognitivas y de personalidad en relación con la proyeciología (Vieira, 1986, 1997, 1999, 2000), tales como las premoniciones (Parra, 2015a; Rattet y Buršík, 2001; Haight, 1979), ver el aura (Zingrone, Alvarado, y Dalton, 1998-99), y empatía (Parra, 2013). Por ejemplo, para poner a prueba la hipótesis de que los tipos psicológicos del *Myers-Briggs Type Indicator* (MBTI) influyen en la experiencia de "encuentro" con personas fallecidas aplicando la ténica de psicomenteum, Arcangel (1997) encontró que el 96% del tipo NF (Intuitivo/Sensorial) experimenta contactos espirituales, pero que el 100% de los participantes con el tipo ST (Sensorial/Racional) no tenían ninguna experiencia inusual o significativa (ver Arcangel, 2001; Moody, 1994). Arcangel también concluyó que los tipos de personalidad influían en los encuentros espirituales con seres amados fallecidos y otras experiencias paranormales, lo cual indica que el uso de un oráculo puede ser una fuente eficaz para aquellos que son propensos a experimentar este tipo de encuentros en contraposición a aquellos que no.

El EPQ es un instrumento que evalúa rasgos de personalidad, diseñado por Hans J. y Sybil B.G. Eysenck (Eysenck & Eysenck, 1975). Eysenck (1916-1997) fue uno de los primeros psicólogos que analizó las diferencias de la personalidad empleando análisis factorial, y su investigación lo llevó a creer que el temperamento está biológicamente determinado. Propuso el Neuroticismo (N), la tendencia a experimentar emociones negativas, y la Extraversión (E), la tendencia a disfrutar de eventos positivos, especialmente los sociales. Al relacionar estas dos dimensiones, Eysenck observó cómo sus resultados se asemejaban a los cuatro temperamentos de la antigüedad. Eysenck consideraba el aprendizaje de los hábitos de gran relevancia, pero consideraba como lo más importante a las diferencias de personalidad que se desarrollaban por fuera de la herencia genética. También desarrolló su modelo de personalidad y temperamento de acuerdo a tres dimensiones: Psicoticismo, Extraversión y Neuroticismo, también conocido como modelo "PEN" de la personalidad (Dergan, 1999).

Originalmente, Eysenck sólo teorizó acerca del neuroticismo y la extraversión, pero más tarde se dió cuenta que el psicoticismo también era un factor que contribuía a la personalidad (luego añadió el Psicoticismo como el tercer factor de su modelo para su nuevo modelo tetra-factorial de personalidad) (Eysenck, 1985; para una discusión ver Boeree, 1998; Plucker, 2013). Las tres dimensiones que postula el modelo PEN de Eysenck son la Extraversión, el Neuroticismo y el Psicoticismo (ahora conocida como "Afecto Negativo"). La extraversión es una dimensión bipolar en la que en el extremo alto se encuentra la extraversión propiamente dicha, y en el otro extremo de puntuaciones bajas, la introversión. Según Eysenck las personas con una corteza cerebral muy activada (Sistema de Activación Reticular Ascendente) no necesitan más estimulación y evitan excesivo contacto social, es decir, serían introvertidas y viceversa (Dimensión Social). La dimensión conocida como Neuroticismo en su polo alto indica mayor presencia de ansiedad, mientras que en el polo opuesto se encuentra el control de las emociones, es decir, la "normalidad". Las bases biológicas de esta dimensión están relacionadas con la activación del Sistema Nervioso Autónomo (Dimensión Emocional) (ver Eysenck & Eysenck, 1987). Una combinación de polos opuestos en Neuroticismo (Alto vs. Bajo) y Extroversión (Alto vs. Bajo) produce cuatro perfiles de temperamento (ver Tabla 1):

Tabla 1. Perfil, cuadrante y cualidades principales de los cuatro temperamentos medidos por el EPQ.

Perfil	Cuadrante	Cualidades tales como…
Sanguíneo	Extravertido Estable	Abierto, hablador, responsable, cordial, animado, despreocupado, líder.
Colérico	Extravertido Inestable	Quejoso, inquieto, nervioso, cambiante, impulsivo, inmaduro.
Flemático	Introvertido Estable	Calmo, ecuánime, confiable, controlado, pacífico, pensativo, cuidadoso, pasivo.
Melancólico	Introvertido Inestable	Tranquilo, reservado, pesimista, soberbio, rigido, ansioso.

El modelo PEN de Eysenck y su relación con las experiencias psíquicas se adapta bien al presente estudio porque Eysenck también creía que los participantes extrovertidos de los experimentos parapsicológicos debían tener mejor capacidades psi que los introvertidos porque los extrovertidos responden mejor a estímulos nuevos (Eysenck & Sargent, 1984). Sugirió que es posible que en el contexto experimental pueda favorecer a los extrovertidos, quienes responden bien a lo novedoso, pero pierden interés con la monotonía. En sentido inverso, el introvertido está más inclinado a entretenerse con sus propios pensamientos y de este modo enmascara la información psi, y esto produce que psi quede anulado. Dado que los extrovertidos tienden a tener menor nivel de estimulación cortical que los introvertidos, se esperaría que los extrovertidos muestren mayores habilidades psi debido a que los introvertidos tienen demasiado "ruido" interno para poder captar la débil señal psi (Eysenck, 1967).

PREDICCIONES

Aunque en esencia este estudio es realmente exploratorio, el objetivo es comparar los cuatro grupos de temperamentos antes mencionados en términos de la frecuencia de experiencias paranormales, como sueños, telepatía, ver el aura, experiencias proyeciológicas, recuerdo de vidas pasadas, sensación de presencia, curación a distancia, déjà-vu, experiencia mística, apariciones y un índice (o recuento) de experiencias paranormales.

MÉTODO

De un total de 2678 estudiantes universitarios reclutados en el Departamento de Psicología, se recibieron 1810 cuestionarios completos (67%). De este número, 1216 (75%) eran mujeres y 594 (35%) varones, con edades comprendidas entre 18 a 53 años de edad (Media= 33,47; DT= 13,30). De los 1810 cuestionarios, se emplearon sólo 403 casos (21%) para agrupar los cuatro temperamentos (ver *Procedimiento de Categorización*).

INSTRUMENTOS

Cuestionario de Personalidad de Eysenck, Forma A (Eysenck y Eysenck, 1964/1978, 1975, 1985; última versión estandarizada argentina en español de Argibay, 2008). El EQP contiene 94 ítems de respuestad, cada uno de los cuales se responde por Si/No. Mide dos factores de personalidad: Neuroticismo (N), Extraversión (E) y Psicoticismo, pero sólo los dos primeros se emplearon para agrupar los temperamentos.

El segundo instrumento se administró en estudios previos (Parra y Argibay, 2013a, 2013b). Es un cuestionario autoadministrable de 10 ítems diseñado para recoger información sobre tipo y frecuencia de experiencias anómalo/paranormales espontáneas. Cada item tiene una escala Likert, siendo 0= Nunca, 1= Una vez, 2= Rara vez y 3= Múltiples veces. La fiabilidad interna de este inventario es bueno, con un coeficiente de confiabilidad alfa de Cronbach de 0,92, y fiabilidad test-retest también aceptable. Se empleó un índice, o recuento, de experiencias psi (Index Psi) para cada sujeto en función de las respuestas a cada pregunta de cada experiencia reportada. El índice tiene un rango de 0 (Sin experiencia) para 10 (haber tenido todas las experiencias listadas).

Ambos cuestionarios fueron entregados bajo el pseudo-título Cuestionario de Experiencias Psicológicas, con los items mezclados al azar (set de cinco hojas) para evitar sesgos en las respuestas. Cada estudiante recibió una vaga información del estudio y se los invitó a completar ambas escalas de forma voluntaria y anónima, en un sólo encuentro previamente acordado con los docentes.

PROCEDIMIENTO DE CATEGORIZACIÓN

Se utilizó el siguiente criterio en base al percentil (+75 vs. -25%) obtenido de la muestra total (N= 1810) para dividir a la muestra en dos grupos: Participantes que puntuaron 75% a 99% en la subescala N (EPQ) se agupó como "Alta N" (Rango puntaje bruto= 17-25) y participantes que puntuaron 0% a 25% en la subescala N se agrupó como "Bajo N" (Rango puntaje bruto= 0-9). Aquellos participantes que puntuaron 75% a 99% en la subescala E (EPQ) se agupó como "Alta E" (Rango puntaje bruto= 15-25) y participantes que puntuaron 0% a 25% en la subescala E se agrupó como "Bajo E" (Rango puntaje bruto= 0-9). Para todos los análisis se utilizó el programa *SPSS* (20.0). Se empleó un punto de corte de 0,05 y análisis a una cola para todas las pruebas estadísticas. Ambos rangos se combinaron en la matriz de datos a fin de producir cuatro grupos bien definidos: (1) Flemático (n= 30; 7,4%), (2) Sanguíneo (n= 54; 13,4%), Melancólico (n= 159; 39,5%) y Colérico (n= 160; 39,7%). El resto de los casos (n= 1407, 75%) fueron excluidos del análisis.

RESULTADOS

En primer lugar, se empleó una prueba de normalidad KS para los cuatro grupos. Los resultados mostraron alta asimetría ($p < .001$) por cual se empleó estadística no paramétrica (Prueba de Kruskal-Wallis) para testear la hipótesis, ya que los resultados no se distribuyeron normalmente. El estadística resultante se transformó en un X^2 para asignar valores de probabilidad. Todas las comparaciones fueron de dos colas.

Tabla 2. Datos descriptivos de género, edad e Índice Psi para los cuatro temperamentos.

	Varones	Mujeres	Rango etáreo (Media-DT)	Index* (Media-DT)
Melancólico	70 (44%)	89 (56%)	18-72 años (34,35–12,59)	3,03–2,59
Sanguíneo	24 (45%)	30 (55%)	18-62 años (28,09–9,52)	2,59-2,03
Flemático	17 (56%)	13 (44%)	18-60 años (31,67-10,54)	1,50-1,63
Colérico	51 (32%)	109 (68%)	17-63 años (30,47-11,41)	3,79-2,51

* Rango: 0= Sin experiencias a 10 experiencias.

Tabla 3. Frecuencia y porcentaje de los cuatro temperamentos que reportan experienciais paranormales.

Experiencias Paranormales	Melancólico (n= 159)	Sanguíneo (n= 54)	Flemático (n= 30)	Colérico (n= 160)
1. Sueños premonitorios	66 (41,5)	22(40,7)	6 (20,0)	78 (48,8)
2. Telepatía	58 (36,5)	20 (37,0)	4 (13,3)	83 (51,9)
3. Aura	29 (18,2)	8 (14,8)	0	34 (21,3)
4. Projeciología	27 (17,0)	7 (13,0)	2 (6,7)	45 (28,1)
5. Recuerdo de vidas pasadas	46 (28,9)	10(18,5)	3 (10,0)	43 (26,9)
6. Sensación de presencia	92 (57,5)	19(35,2)	6 (20,0)	66 (41,5)
7. Sanación	35 (22,0)	8 (14,8)	2 (6,7)	39 (24,2)
8. Déjà-vu	115 (72,3)	41(75,9)	18 (60,0)	140 (87,5)
9. Experiencia mística	22 (13,8)	4 (7,4)	1 (3,3)	27 (16,9)
10. Apariciones	18 (11,3)	1 (1,9)	3 (10,0)	25 (15,6)

La Tabla 3 muestra la frecuencia y porcentaje de casos de los cuatro grupos para las diez experiencias anómalo/paranormales. El perfil Colérico obtuvo una frecuencia más alta de experiencias en comparación con los otros tres temperamentos, excepto Recuerdo de Vidas Pasadas y Sensación de Presencia.

Tabla 4. Comparación de los cuatro temperamentos que reportan experienciais paranormales.

Experiencias Paranormales	Melancólico (n= 159)		Sanguíneo (n= 54)		Flemático (n= 30)		Colérico (n= 160)			
	Media	DT	Media	DT	Media	DT	Media	DT	X^2	p
1. Sueños premonitorios	,78	,99	,78	1,0	,37	,76	,93	1,02	8,57	,035
2. Telepatía	,66	,92	1,03	1,06	,20	,55	,74	,99	22,07	<,001
3. Aura	,24	,55	,20	,52	,00	,00	,32	,66	8,36	,039
4. Projeciología	,26	,64	,15	,40	,13	,50	,45	,76	13,04	,005
5. Recuerdo de vidas pasadas	,50	,84	,31	,72	,17	,53	,46	,81	6,36	n.s.
6. Sensación de presencia	1,04	,99	,61	,87	,30	,65	,79	1,01	19,69	<,001
7. Sanación	,38	,80	,28	,68	,10	,40	,41	,77	5,97	n.s.
8. Déjà-vu	1,53	1,05	1,63	1,01	1,17	1,02	1,80	,84	11,10	,011
9. Experiencia mística	,24	,64	,09	,35	,03	,18	,32	,75	6,56	n.s.
10. Apariciones	,19	,56	,02	,13	,17	,59	,27	,68	7,73	n.s.
Index Psi	5,82	5,31	4,98	3,86	2,77	3,04	7,33	5,49	27,84	<,001

* Análisis no paramétrico (*H* de Kruskall-Wallis).
** Rango: 0= Nunca a 3= Múltiples experiencias.

La Tabla 4 muestra que Coléricos puntúa significativamente más alto en la frecuencia de experiencias proyectológicas (p = 0,005), sueños psíquicos (p = 0,035), Aura (p = 0,039), Déjà-vu (p <0,011), y Psi Índex (p <0,001) en comparación con Melancólico, Sanguíneo y Flemático; el perfil Sanguíneo obtuvo puntuaciones significativamente más altas en Telepatía (p <0,001) en comparación con Colérico, Melancólico y Flemático; y el perfil Melancólico obtuvo puntuaciones significativamente más altas en Sensación de presencia (p <0,001) en comparación con Sanguíneo, Melancólico y Flemático.

DISCUSIÓN

El objetivo de este estudio fue comparar cuatro tipos de temperamento en términos de la frecuencia de diez experiencias paranormales. En primer lugar, el perfil Colérico presentó puntuaciones significativas en cinco (50%) de diez experiencias paranormales, como experiencias proyectológicas, sueños, aura, déjà-vu, y el Psi Index. Este perfil (aquellos que puntuan alto en inestabilidad y extraversión) parece estar asociado a la propensión a reportar o buscar significado a las experiencias anómalas, de hecho, este resultado parece consistente con investigaciones previas (Kumar, Pekala y Cummings, 1993; Parra, 2015b). Parra (2015b) obtuvo relaciones positivas entre búsqueda de sensaciones y experiencias paranormales, tales como telepatía, experiencias proyeciológicas espontáneas, y déjà-vu.

La vinculación de la extraversión y la excitación parece importante y, posiblemente, podría estar relacionada con las experiencias anómalas. Por ejemplo, los extrovertidos, a quien Eysenck (1967) consideraba menos excitables que los introvertidos y, por tanto, tolerantes e incluso individuos que buscan activamente mayor estimulación que los introvertidos son aquellos que responden bien a la señal psi (como en los estudios Ganzfeld), mientras que los introvertidos disfrutan menos ese entorno, están mas ensimismados y son menos sociables (Honorton, Ferrari y Bem, 1990; Parra y Villanueva, 2003a, 2003b; Schlitz y Honorton, 1992) produciendo resultados no significativos a favor de la introversión. Ciertas experiencias anómalas, como el OBE, el recuerdo de sueños, o ver el aura, podrían estar facilitadas en individuos extrovertidos, caracterizados por ser más sensibles, inquietos, excitables, cambiantes, e impulsivos. Sin embargo, este perfil es discutible (por ejemplo, ver Bierman, Bosga, Gerding y Wezelman, 1993).

En segundo lugar, el perfil Sanguíneo que tiene experiencias extrasensoriales (principalmente, telepatía) se caracteriza por ser extrovertido, comunicativo, sensible, tolerante, alegre, despreocupado, y probablemente en combinación con la empatía sea un facilitador para experiencias de cognición anómala en comparación con otras experiencias (anómalas) "intraceptivas", como las EFC, y ver auras o fantasmas.

Por último, el perfil melancólico compatible con la depresión y actitudes pesimistas, por lo general está asociado a personas que perdieron seres queridos. En consecuencia, la "sensación de presencia" es una experiencia anómala común en ancianos con depresión y viudas, y se refiere a una modalidad cognitivo-perceptual que puede implicar una ilusión, o donde hay un estímulo perceptivo malinterpretado (Cheyne, Newby-Clark, y Rueffer, 1999; Parra, 2006). Por supuesto, estamos especulando aquí, pero estos resultados confirman que hay una gran cantidad de datos psicológicos potencialmente útiles y significativos que pueden ser aplicados en la investigación de psi en laboratorio. Futuros estudios deberían examinar otras variables asociadas a la teoría del temperamento desde perspectivas psicoanalíticas, conductistas y humanísticas.

AGRADECIMIENTOS

A la Fundación BIAL por su apoyo financiero para este proyecto de investigación.

REFERENCES

Arcangel, D. (1997). Investigating the Relationship Between the Myers-Briggs Type Indicator and Facilitated Reunion Experiences. *Journal of the American Society for Psychical Research, 91*, 82-95.

Arcangel, D. (2001). *Vida Después de la Pérdida de Seres Queridos: Cómo superar la aflicción y encontrar la esperanza.* Madrid: Edaf.

Argibay, J.C. (2008). Neuroticismo, extraversión, psicoticismo y creencias irracionales. Paper presented at IV Jornadas de Investigación en Psicología y VI Jornadas de Actualización del algoritmo David Liberman, Buenos Aires: Universidad de Ciencias Empresariales y Sociales.

Bierman, D.; Bosga, D. Gerding, H. & Wezelman, R. (1993). Anomalous information access in the ganzfeld: Utrecht – novice series I and II. *Proceedings of the Parapsychological Association 36th Annual Convention*, Toronto, Canadá, 192-203.

Billemont, M. (2012). *The Keirsey Temperament Sorter® II Career Temperament Report Report prepared for: Keirsey Temperament Sorter – II Career Temperament Report.* New York, NY: Prometheus Nemesis Book.

Boeree, G. (1998). Hans Eysenck. Retrieved in October 31, 2014. From http://webspace.ship.edu/cgboer/eysenck.html.

Cheyne, J. A., Newby-Clark, I. R. & Rueffer, S. D. (1999). Sleep paralysis and associated hypnagogic and hypnopompic experiences. *Journal of Sleep Research, 8*, 313–317.

Dergan, J. (1999). Hans Jurgen Eysenck: Su contribución a la psicología contemporánea. *Revista de la Facultad de Psicología de la Universidad Nacional Mayor de San Marcos, 3*(4). 151-158.

Eysenck, H.J. (1967). Personality and extra-sensory perception. *Journal of the Society for Psychical Research, 44*, 55-70.

Eysenck, H.J. & Eysenck, S.B.G. (1975). *Manual of the Eysenck Personality Questionnaire.* London: Hodder and Stoughton.

Eysenck, H.J., & Eysenck, S.B.G. (1964/1978). *Manual of the Eysenck Personality Inventory.* London: University of London Press [Spanish standarized version: *Inventario de Personalidad de Eysenck, Forma A.* Madrid: TEA].

Eysenck, H. & Sargent, C. (1984). *Los misterios de lo paranormal.* Barcelona: Sudamericana-Planeta.

Eysenck, H. J. & Eysenck, M. W. (1985). *Personality and individual differences: A natural science approach.* New York, NY: Plenum Press.

Eysenck, H. & Eysenck, M. (1987). *Personalidad y diferencias individuales.* Madrid: Pirámide.

Fox, J. & William, C. (2000). Paranormal belief, experience, and the Keirsey Temperament Sorter. Psychological Reports, 86, 1104-1116.

Gómez Montanelli, D. & Parra, A. (2004). A clinical approach to the emotional processing of anomalous/paranormal experiences in group therapy. *Journal of the Society for Psychical Research, 68*, 876, 129-142.

Haight, J. (1979). Spontaneous psi cases: A survey and preliminary study of ESP, attitude, and personality relationships. *Journal of Parapsychology, 43,* 179-204.

Honorton, C.; Ferrari, D.C. & Bem, D.J. (1990). Extraversion and ESP performance: A meta-analysis and a a new confirmation. *Proceedings of the Parapsychological Association 38th Annual Convention,* Las Vegas, Nevada, 113-125.

Kagan, J. (1998). *Galen's Prophecy: Temperament in human nature.* New York, NY: Basic Books.

Kramer, W.H.; Bauer, E. & Hövelmann, G.H. (2012). *Perspectives of Clinical Parapsychology: An Introductory Reader.* Utrecht, Nederlands: Het Johan Borgman Fond.

Kumar, V.K.; Pekala, R.J., & Cummings, J. (1993). Sensation seeking, drug use and reported paranormal beliefs and experiences. *Personality and Individual Differences, 14*, 685-691.

Lachman, G. (2007). Rudolf Steiner: An Introduction to His Life and Work. London, UK: Floris Books.

Martindale, A.E.; Martindale, C. (1988). Metaphorical equivalence of elements and temperaments: Empirical studies of Bachelard's theory of imagination. *Journal of Personality and Social Psychology, 55*, 836-848.

Moody, R.A. (1994). *Reunions: Visionary encounters with departed loves one.* New York, NY: Ivy Books.

Parra, A. (2006). "Seeing and feeling ghosts": Absorption, fantasy proneness, and healthy schizotypy as predictors of crisis apparition experiences. *Journal of Parapsychology, 70*, pp. 357-372.

Parra, A. (2013). Cognitive and emotional empathy in relation to five paranormal/anomalous experiences. *North American Journal of Psychology, 15*, 405-412.

Parra, A. (2015a). Personality traits associated with premonition experience: Neuroticism, extraversion, empathy, and schizotypy. *Journal of the Society for Psychical Research,* 79, 1-10.

Parra, A. (2015b). Gender differences in sensation seeking and paranormal/anomalous experiences. *The Open Psychology Journal, 8,* 54-58.

Parra, A. & Argibay, J.C. (2013a). Psi and death of the person-target: An experiment with highly emotional iconic representations. *NeuroQuantology, 4*(1), 537-543.

Parra, A. & Argibay, J.C. (2013b). Anomalous remote diagnosis: mental and motor psi impressions under iconic representation of the person-target. *Journal of Parapsychology, 77*, 123-130.

Parra, A. & Villanueva, J. (2003a). Personality factors and psi-ganzfeld sessions: A replication and extension. *Australian Journal of Parapsychology, 3*(2), 159-174.

Plucker, J. (2013). Human Intelligence: H. J. Eysenck. Retrieved October 25, 2014, from http://www.intelltheory.com/eysenck.shtml

Parra, A. & Villanueva, J. (2003b). Personality factors and ESP during ganzfeld session. *Journal of the Society for Psychical Research, 67.1*, 870, 26-36.

Rattet, S. (2001). Investigating the personality correlates of paranormal belief and precognitive experience. *Personality and Individual Differences, 31*, 433-444.

Schlitz, M. & Honorton, C. (1992). Ganzfeld psi performance within an artistically gifted population. *Journal of the American Society for Psychical Research, 86*, 83-98.

Sebastian, K.A., and G.V. Mathew (2001). Personality correlates of psi experience. *Journal of Indian Psychology, 19*(1-2), 21-24.

Snowden, R.J., & Gray, N.S. (2010). Temperament and character as a function of psychopathy: Relationships between the psychopathy checklist-revised and the temperament and character inventory in a sample of personality disordered serious or repeat offenders. *Journal of Forensic Psychiatry and Psychology, 21* (6), 815 -833.

Steiner, R. (2008). *The four temperaments*. Forest Row: Rudolf Steiner Press.

van Sertima, I. (1992). *The Golden Age of the Moor*. New York, NY: Transaction Publishers.

Vieira, W. (1986). *Projeciologia*. Rio de Janeiro, RJ: Edicion Del Autor.

Vieira, W. (1997). *200 Teaticas da Conscienciologia: Especialidades e subcampos*. Rio de Janeiro, RJ: IIPC.

Vieira, W. (1999). *Projeciologia: Princeps*. Rio de Janeiro, RJ: IIPC

Vieira, W. (2000). *O que é a Conscienciologia*. Rio de Janeiro, RJ: IIPC.

Zingrone, N. L., Alvarado, C. S., & Agee, N. (2009). Psychological correlates of aura vision: Psychic experiences, dissociation, absorption, and synaesthesia-like experiences. *Australian Journal of Clinical and Experimental Hypnosis*, 37, 131-168.

Alejandro Parra es psicólogo (UAI), Doctor en psicología (UCES) y psicoterapeuta en la práctica privada. Es profesor graduado en Psicología por la Universidad Abierta Interamericana de Buenos Aires, y docente adjunto e investigador universitario. Durante quince años (1990-2004) fue editor de la *Revista Argentina de Psicología Paranormal* y desde 2006 del boletín electrónico *Psi (E-boletin Psi)*. Entre 1994 a 2004, fue coordinador y desde 2004, Presidente del «Instituto de Psicología Paranormal» Asoc. Civil, y el sitio "Agencia Latinoamericana de Información Psi" (www.alipsi.com.ar). Fue Presidente de la Parapsychological Association (período 2011-2013). Es miembro de una decena de asociaciones internacionales, entre ellas, la Parapsychological Association (Full-member), y Society for Scientific Exploration (Full-member). Es autor de doce libros, entre los cuales se destacan *El Ultimo Abrazo de Despedida: Experiencias Paranormales en Enfermeras* (Luciérnaga, 2019), y *Neurociencias en la frontera de lo paranormal* (Kier, 2019). Entre 1996 a 2017 fue delegado para las revistas españolas *Año/Cero* y *Más Allá*. En 2010 y 2019 fue invitado a integrar la edición actualizada y revisada de *Psiquiatría, Segunda y Tercera edición*, libro de texto publicado por la World Health Organization (WHO) para introducir un capítulo sobre «Fenómenos Parapsicológicos». Ha publicado más de 300 artículos en revistas académicas y de divulgación en español y otros idiomas (principalmente inglés), asi como varios capítulos de libros. En 2006, ha sido galardonado con el *Excellence Award* al mejor investigador en parapsicología de América Latina por FAEPLA (Barcelona) y en 2014 ha recibido el Reconocimiento "Gabino Barreda" que otorga el Municipio de la Ciudad de Puebla, en México. En 2016, fue distinguido con Outstanding Contribution Award por la Parapsychological Association y el "PA Book Award 2016" por su obra *Ojos Invisibles*.

EXPLORATORY STUDY OF TEMPERAMENT THEORY AND PARANORMAL EXPERIENCES

Alejandro Parra

Abstract. Scarce studies explored traits of personality to explain paranormal experiences, so it's not surprising that connection has also been made between simple such experiences and a person's temperament. The aim is to compare four groups of temperaments in terms of a frequency of paranormal experiences. From the usable questionnaires (1860, 21%), 403 undergraduate students (Psychology Department) were used for the categorization procedure, based on mean score to split the sample, combinated to produce four groups, Phlegmatic (n= 30), Sanguine (n= 54), Melancholic (n= 159) and Choleric (n= 160), using the standarized Spanish version of the *Eysenck Personality Inventory* (Form A). The sample filled a second 10-item self-report inventory designed to collect spontaneous paranormal/anomalous experiences. Cholerics profile scored higher on frequency of Out-of-Body Experiences, ESP dreams, Aura, Déjà-vu, and a count of experiences, Sanguine scored higher on Telepathy, and Melancholic scored higher on frequency of Sense of presence. Certain anomalous experiences, such OOBE, dreams recall and see auras, could be facilitated using extravert subjects characterized for be touchy, restless, excitable, changeable, and impulsive.
Key words. temperament, paranormal experiences, Eysenck Personality Inventory, Psi Index, choleric profile.

INTRODUCTION

The theory of temperament has its roots in the ancient theory of the four humors, which had its origin in ancient Egypt and Mesopotamia, but it was the Greek physician Hippocrates (460-370 BC) who developed it in a medical context (see Kagan, 1998). Hippocrates believed that certain states of mind, emotions and behaviors were caused by an excess or lack of bodily fluids (called "humors"), blood, yellow bile, black bile, and phlegm. Later, Galen (129-200 AD) developed the first typology of the temperament which he classified as hot / cold and dry / wet, from which there was a "balance" between the four qualities, giving a total of nine temperaments (Sertima, 1992).

The word "temperament" comes from the Latin *temperare* (temperature). The "ideal" personality occurs when temperatures, hot / cold and wet / dry, are carefully balanced. But often, in all four types, one of these is dominant above all others. In the remaining four, a pair of qualities dominates the complementary pair; for example, warm and wet dominates the cold and dry. The four temperaments are a psychological "proto-theory" which suggests that there are four fundamental types of personality, sanguine (leader-optimistic), choleric (moody or irritable), melancholic (analytical-calm), and phlegmatic (relaxed-quiet). Most of these allow a large number of combinations (Kagan, 1998; Martindale and Martindale, 1988).

The Greek physician Hippocrates (460-370 BC) incorporated the four temperaments into his medical theories as part of the old concept of moods, and that the four bodily fluids affect human personality and behavior. In his *Canon of Medicine* - a text of classical medicine in many medieval universities – the Persian scholar Avicenna (980-1037 AD) extended the theory of temperaments to include "emotional aspects, mental capacity, moral attitudes, self-awareness, movements and even dreams" (Kagan, 1998, p. 210). Immanuel Kant (1724-1804), Rudolf Steiner (1861-1925), Alfred Adler (1879-1937), Erich Adickes (1866-1925), Erich Fromm (1947) among others, all have also theorized about the four temperaments (with different names) and to a large extent shaped our current theories about temperament (Martindale and Martindale, 1988).

Other researchers have developed similar systems, many of which do not use the old nomenclature of temperament, but they pare extroversion with a different factor, which would determine task orientation. One of the best known today is the Keirsey Temperament Sorter (KTS) (Billemont, 2012), whose four temperaments are largely based on the Greek gods, and are assigned to the 16 types of Myers-Briggs Type Indicator (MBTI), which were renamed Artisan (SP), Guardian (SJ), Idealist (NF), and Rational (NT). Instead of using extroversion and introversion (E / I) as other theories, the KTS configures the "Sensation" and "Intuition" (S / N, renamed "Concrete" and "Abstract") temperaments as a new categorical pair, "Cooperative" and "Pragmatic". When factorizing "Role / Informative" and "Role / Manager" (corresponding to the orientation to people or tasks), E / I yields 16 types.

Temperament is considered a relatively stable aspect of inherited personality, and is the basis of the uncontrolled reactions that people have to emotional stimuli (Snowden & Gray, 2010). However, there are not many studies on temperament and paranormal / spiritual experiences. Steiner (1909/2008) tried to find a synthesis between spirituality and temperament. In his philosophical work, which he called *spiritual science*, he tried to apply Western philosophy's thinking to *spiritual* issues. Lachman analyzed some of the principles of Steiner's anthroposophy, life after death and rebirth, spiritualism, and the occult history of the world. Steiner himself refused to say how he knew these things, but one could conclude benignly that he learned them from his own practice of meditation exercises (for a review, see Lachman, 2007).

Projectiology is a subfield or specialty of the science conscientiology, which studies the projections of consciousness outside the physical body, i.e., the actions of consciousness in non-physical dimensions, outside the biological body (Vieira, 1986, 1999). Projectiology also investigates dozens of phenomena such as bilocation, clairvoyance, near death experiences (NDE), precognition, telepathy (see Vieira, 1997, 2000). However, few studies have explored personality traits to explain spontaneous projectiological experiences, so the connection between such experiences and individual temperament is not surprising. Individuals who indicate certain experiences show a tendency to worry, to be depressed and anxious, to have psychosomatic complaints, to feel tired and to be prone to neurosis

- all aspects of temperament (Gómez Montanelli and Parra, 2004; for a review see Kramer, Bauer & Hövelmann, 2012). People who show higher levels of maladaptation and gregariousness than that "normal" people tend to have more frequency of paranormal experiences (Sebastián and Mathew, 2001). However, Fox and William (2000) examined college students who completed the Keirsey Temperament Sorter but did not obtain any significant relationship.

Several studies have evaluated the personality correlates of those who have spontaneous experiences, some of whom have studied psychic experiences and a large number of cognitive and personality variables in relation to projectiology (Vieira, 1986, 1997, 1999, 2000), such as premonitions (Parra, 2015a; Rattet and Buršík, 2001; Haight, 1979), seeing the aura (Zingrone, Alvarado and Dalton, 1998-99), and empathy (Parra, 2013). For example, to test the hypothesis that the *Myers-Briggs Type Indicator* (MBTI) psychological types influence the experience of "meeting" with deceased persons applying the psychomental technique, Arcangel (1997) found that 96% of the NF (Intuitive / Sensory) type experiences spiritual contacts, but that 100% of participants with type ST (Sensory / Rational) had no unusual or significant experience (see Arcangel, 2001; Moody, 1994). Arcangel also concluded that personality types influenced spiritual encounters with deceased loved ones and other paranormal experiences, which indicates that the use of an oracle can be an effective source for those who are prone to experience such encounters as opposed to those who do not.

The EPQ is an instrument that evaluates personality traits, designed by Hans J. and Sybil B.G. Eysenck (Eysenck & Eysenck, 1975). Eysenck (1916-1997) was one of the first psychologists to analyze personality differences using factorial analysis, and his research led him to believe that temperament is biologically determined. He proposed Neuroticism (N), the tendency to experience negative emotions, and Extraversion (E), the tendency to enjoy positive events, especially social ones. In relating these two dimensions, Eysenck observed how their results resembled the four temperaments of antiquity. Eysenck considered the learning of habits of great relevance, but considered as the most important the differences of personality that were developed outside the genetic inheritance. He also developed his model of personality and temperament according to three dimensions: Psychoticism, Extraversion and Neuroticism, also known as "PEN" model of personality (Dergan, 1999).

Originally, Eysenck only theorized about neuroticism and extraversion, but later he realized that psychoticism was also a contributing factor to personality (he later added Psychoticism as the third factor in his model for his new tetra-factorial model of personality) (Eysenck, 1985; for a discussion see Boeree, 1998; Plucker, 2013). The three dimensions posed by Eysenck's PEN model are Extraversion, Neuroticism and Psychoticism (now known as "Negative Affect"). Extraversion is a bipolar dimension in which the highest extreme is extraversion itself, and in the other extreme, with low score, introversion. According to Eysenck, people with a highly activated cerebellar cortex (Ascending Reticular Activation System) do not need more stimulation and avoid excessive social contact, that is, they would be introverted and vice versa (Social Dimension). The dimension known as Neuroticism at its upper pole indicates a greater presence of anxiety, whereas in the opposite pole is the control of the emotions, that is to say, the "normality". The biological bases of this dimension are related to the activation of the Autonomic Nervous System (Emotional Dimension) (see Eysenck & Eysenck, 1987). A combination of polar opposites in Neuroticism (High vs. Low) and Extroversion (High vs. Low) produces four temperament profiles (see Table 1):

Table 1. Profile, quadrant and main qualities of the four temperaments measured by the EPQ.

Profile	Quadrant	Qualities such as...
Sanguine	Stable Extravert	Open, talkative, responsible, cordial, lively, carefree, leader.
Choleric	Unstable Extravert	Cantankerous, restless, nervous, moody, impulsive, immature.
Phlegmatic	Stable Introvert	Calm, equable, reliable, controlled, peaceful, thoughtful, careful, passive.
Melancholic	Unstable Introvert	Quiet, reserved, pessimistic, proud, rigid, anxious.

Eysenck's PEN model and its relation to psychic experiences fit well with the present study because Eysenck also believed that extroverted participants in parapsychological experiments should have better psi capacities than introverts because extroverts respond better to new stimuli (Eysenck & Sargent, 1984). He suggested that it is possible that in the context of experience, it may favor extroverts, who respond well to the novel, but lose interest in monotony. Conversely, the introvert is more inclined to entertain themselves with their own thoughts and thereby mask the psi information, and this causes psi to be nullified. Since extroverts tend to have lower levels of cortical stimulation than introverts, extroverts would be expected to exhibit higher psi abilities because introverts have too much internal "noise" to capture the weak psi signal (Eysenck, 1967).

PREDICTIONS

Although in essence this study is really exploratory, the aim is to compare the four groups of temperaments mentioned above in terms of the frequency of paranormal experiences, such as dreams, telepathy, seeing aura, projectiological experiences, past life memories, distance healing, déjà-vu, mystical experience, apparitions and an index (or count) of paranormal experiences.

METHOD

Of a total of 2678 university students recruited in the Department of Psychology, 1810 completed questionnaires (67%) were received. Of this number, 1216 (75%) were women and 594 (35%) were men, aged between 18 and 53 (mean = 33.47, SD = 13.30). Of the 1810 questionnaires, only 403 cases (21%) were used to group the four temperaments (see *Categorization Procedure*).

INSTRUMENTS

Eysenck Personality Questionnaire, Form A (Eysenck and Eysenck, 1964/1978, 1975, 1985; latest Argentinean standardized Spanish version of Argibay, 2008). The EQP contains 94 response items, each of which is answered by Yes / No. It measures two personality factors: Neuroticism (N), Extraversion (E) and Psychoticism, but only the first two were used to group temperaments.

The second instrument was administered in previous studies (Parra and Argibay, 2013a, 2013b). It is a 10-item self-administered questionnaire designed to collect information on the type and frequency of spontaneous anomalous / paranormal experiences. Each item has a Likert scale, being 0 = Never, 1 = Once, 2 = Rarely and 3 = Multiple times. The internal reliability of this inventory is good, with a Cronbach alpha reliability of 0.92, and test-retest reliability also acceptable. An index, or count, of psi (Index Psi) experiences was used for each subject based on the answers to each question of each reported experience. The index has a range of 0 (No experience) for 10 (have had all the experiences listed).

Both questionnaires were delivered under the pseudo-title Questionnaire of Psychological Experiences, with items randomized (set of five sheets) to avoid bias in responses. Each student received vague information from the study and was invited to complete both scales voluntarily and anonymously, in a single meeting previously agreed with the teachers.

CATEGORIZATION PROCEDURE

The following criterion was used based on the percentile (+75 vs. -25%) obtained from the total sample (N = 1810) to divide the sample into two groups: Participants scored 75% to 99% on the N subscale (EPQ) were grouped as "High N" (Gross score range = 17-25) and participants who scored 0% to 25% on the N subscale were grouped as "Low N" (Gross score range = 0-9). Those participants who scored 75% to 99% on the E subscale (EPQ) were grouped as "High E" (Rank gross score = 15-25) and participants who scored 0% to 25% on the subscale E were grouped as "Low E" (Gross score range = 0-9). For all analyzes the *SPSS* program (20.0) was used. A cut-off point of 0.05 and one-tailed analysis was used for all statistical tests. Both ranks were combined in the data matrix to produce four well-defined groups: (1) Phlegmatic (n = 30, 7.4%), (2) Sanguine (n = 54, 13.4%), Melancholic n = 159, 39.5%) and Choleric (n = 160, 39.7%). The remaining cases (n = 1407, 75%) were excluded from the analysis.

RESULTS

First, a KS normality test was used for all four groups. The results showed high asymmetry ($p < .001$) by which non-parametric statistics (Kruskal-Wallis test) were used to test the hypothesis, since the results were not normally distributed. The resulting statistic was transformed into an X^2 to assign probability values. All comparisons were two-tailed.

Table 2. Descriptive data of gender, age and Index Psi for the four temperaments

	Men	**Women**	**Age Range (DT- Average)**	**Index* (DT-Average)**
Melancholic	70 (44%)	89 (56%)	18-72 years (34,35-12,59)	3.03-2.59
Sanguine	24 (45%)	30 (55%)	18-62 years (28.09-9.52)	2.59-2.03
Phlegmatic	17 (56%)	13 (44%)	18-60 years (31.67-10.54)	1.50-1.63
Choleric	51 (32%)	109 (68%)	17-63 years (30.47-11.41)	3,79-2,51

* Range: 0 = No experience to 10 experiences.

Table 3. Frequency and percentage of the four temperaments reporting paranormal experiences

Experiences Paranormal	**Melancholy (n = 159)**	**Sanguine (n = 54)**	**Phlegmatic (n = 30)**	**Choleric (n = 160)**
1. Premonitory dreams	66 (41.5)	22 (40.7)	6 (20.0)	78 (48.8)
2. Telepathy	58 (36.5)	20 (37.0)	4 (13.3)	83 (51.9)
3. Aura	29 (18.2)	8 (14.8)	0	34 (21.3)
4. Projectiology	27 (17.0)	7 (13.0)	2 (6.7)	45 (28.1)
5. Memory of past lives	46 (28.9)	10 (18.5)	3 (10.0)	43 (26.9)
6. Feeling of presence	92 (57.5)	19 (35.2)	6 (20.0)	66 (41.5)
7. Healing	35 (22.0)	8 (14.8)	2 (6.7)	39 (24.2)
8. Déjà-vu	115 (72.3)	41 (75.9)	18 (60.0)	140 (87.5)
9. Mystical experience	22 (13.8)	4 (7.4)	1 (3.3)	27 (16.9)
10. Apparitions	18 (11.3)	1 (1.9)	3 (10.0)	25 (15.6)

Table 3 shows the frequency and percentage of cases of the four groups for the 10 abnormal / paranormal experiences. The Choleric profile obtained a higher frequency of experiences compared to the other three temperaments, except Past Memory of Lives and Sensation of Presence.

Table 4. Comparison of the four temperaments reporting paranormal experiences.

Paranormal Experiences	Melancholic (n = 159)		Sanguine (n = 54)		Phlegmatic (n = 30)		Choleric (n = 160)			
	Average	DT	Average	DT	Average	DT	Average	DT	X ²	P
1. Premonitory dreams	,78	,99	,78	1.0	,37	,76	,93	1.02	8.57	,035
2. Telepathy	,66	,92	1.03	1.06	,20	,55	,74	,99	22.07	<0.001
3. Aura	,24	,55	,20	,52	,00	,00	,32	,66	8.36	,039
4. Projectio-logy	,26	,64	,15	,40	,13	,50	,45	,76	13.04	,005
5. Memory of past lives	,50	,84	,31	,72	,17	,53	,46	,81	6,36	ns
6. Feeling of presence	1.04	,99	,61	,87	,30	,65	,79	1.01	19.69	<0.001
7. Healing	,38	,80	,28	,68	,10	,40	,41	,77	5.97	ns
8. Déjà-vu	1.53	1.05	1.63	1.01	1.17	1.02	1.80	,84	11.10	,011
9. Mystical experience	,24	,64	,09	,35	,03	,18	,32	,75	6.56	ns
10. Apparitions	,19	,56	,02	,13	,17	,59	,27	,68	7.73	ns
Index Psi	5.82	5.31	4.98	3.86	2.77	3.04	7.33	5.49	27.84	<0.001

* Non-parametric analysis (Kruskall-Wallis *H*).
** Range: 0 = Never to 3 = Multiple experiences.

Table 4 shows that Choleric scores significantly higher in the frequency of projective experiences (p = 0.005), psychic dreams (p = 0.035), Aura (p = 0.039), Déjà-vu (p <0.011), and Psi (p <0.001) compared to Melancholic, Sanguine, and Phlegmatic; the Sanguine profile obtained significantly higher scores in Telepathy (p <0.001) compared to Choleric, Melancholic and Phlegmatic; and the Melancholic profile obtained significantly higher scores in Feeling of presence (p <0.001) compared to Sanguine, Melancholic and Phlegmatic.

DISCUSSION

The aim of this study was to compare four types of temperament in terms of the frequency of ten paranormal experiences. First, the Choleric profile presented significant scores in five (50%) of ten paranormal experiences, such as projective experiences, dreams, aura, déjà-vu, and the Psi Index. This profile (those that score high on instability and extroversion) seems to be associated with the propensity to report or search for meaning in anomalous experiences, in fact, this result seems consistent with previous research (Kumar, Pekala and Cummings, 1993; Parra, 2015b). Parra (2015b) obtained positive relations between search for sensations and paranormal experiences, such as telepathy, spontaneous projectiological experiences, and déjà-vu.

The linkage of extroversion and excitation seems important and, possibly, could be related to anomalous experiences. For example, extroverts, whom Eysenck (1967) found to be less excitable than introverts and therefore tolerant and even individuals who actively seek greater stimulation than introverts are those who respond well to the psi signal (as in the Ganzfeld studies), while introverts enjoy less of that environment, are more self-absorbed and less sociable (Honorton, Ferrari and Bem, 1990; Parra and Villanueva, 2003a, 2003b; Schlitz and Honorton, 1992) producing non-significant results in favor of introversion. Certain anomalous experiences, such as OBE, memory of dreams, or seeing the aura, could be facilitated in extroverted individuals, characterized by being more sensitive, restless, excitable, shifting, and impulsive. However, this profile is debatable (for example, see Bierman, Bosga, Gerding and Wezelman, 1993).

Secondly, the Sanguine profile that has extrasensory experiences (mainly telepathy) is characterized by being extroverted, communicative, sensitive, tolerant, cheerful, carefree, and probably in combination with empathy to be a facilitator for abnormal cognition experiences in comparison to other (anomalous) "intraceptive" experiences, such as OBEs, and seeing auras or ghosts.

Finally, the melancholic profile compatible with depression and pessimistic attitudes, is usually associated to people who lost loved ones. Consequently, "feeling of presence" is a common anomalous experience in elderly people with depression and widows, and refers to a cognitive-perceptual modality that may imply an illusion, or where there is a misinterpreted perceptual stimulus (Cheyne, Newby-Clark, and Rueffer, 1999; Parra, 2006). Of course, we are speculating here, but these results confirm that there is a large amount of potentially useful and meaningful psychological data that can be applied in laboratory psi research. Future studies should examine other variables associated with temperament theory from psychoanalytic, behavioral, and humanistic perspectives.

ACKNOWLEDGEMENTS

To the BIAL Foundation for their financial support for this research project.

REFERENCES

Arcangel, D. (1997). Investigating the Relationship Between the Myers-Briggs Type Indicator and Facilitated Reunion Experiences. *Journal of the American Society for Psychical Research, 91*, 82-95.

Arcangel, D. (2001). *Vida Después de la Pérdida de Seres Queridos: Cómo superar la aflicción y encontrar la esperanza.* Madrid: Edaf.

Argibay, JC (2008). *Neuroticismo, extraversión, psicoticismo y creencias irracionales.* Paper presented at IV Jornadas de Investigación en Psicología y VI Jornadas de Actualización del algoritmo David Liberman, Buenos Aires: Universidad de Ciencias Empresariales y Sociales.

Bierman, D .; Bosga, D. Gerding, H. & Wezelman, R. (1993). Anomalous information access in the ganzfeld: Utrecht - novice series I and II. *Proceedings of the Parapsychological Association 36 th Annual Convention,* Toronto, Canada, 192-203.

Billemont, M. (2012). *The Keirsey Temperament Sorter® II Career Temperament Report Prepared for: Keirsey Temperament Sorter - II Career Temperament Report* .New York, NY: Prometheus Nemesis Book.

Boeree, G. (1998). Hans Eysenck. Retrieved in October 31, 2014. From http://webspace.ship.edu/cgboer/eysenck.html.

Cheyne, JA, Newby-Clark, IR & Rueffer, SD (1999). Sleep paralysis and associated hypnagogic and hypnopompic experiences. *Journal of Sleep Research, 8* , 313-317.

Dergan, J. (1999). Hans Jurgen Eysenck: Su contribuición a la psicología contemporánea. *Revista de la Facultad de Psicología de la Universidad Nacional Mayor de San Marcos, 3* (4).151-158.

Eysenck, HJ (1967). Personality and extra-sensory perception. *Journal of the Society for Psychical Research* , *44* , 55-70.

Eysenck, HJ & Eysenck, SBG (1975). *Manual of the Eysenck Personality Questionnaire.* London: Hodder and Stoughton.

Eysenck, HJ, & Eysenck, SBG (1964/1978). *Manual of the Eysenck Personality Inventory.* London: University of London Press [Spanish standarized version: *Eysenck Personality Inventory, Form A.* Madrid: TEA].

Eysenck, H. & Sargent, C. (1984). *Los misterios de lo paranormal.* Barcelona: Sudamericana-Planeta.

Eysenck, HJ & Eysenck, MW (1985). *Personality and individual differences: A natural science approach* .New York, NY: Plenum Press.

Eysenck, H. & Eysenck, M. (1987). *Personality and individual differences.* Madrid: Pyramid.

Fox, J. & William, C. (2000). Paranormal belief, experience, and the Keirsey Temperament Sorter. *Psychological Reports,* 86, 1104-1116.

Gómez Montanelli, D. & Parra, A. (2004). A clinical approach to the emotional processing of anomalous / paranormal experiences in group therapy. *Journal of the Society for Psychical Research, 68,* 876, 129-142.

Haight, J. (1979). Spontaneous psi cases: A survey and preliminary study of ESP, attitude, and personality relationships. *Journal of Parapsychology, 43,* 179-204.

Honorton, C .; Ferrari, DC & Well, DJ (nineteen ninety). Extraversion and ESP performance: A meta-analysis and a new confirmation. *Proceedings of the Parapsychological Association 38th Annual Convention,* Las Vegas, Nevada, 113-125.

Kagan, J. (1998). *Galen's Prophecy: Temperament in human nature.* New York, NY: Basic Books.

Kramer, WH; Bauer, E. & Hövelmann, G. H. (2012). *Perspectives of Clinical Parapsychology: An Introductory Reader* .Utrecht, Nederlands: Het Johan Borgman Fond.

Kumar, VK; Pekala, RJ, & Cummings, J. (1993). Sensation seeking, drug use and reported paranormal beliefs and experiences. *Personality and Individual Differences, 14* , 685-691.

Lachman, G. (2007). Rudolf Steiner: An Introduction to His Life and Work. London, UK: Floris Books.

Martindale, AE; Martindale, C. (1988). Metaphorical equivalence of elements and temperaments: Empirical studies of Bachelard's theory of imagination. *Journal of Personality and Social Psychology, 55* , 836-848.

Moody, RA (1994). *Reunions: Visionary encounters with departed loves one* .New York, NY: Ivy Books.

Parra, A. (2006). "Seeing and feeling ghosts": Absorption, fantasy proneness, and healthy schizotypy as predictors of crisis apparition experiences. *Journal of Parapsychology, 70* , pp.357-372.

Parra, A. (2013). Cognitive and emotional empathy in relation to five paranormal / anomalous experiences. *North American Journal of Psychology, 15* , 405-412.

Parra, A. (2015a). Personality traits associated with premonition experience: Neuroticism, extraversion, empathy, and schizotypy. *Journal of the Society for Psychical Research,* 79, 1-10.

Parra, A. (2015b). Gender differences in sensation seeking and paranormal / anomalous experiences. *The Open Psychology Journal, 8,* 54-58.

Parra, A. & Argibay, JC (2013a). Psi and death of the person-target: An experiment with highly emotional iconic representations. *NeuroQuantology, 4* (1), 537-543.

Parra, A. & Argibay, JC (2013b). Anomalous remote diagnosis: mental and motor psi impressions under iconic representation of the person-target. *Journal of Parapsychology, 77* , 123-130.

Parra, A. & Villanueva, J. (2003a). Personality factors and psi-ganzfeld sessions: A replication and extension. *Australian Journal of Parapsychology, 3* (2), 159-174.

Plucker, J. (2013). Human Intelligence: HJ Eysenck. Retrieved October 25, 2014, from http://www.intelltheory.com/eysenck.shtml

Parra, A. & Villanueva, J. (2003b). Personality factors and ESP during ganzfeld session. *Journal of the Society for Psychical Research, 67* , 1, 870, 26-36.

Rattet, S. (2001). Investigating the personality correlates of paranormal belief and precognitive experience. *Personality and Individual Differences, 31* , 433-444.

Schlitz, M. & Honorton, C. (1992). Ganzfeld psi performance within an artistically gifted population. *Journal of the American Society for Psychical Research, 86* , 83-98.

Sebastian, KA, and GV Mathew (2001). Personality correlates of psi experience. *Journal of Indian Psychology, 19* (1-2), 21-24.

Snowden, RJ, & Gray, NS (2010). The relationship between the psychopathy and the psychopathy in the sample of personality disordered or serious offenders. *Journal of Forensic Psychiatry and Psychology, 21* (6), 815-833.

Steiner, R. (2008). *The four temperaments* .Forest Row: Rudolf Steiner Press.

van Sertima, I. (1992). *The Golden Age of the Moor.* New York, NY: Transaction Publishers.

Vieira, W. (1986). *Projeciologia.* Rio de Janeiro, RJ: Author's Edition.

Vieira, W. (1997). *200 Teáticas da Conscienciologia: Especialidades e subcampos* .Rio de Janeiro, RJ: IIPC.

Vieira, W. (1999). *Projeciologia.* Rio de Janeiro, RJ: IIPC

Vieira, W. (2000). *O que é Conscienciologia.* Rio de Janeiro, RJ: IIPC.

Zingrone, NL, Alvarado, CS, & Agee, N. (2009). Psychological correlates of aura vision: Psychic experiences, dissociation, absorption, and synaesthesia-like experiences. *Australian Journal of Clinical and Experimental Hypnosis,* 37, 131-168.

Alejandro Parra is psychologist (UAI), Doctor of Psychology (UCES), and psychotherapist in private practice. He is teacher in Psychology at the Universidad Abierta Interamericana at Buenos Aires. He is consulted regularly by various media, radio and TV, local and international. For fifteen years (1990-2004), he was editor of the Revista Argentina de Psicología Paranormal [Argentine Journal of Paranormal Psychology] and, since 2006, of the e-bulletin Psi. Since 1993, he is President of the Institute of Paranormal Psychology, Inc., and the Agencia Latinoamericana de Información Psi [Latin American Information Agency Psi] - web site www.alipsi.com.ar. He is a member of a dozen international associations, including the Parapsychological Association (of which he is former President, 2011-2013), and is the author of twelve books: *Paranormal Phenomena: An Introduction to Surprising Events* (Kier, 2003), *Dreams: How to Interpret Their Messages* (Kier, 2005), and *The Hidden World of Dreams* (Kier, 2009). He currently directs "Nueva Consciencia" for Editorial Antigua Publisher, whose work Eyes Invisible. *The Crusade for the Conquest of the Spirit* (Antigua, 2015), was PA Award for "Best Book of Parapsychology 2016" by the Parapsychological Association. Parra has also published more than 300 articles in scholarly and popular magazines in Spanish and other languages (mainly English), as well as several book chapters. In 2006, he was awarded the Excellence Award as the best parapsychology researcher in Latin America by FAEPLA (Barcelona), and in 2014 he received the "Gabino Barreda" Award granted by the City of Puebla, in Mexico. Additionally, he has participated in more than two hundred symposiums and congresses in psychology, psychiatry, and parapsychology in the US and several countries in Latin America. From 2008 to 2013, he taught an extracurricular course titled "Paranormal Psychology" and since 2014 the First Diploma in Transpersonal Psychology at the Universidad Abierta Interamericana. His email address is: rapp@fibertel.com.ar.

Translation: Sérgio Fernandes (ISIC).
Revision: Alexandre Zaslavsky.

ADAPTABILIDADE MIGRATÓRIA INTERNACIONAL: DA ADAPTAÇÃO AO NEOAMBIENTE À EVOLUÇÃO CONSCIENCIAL

Viviane Passos Gomes

Resumo: Este trabalho objetiva fazer ampliação interparadigmática do tema da adaptabilidade migratória internacional, dando ênfase tanto à abordagem psicossocial como iniciando algumas reflexões no âmbito do paradigma consciencial. A metodologia baseia-se na revisão bibliográfica da matéria na área acadêmica psicossocial convencional e reflexão quanto às premissas estabelecidas pela Conscienciologia. Também foram feitas algumas ponderações em relação aos resultados dos questionários aplicados a uma amostra de 40 brasileiros residentes na Europa que conhecem e/ou estudam o paradigma consciencial. Conclui-se que a conscin lúcida migrante tem oportunidade pioneira, cosmoética e evolutiva de desenvolver o megatrafor da adaptabilidade, a fim de estar mais preparada para assumir as demandas assistenciais desta existência, do próximo curso intermissivo e das próximas ressomas.

INTRODUÇÃO

Proposta. Este artigo aborda questões atinentes à adaptabilidade migratória internacional, dando ênfase aos fatores que interferem na adaptabilidade da conscin ao país receptor, promovendo a ampliação deste estudo sob o viés do paradigma consciencial e trazendo à baila a análise de alguns aspectos conscienciais como prováveis indicadores da evolução consciencial do imigrante internacional.

Incipiência. Se por um lado, o fluxo migratório internacional tem sido bastante debatido tanto no âmbito dos organismos internacionais como no âmbito acadêmico convencional em suas diversas áreas de conhecimento, por outro, não se pode dizer que haja um consenso, principalmente quanto às motivações para migração e quanto aos fatores que interferem e demonstram a adaptabilidade do imigrante internacional. Sob a ótica da *Evoluciologia*, o estudo da adaptabilidade migratória como propulsora da evolução consciencial ainda é incipiente, daí a pretensão deste artigo em lançar algumas contribuições sobre essa temática com intuito de fomentar as bases para ampliação e reformulações deste debate no escopo do paradigma consciencial.

Contexto. A migração[1] é um fenômeno social, global e universal, o qual advém da propensão humana à mudança e à busca por novos ambientes, manifesta-se desde a antiguidade até os dias atuais, e influencia nas distribuições e redistribuições populacionais no Planeta ao longo da História. Particularmente, nos últimos 50 anos, o processo da globalização foi acelerado, resultando em uma movimentação intensa de grupos e indivíduos transitando pelo mundo inteiro.

Processo. O termo migração deriva do latim *migrare*, ou seja, passar de um local para outro. No entanto, é importante destacar que o deslocamento espacial dos indivíduos – seja de saída (emigração) ou de entrada (imigração) em outro espaço físico – é apenas um aspecto desse processo. O processo migratório é mais amplo, pois trata-se de "processo complexo e contraditório, de uma experiência de perda, ruptura e mudança" (Coutinho e Oliveira, 2010), que geralmente implica reformulação psicossocial do indivíduo.

Adaptabilidade. Essa reformulação do indivíduo pode ser sentida em maior ou menor grau de dificuldade, de acordo com a maturidade e a capacidade de adaptação. Além disso, esse grau de adaptabilidade do imigrante é influenciado tanto pelos fatores que motivaram a sua saída do país de origem como também pelas condições de acolhimento que ele encontra no país receptor.[2]

Tipologia. Concernente à *Evoluciologia,* eis dois âmbitos de estudo que a conscin, homem ou mulher, pode aprofundar para entender seu nível de adaptabilidade migratória internacional:

1. **Análise do processo de migração no intrafísico:** os parâmetros do cotidiano da vida humana que refletem a qualidade de adaptação desenvolvida pela conscin no país estrangeiro escolhido como nova residência ou domicílio.
2. **Análise do processo de migração segundo o paradigma consciencial:** a análise de aspectos conscienciais (tais como a proéxis, a seriéxis, a reurbex, a assistência, assim como a tridotação e holofilosofia consciencial) como alguns dos prováveis indicadores da evolução consciencial do imigrante internacional.

Objetivos. Este trabalho tem o objetivo principal de fazer a ampliação interparadigmática da adaptabilidade migratória internacional, passando pela abordagem psicossocial da adaptação ao neoambiente intraconsciencial e expandindo para a abordagem consciencial, trazendo alguns parâmetros e aspectos como prováveis indicadores de adaptabilidade e também indicando algumas ações estimuladoras da adaptabilidade com vistas à evolução consciencial.

1 Segundo a OIM (2008, Glossário) a migração é definida como "um processo de mudança, quer em uma fronteira internacional, quer dentro de um Estado. Um movimento populacional, abrangendo qualquer tipo de movimento de pessoas, qualquer que seja seu comprimento, composição e causas; inclui a migração de refugiados, pessoas deslocadas, pessoas desenraizadas e migrantes econômicos."

2 Conforme pondera Ramos (2004, p. 257), "o processo migratório envolve rupturas espaciais e temporais, nomeadamente mudanças psicológicas, físicas, biológicas, sociais, culturais, familiares, políticas implicando a adaptação psicológica".

Motivação. Este estudo nasceu da necessidade de superar os travões sentidos no processo de adaptação vivido pela autora ao longo dos 10 anos em que vive fora do país de origem (Brasil). Com isso, outras motivações foram surgindo a partir do início da pesquisa:

1. **Labcon.** A ideia de compartilhar o labcon pessoal adquirido nesses anos vividos em 5 países diferentes – Portugal, Espanha, França, Noruega e Suécia - levando em consideração que em cada país, a autora passou por uma série de contrafluxos, pedágios e/ou até gargalos bem específicos que a levaram a maior reflexão do tema.

2. **Recins.** O estudo, a reflexão e as novas abordagens sobre esse processo de adaptabilidade podem ajudar na auto e heterossuperação de trafares e aquisição de trafores. Dessa maneira, a autora tem a pretensão de debater o tema no sentido de fortalecer ou ampliar os parâmetros de autodiagnóstico, promover reflexões e recins, individuais e grupais, e, no futuro, ampliar ainda mais o estudo sob diferentes perspectivas.

3. **Técnicas.** Uma das propostas é oferecer uma série de dicas e/ou técnicas para superar os gargalos mais recorrentes desse processo de adaptabilidade, auxiliando a evolução consciencial individual e grupal dos atuais imigrantes internacionais, e também a de outras consciências que pretendem enfrentar esse desafio no futuro.

Metodologia. A metodologia aplicada nesta pesquisa consistiu na revisão bibliográfica da matéria na área acadêmica psicossocial convencional e na reflexão sobre a conexão do tema com as premissas estabelecidas pela *Conscienciologia*, no intuito de apresentar esta proposta de ampliação paradigmática. Para tanto, também foram feitas algumas ponderações quanto aos resultados dos questionários aplicados à amostra de 40 brasileiros residentes na Europa que conhecem e/ou estudam o paradigma consciencial.

Estruturação. Para abordar essa questão, o estudo interparadigmático tem a seguinte ordem de apresentação:

1. **Abordagem psicossocial da migração: dos fatores motivadores à migração aos indicadores de adaptabilidade.** Neste tópico serão, brevemente, relatadas as principais motivações para deixar o país de origem e a escolha do novo país receptor, assim como a influência de alguns fatores na adaptabilidade do imigrante internacional.

2. **Abordagem consciencial da migração: da reflexão ao diagnóstico quanto à evolução consciencial.** Neste item, a título de proposta inicial serão listados possíveis indicadores que avaliam como a migração pode influenciar na evolução consciencial do imigrante internacional.

3. **Ponderações sobre a adaptabilidade migratória de brasileiros residentes na Europa.** Nesta última parte, serão expostos os resultados da pesquisa feita

a partir da autoavaliação com amostra de 40 conscins que conhecem e/ou estudam o paradigma consciencial, na tentativa de retratar quais são os aspectos mais fáceis de superar, assim como os mais desafiadores na adaptabilidade migratória internacional, considerando os parâmetros escolhidos para estudo, quanto à intrafisicalidade e ao paradigma consciencial.

1. ABORDAGEM PSICOSSOCIAL DA MIGRAÇÃO: DOS FATORES MOTIVADORES À MIGRAÇÃO AOS INDICADORES DE ADAPTABILIDADE

1.1. Principais fatores motivadores da migração

Mudança. Os fatores que motivam a migração variam muito de uma pessoa para outra e, muitas vezes, é necessário que haja uma combinação de vários fatores para encorajar uma pessoa a buscar outro país para viver. Talvez um sentimento em comum entre os imigrantes internacionais seja a necessidade de mudança, principalmente quando o indivíduo está insatisfeito com alguma área da sua vida.

Evolução. Rodrigues et al (2007) ponderam que essa necessidade de mudança faz parte da natureza humana e favorece o desenvolvimento da interação do homem com o meio, pois "percorrendo os registros históricos da humanidade, verifica-se que os fenômenos migratórios, no período pré-histórico, contribuíram para a evolução da espécie humana, através da capacidade de adaptação a diferentes ambientes."[3]

Motivadores. Se por um lado, o movimento internacional está se tornando mais viável, em parte graças à revolução digital, à tecnologia de redução de distância e a reduções nos custos de viagem, por outro lado, existem situações subjacentes nos países de origem que também impulsionam a emigração, tais como: crises econômicas, desigualdades sociais, falta de infraestrutura urbana, superpopulações, violência, conflitos, perseguições políticas, desastres e alterações climáticas.

Multifatores. Dentre os fatores considerados pelos indivíduos ao migrarem, pode-se citar a simples busca por novas experiências ou, mais concretamente, a busca por melhores condições de trabalho, por uma experiência intercultural incluindo o aprendizado de um novo idioma e/ou de maior nível de escolaridade e, aliado a isso, agrega melhores condições de moradia e de serviços públicos (segurança, saúde, educação, transportes e tecnologias). Ao refletir sobre esses fatores

3 Neste sentido Moran (2007, p. 4 e p.6, tradução nossa) explica: "A espécie humana é generalizada e ajusta-se a novas circunstâncias por meios fisiológicos e sociais e/ou culturais e, ao fazê-lo, transforma o ambiente. (...) O estudo da adaptabilidade humana tende a enfatizar a plasticidade da resposta humana a qualquer ambiente. Ele se concentra em como as populações humanas interagem umas com as outras e com seu ambiente, tentam se acomodar a problemas ambientais específicos, mudam o ambiente para torná-lo mais utilizável e, por sua vez, como estas mudanças por essas dinâmicas são recíprocas."

o imigrante tem possibilidade de avaliar o custo-benefício socioeconômico da sua experiência migratória, o que significa, por sua vez, julgar se alcançou o que entende por qualidade de vida.

Principais. No entanto, considerando a maioria dos estudos existentes quanto aos fatores motivadores, centraremos em duas causas como impulsionadoras do fenômeno migratório: as de ordem econômica e/ou a busca por melhor qualidade de vida (ordem psicossocial), na qual pode ou não estar incluída a melhoria das condições de trabalho, conforme a seguir.

1. **Econômica.** Com relação aos fatores motivadores da migração relacionados às questões econômicas, Franken et al (2009) pontuam que o aumento quantitativo das migrações nos últimos anos ocorre em um movimento de populações das regiões desfavorecidas para as mais industrializadas, o que denota que os altos níveis de desemprego e pobreza instigam nas populações dessas regiões o desejo de procurar melhor sorte em outras regiões mais ricas do globo, onde possam buscar as melhores condições de trabalho ou, ao menos, melhores salários.[4]

2. **Psicossocial.** Com relação ao conceito de qualidade de vida, pode-se afirmar que apesar de ser bastante discutido dentro do meio acadêmico da Psicossociologia, ainda existe uma dificuldade de definição e, segundo Franken et al (2009), o significado desse conceito pode variar de uma cultura para outra, de um indivíduo para outro, conforme o momento. Além disso, é muito mais amplo, pois envolve muitas variáveis de ordem objetiva e subjetiva[5], sendo o fator econômico um dos pontos que influem na qualidade de vida, mas para muitos indivíduos não é o único, nem o mais importante.

Redefinições. Também é muito natural que a motivação inicial para migrar se altere, mudando os planos do imigrante com relação ao tempo de permanência no país receptor. Por exemplo, muitas vezes o emigrante brasileiro sai do país assumindo sua caraterística de migrante econômico e chega ao país receptor com intenção de trabalhar um elevado número de horas para acumular recursos e retornar ao país de origem. Contudo, com o passar dos anos, principalmente depois do imigrante já considerar seu processo de adaptação em nível mais avançado, ele se dá conta de que acabou ficando além do tempo previsto e o plano de

4 O Brasil é um exemplo desta realidade na medida em que o somatório dos imigrantes em regiões desenvolvidas como a América do Norte, Europa e Japão, representa 77% de toda emigração brasileira (MRE, 2016).

5 Por sua vez a qualidade de vida geralmente inclui fatores que podem ser: a. Objetivos. Relativo às condições sociodemográficas (estado civil, idade, sexo, renda, etnia) em que vive o indivíduo, assim como a saúde física e mental, a integração social, a moradia, o tempo livre, o lazer, a educação, o ambiente, as relações interpessoais e a sensação de bem-estar. b. Subjetivos. Por outro lado, esta sensação de ter qualidade de vida depende da autoavaliação dos indivíduos quanto a estes fatores objetivos, ou seja, na explicação de Franken et al. (2009) trata-se de "uma combinação de processos subjetivos próprios de cada indivíduo, isto é, as estruturas internas da pessoa ajudam a construir a forma como são percebidos e internalizados os eventos externos, o que reflete na autoavaliação do seu estado de bem-estar e da sua qualidade de vida." Para a Organização Mundial de Saúde – OMS (2002), a qualidade de vida é um conceito holístico que reúne o conjunto de recursos sociais, individuais e físicos necessários ao indivíduo para a realização dos seus objetivos e aspirações, bem como para a satisfação das suas necessidades em diferentes níveis.

voltar vai ficando mais para futuro ou mesmo foi abandonado, principalmente porque o acesso a bens e serviços públicos e privados de boa qualidade, sua integração social e outras vantagens percebidas geram a percepção de bem-estar ou mais precisamente da "qualidade de vida", e voltar para o país de origem significaria abdicar disso. Nesse sentido, segundo o estudo de Franken et al (2009, p. 814) "os projetos migratórios representados pelo tripé discursivo inicial "trabalhar/acumular/retornar", assim como os estilos de vida desses migrantes, sofrem mudanças e redefinições durante o tempo de estadia na sociedade receptora".

1.2. Etapas da migração internacional

Caminhos. Independente da motivação do imigrante internacional para sair do seu país de origem, ele passará a trilhar uma série de caminhos para chegar e permanecer no país de destino escolhido. Assim, consciente das várias consequências que advirão da sua decisão migratória, o imigrante internacional precisa calçar a resolução de pendências e organização de várias áreas de sua vida antes de sair do país: a organização do processo de deslocamento e de chegada; a adoção de estratégias para encontrar nova moradia e trabalho; a adaptação às peculiaridades do país receptor; a integração no convívio com pessoas de outra cultura; e todas as outras perspectivas em relação ao futuro no país estrangeiro.

Classificação. Com efeito, a migração internacional ocorre em várias etapas. Ainda que existam inúmeras publicações detalhando essas etapas de adaptabilidade cada qual à sua maneira, neste estudo inicial importa chamar atenção para uma classificação mais simplista e resumida. Conforme a *Organizaciologia,* eis, por exemplo, listadas em ordem funcional, 3 possíveis etapas no processo adaptativo ao país de destino:

1. **Preparatória:** a escolha e o estudo sobre a geopolítica; as viagens turísticas ao local de destino antes da imigração efetiva; a análise das possibilidades de adaptação; a organização dos documentos exigidos; a sondagem de moradia e de trabalho; a identificação e resolução das interprisões grupocármicas no país de origem.
2. **Adaptação inicial:** os primeiros meses buscando superar o estresse da mudança de domicílio; o domínio do idioma; a aptidão gradativa ao novo holopensene sem acomodação; os aprendizados com a rotina local integrados ao cotidiano pessoal.
3. **Integração:** a desenvoltura com o idioma, o clima, a cultura, a culinária, as tecnologias; o cotidiano laboral, educacional, econômico, político e jurídico.

Trafores. Todo esse processo de migração exige que o imigrante possua ou desenvolva vários atributos e qualidades. Cada etapa pode exigir que a conscin supere determinados trafares e faça a assunção de determinados trafores para que possa enfrentar as dificuldades que normalmente surgem. Ou seja, além da coragem, da predisposição de encarar novas oportunidades e do gosto pelos desafios, o imigrante internacional terá que lançar mão de características tais como: a autoversatilidade, a flexibilidade, a determinação, a resiliência, a neofilia, a polimatia e o traquejo com questões internacionais, entre tantos outros trafores que podem ser mais aprofundados quando da ampliação deste estudo.

1.3. Parâmetros convencionais para medir o grau da adaptabilidade migratória

Exemplos. Neste artigo, optamos por abordar, a título de exemplo, 10 parâmetros que podem ser autoanalisados para medir o grau de adaptabilidade do imigrante internacional. Portanto, no que concerne à Intrafisicologia, a conscin, homem ou mulher, pode observar a aplicação da versatilidade na vida cotidiana, quanto:

01. **Climática:** às condições do clima no novo país de residência.
02. **Cultural:** às manifestações culturais e artísticas; às neoperspectivas de amizades com outras etnias; ao aprendizado com as neorrealidades; à atenção acurada a fim de obstar a alienação às singularidades locais.
03. **Econômica:** ao custo de vida local evitando fazer conversão entre as moedas comparando preços.
04. **Educacional:** a normas pedagógicas.
05. **Gastronômica:** à nova alimentação, sabores e costumes.
06. **Idiomática:** ao idioma local expandindo o poliglotismo e a capacidade de expressão, facilitando a comunicação.
07. **Laboral:** ao novo trabalho e às *leis trabalhistas* sem comparar as atividades profissionais entre os países.
08. **Político-jurídica:** às regras institucionais sobre a legalização de residência; à obtenção da cidadania internacional; à obediência às regras de convívio social e moradia; a não fomentar preconceitos contra a própria condição de migrante.
09. **Social:** ao nível de acolhimento dos estrangeiros; o autodiagnóstico quanto ao autoesforço de integração com os nacionais.
10. **Tecnológica:** às neotecnologias.

1.4. Facilitadores e Dificultadores da adaptabilidade migratória

Influências. Neste tópico, queremos ressaltar que a autopercepção de adaptabilidade, segundo os parâmetros acima citados, pode sofrer inúmeras influências, as quais podem tanto facilitar como dificultar ou atrasar esse sentimento de adaptação ao país receptor.

Redes. Uma das principais influências são as redes migratórias, conceituadas por Fernandes e Rigotti (2009) como "o conjunto de relações interpessoais que vinculam imigrantes, emigrantes retornados ou candidatos à migração com parentes, amigos ou compatriotas, quer seja no país de destino quer seja no país de origem". Esses autores explicam que essas redes facilitam a sensação de adaptação e integração ao país estrangeiro, na medida em que "proporcionam informações, indicações de emprego, moradia e uma série de apoios de natureza diversa". Em outras palavras, um relacionamento amoroso com um nativo, ou mesmo a reunificação familiar com alguém já adaptado não só impulsiona a migração como facilita que o imigrante tenha resultado psicossocial menos impactante.

Autoidentificação. O imigrante que possui algum tipo de identificação com o país (seja pela semelhança cultural, religiosa, idiomática) ainda que não tenha o apoio dessas redes diretamente, acaba sendo por elas absorvido, facilitando também uma série de situações intermediárias e a interação desses atores no seu processo da migração. Por exemplo, um imigrante de um país da Europa que vai viver em outro país europeu tem a facilidade de estar adaptado a uma série de diretrizes estipuladas pela União Europeia, ou ainda um imigrante da Suécia que se muda para Noruega não sofrerá o mesmo impacto que um latino, pois identifica muitas semelhanças idiomáticas e culturais no relacionamento com os nativos.

Antichoque. A conscin migrante que se dedica à fase preparatória com afinco, terá maiores possibilidades de enfrentar os desafios da migração de modo mais equilibrado. Existem múltiplas técnicas de antichoque cultural, a exemplo de livros e guias especializadas, empresas do ramo e profissionais expertos (tais como *coach)* que fornecem inúmeras informações relevantes ao processo de adaptação – a parte documental, busca de moradias e de trabalho e dicas comportamentais imprescindíveis para melhor integração à cultura do país receptor.

Inadaptação. Por outro lado, também é possível relatar muitos dificultadores que podem levar o imigrante à parcial ou total inadaptação. Neste sentido, podemos citar como dificuldades mais comuns, as seguintes:

1. **Individual.** O próprio imigrante internacional pode travar sua habilidade de adaptação em razão do uso reiterado de hábitos arraigados que muitas vezes geram comportamentos deslocados, gafes e constrangimentos dentro da nova sociedade, limitando sua própria integração.

2. **Neo-holopensene.** O imigrante pode ser desafiado a ter que lidar com meio hostil do neo-holopensene, onde o nacionalismo exacerbado pode limitar a prática do multiculturalismo, muitas vezes chegando até a situações de xenofobia que acabam até por limitar os direitos humanos dos imigrantes.

3. **Desvio.** Alguns imigrantes chegam com um desejo ou meta inicial e acabam por não concretizá-los, porque criaram falsas expectativas com relação ao neocontexto, ou deixam-se contaminar com o holopensene trafarista do país estrangeiro, ou porque reconhecem que o país de origem tinha qualidades não encontradas no estrangeiro e que são fundamentais para seu bem-estar.

Questionologia. Diante da abordagem psicossocial dada até aqui, você, leitor ou leitora, já parou para fazer um autodiagnóstico e reflexão sobre estas questões de adaptabilidade intrafísica? Qual era o contexto do seu país de origem e/ou sua situação pessoal quando você decidiu migrar? Quais os principais fatores motivadores no seu processo de migração? O que foi mais decisivo: o contexto pessoal, o contexto do país de origem ou do país de destino? Quais os fatores que influenciaram na escolha e permanência no país de destino? Quais os principais trafores que o ajudaram em cada etapa de adaptabilidade? Quais os principais trafares que atravancaram a superação de alguma etapa específica? Dentre os 10 parâmetros apresentados com relação a sua adaptabilidade intrafísica, quais os que você teve maior dificuldade? Quais os facilitadores (aportes) e dificultadores (contrafluxos, pedágios e/ou gargalos) no seu processo de adaptação?

2. ABORDAGEM CONSCIENCIAL DA MIGRAÇÃO: DA REFLEXÃO AO AUTODIAGNÓSTICO QUANTO À EVOLUÇÃO CONSCIENCIAL

Evolução. Além da análise da autoadaptabilidade migratória baseadas nos parâmetros intraconscienciais supracitados, o indivíduo deve enxergar a experiência migratória como oportunidade de mudança de patamar evolutivo. Para tanto, recomenda-se dar dois passos iniciais:

1. **Diagnóstico.** A reflexão e diagnóstico quanto às mudanças da vida do imigrante sob a ótica do paradigma consciencial.
2. **Reciclagens.** O posicionamento quanto aos aspectos da evolução consciencial otimizados pela imigração internacional. Assim, a partir dessa reavaliação do seu momento evolutivo, o imigrante deve buscar motivação para promover as reciclagens intraconscienciais necessárias, promovendo a aceleração da história pessoal.

2.1. Aspectos Conscienciais para autoavaliação da adaptabilidade migratória

Autodesempenho. Dentro do estudo da *Conscienciologia*, o imigrante deve promover sua autopesquisa e utilizar inúmeros parâmetros para medir seu nível de evolução consciencial. Neste artigo, escolhemos 10 aspectos conscienciais que podem ajudar nesta autoavaliação de como a adaptabilidade migratória pode influenciar na própria evolutividade. Assim, recomenda-se que o imigrante examine o investimento no autodesempenho consciencial quanto:

01. **Assistência:** à qualificação assistencial pelo tenepessismo.
02. **Comunicabilidade:** à compreensão, a adequação e a interação ao neo-holopensene.
03. **Cosmoética:** à possível vivência da infiltração cosmoética.
04. **Intelectualidade:** à instalação de ambiente propício e otimizado ao desenvolvimento do mentalsoma e à recuperação de cons magnos.

05. **Megafraternidade:** à busca da compreensão da História Pessoal, do contexto sociocultural e do nível evolutivo com as pessoas de convívio.

06. **Parapsiquismo:** à intensificação da tridotação consciencial repercutindo na constância de projeções lúcidas e na telepatia entre compassageiros evolutivos de países diversos.

07. **Proéxis:** à reflexão sobre o desvio de proéxis em contraposição aos reais ajustes e alinhamentos às premissas, com a possibilidade de participar e acelerar a maxiproéxis grupal no país de destino.

08. **Reurbex:** à compreensão à pararrealidade das reurbanizações extrafísicas no novo holopensene.

09. **Seriéxis:** ao reencontro com o grupo ou amigos evolutivos de retrovidas conjuntas, com ocorrência de mudanças de cenário extrafísico capazes de reconstituir cenas de época (Paracenografia) e o aumento das retrocognições.

10. **Universalismo:** à oportunidade de promover o automegateste do senso universalista e do desenvolvimento e fortalecimento do caráter apátrida a partir da convivência multicultural diária.

2.2. Ações estimuladoras da evolução consciencial

Oportunidade. A conscin lúcida, homen ou mulher, pode aproveitar sua situação de migrante como oportunidade para estimular a sua evolução consciencial através de algumas ações, tais como:

1. **Otimização do neo-holopensene:** através da conexão com bioenergias do novo holopensene e a sintonia com os padrões energéticos locais, a conscin na condição de imigrante pode aproveitar o neoambiente para desenvolver a paraconectividade com os amparadores do local para aplicá-los com fins interassistenciais.

2. **Autopesquisa constante:** a autoavaliação periódica e reconhecimentos dos avanços alcançados são fundamentais para automotivação da conscin migrante frente aos desafios de adaptação.

3. **Autoconscientização dos gargalos:** é importante que o autodiagnóstico leve à autoconscientização de que muitas vezes as dificuldades de adaptação são apenas gargalos (ou apenas contrafluxos ou pedágios) evolutivos, e que estas crises podem ser um indicador do processo de recomposição em andamento, portanto de evolução consciencial.

4. **Envolvimento com paradigma consciencial:** mesmo que a conscin não esteja residindo próximo a uma unidade conscienciológica no exterior, é possível envolver-se com o paradigma consciencial através de inúmeros canais e/ou ferramentas disponíveis a distância. O acompanhamento das tertúlias conscienciológicas *on-line*, os cursos em EAD, as reuniões de grupos de estudo, as palestras gratuitas disponíveis no *youtube* e *facebook* podem ajudar no aprofundamento das

autopesquisas, promovendo recins diante das crises de adaptação. Também é possível se envolver com o voluntariado conscienciológico mesmo estando em país estrangeiro. Além disso, a teática silenciosa da *Conscienciologia,* onde quer que esteja a conscin, auxilia na evolução consciencial.

5. **Assunção de trafores.** Ao invés do migrante focar nas dificuldades, ele pode optar por estudar e/ou aprimorar um traço força importante que o ajudará a enfrentar algum desafio específico durante seu processo de adaptação. A autoidentificação e estudo do trinômio megatributo-megatrafor-materpensene pode estimular a conscin migrante a focar nas suas capacidades e não nos travões do seu processo evolutivo. A ideia é que a conscin utilize os seus trafores como trampolim para assunção de neotrafores e passe a encarar os percalços de modo otimista, sem deixar de ser realista.

6. **Uso de técnicas conscienciológicas.** Existe uma gama de técnicas conscienciológicas que podem impulsionar a conscin migrante a manter seu ritmo evolutivo (tal como a Técnica de Mais um Ano de Vida), ou a promover reflexões e maior conexão com o amparador (como a Técnica da Madrugada e a Técnica da Reflexão de 5 horas).

7. **Melhoria da Tenepes.** Em razão do novo holopensene, pode haver a mudança de equipex e até de público assistencial. Assim, a conscin tem a possibilidade de ampliar sua assistência para um público-alvo local, pela conexão com o idioma e em razão de uma adaptação cerebral e paracerebral ao novo holopensene.

8. **Investimento na Tares.** A conscin imigrante ao se dedicar à docência conscienciológica, acaba por promover reciclagens mais profundas, já que a docência exige maior autoesforço, disciplina e exemplarismo. O docente pode aproveitar para estimular o autodiagnóstico e as reciclagens, o que resultará em melhora do auto e hetero processo de adaptação e ampliação da interassistência.

2.3. Efeitos da adaptabilidade migratória no cotidiano e na evolução consciencial

Multiefeitos. A adaptabilidade migratória costuma gerar efeitos tanto no cotidiano como no processo de evolução consciencial. É importante destacar que múltiplos fatores interferem na condição de adaptado ou inadaptado do imigrante internacional, por exemplo, a formação psicológica, o contexto que vivia no país de origem e os desafios enfrentados no país estrangeiro.[6] Nesse sentido, a adaptação às novas estruturas intrafísicas, psicológicas e ambientais ao país receptor pode possibilitar mudanças positivas de comportamento, descobertas pessoais

6 Conforme explicam Franken et al. (2009) "qualquer experiência vivenciada pelo indivíduo no seu contexto sociocultural afeta de forma significativa seus estados psicoafetivos, emocionais e cognitivos. Nesse entendimento, as representações sobre qualidade de vida e migração, no contexto migratório internacional, não existem enquanto entidades absolutas, isoladas e independentes de sua forma de expressão e manifestação, mas como algo entrelaçado às experiências de cada um dos participantes e vivências de ordem pessoal e social."

e amadurecimento, mas em outros casos, a experiência migratória pode gerar dificuldades de adaptação à nova cultura e no retorno ao país de origem.

Oscilação. Em outros casos, ocorre uma oscilação adaptativa ao Exterior, o que significa vivenciar a chamada "Curva W"[7]. Essa oscilação é sentida quando os imigrantes passam a se questionar quanto aos padrões culturais do país de origem ao mesmo tempo que ainda sofrem uma certa inadaptação cultural ao país estrangeiro.[8] Outras vezes o imigrante tem sensação de ser estrangeiro tanto na região de origem quanto na região de acolhimento.

Neodificuldades. Entretanto, não é só a capacidade psicossocial e a percepção pessoal do contexto de origem que interferem na adaptabilidade migratória, também as barreiras encontradas no país receptor podem trazer sérias dificuldades à adaptação do imigrante. Esses dificultadores podem agir pontualmente ou se somarem. Comumente, são situações nunca vivenciadas as que causam mais impacto, os conflitos étnicos, a discriminação, o isolamento social, a falta de redes sociais de apoio à integração e o baixo nível socioeconômico, dificultando ainda mais o desafio de compreender e adotar as normas socioculturais do país de acolhimento. No entanto, vale a pena a conscin migrante refletir que não existe um lugar perfeito no mundo[9]. É claro que existem ambientes mais ou menos homeostáticos, com melhor ou pior condição de vida, no entanto é possível que a conscin mais dedicada às autorreciclagens e mais madura tenha mais estofo para enfrentar as situações adversas.

Psicopatologias. Segundo Coutinho e Oliveira (2010), este processo de inadaptação pode ter implicações psicossociais tanto no indivíduo como no próprio grupo de imigrantes. Esses fatores de risco e de estresse podem acarretar mudanças de diversas ordens na vida dos integrantes desses grupos (psicológicas, físicas, biológicas, sociais, culturais, familiares e políticas) sendo comum acontecer o que os psicopatologistas descrevem como sendo as "angústias coletivas", as quais são sintomas de perturbações psíquicas sentidas coletivamente, e marcadas "por atuações traumatizantes, revelando nestes grupos níveis muito baixos de tolerância à frustração e índices de vulnerabilidade às situações de ansiedade".[10]

7 "A *curva W* é a linha sequencial metafórica, com a forma dessa letra, experimentada pela conscin estrangeira, homem ou mulher, ao vivenciar o duplo choque cultural, na saída e no regresso ao país de origem, passando por diferentes estágios de adaptação." (Vieira, 2018)

8 Estes autores completam explicando que: "Há a possibilidade de voltar ao ponto de partida, mas, por outro lado, não se pode voltar ao tempo da partida, tornar-se novamente aquele(a) que se era naquele momento, nem reencontrar na mesma situação, os lugares e as pessoas que se deixou. Sebben (1996, p.134) concorda com Sayad (2000) quando defende a ideia de que nenhum "retorno é um simples retorno, pois é uma nova emigração, com perdas, medos e esperanças".

9 O *mito do lugar perfeito* é a idealização ou criação ilusória pela conscin, homem ou mulher, de determinado local capaz de satisfazer a expectativa de lá encontrar a felicidade e a paz almejada, sem os autoesforços recinológicos necessários. (Vieira, 2018)

10 Para Rodrigues et al. (2007, p. 173): "Nos casos em que a pessoa percebe a experiência migratória como geradora de estresse e ela ou ele não tem uma boa resposta de enfrentamento, pode aparecer a depressão e a ansiedade. Isso acontece, porque as mudanças no contexto cultural excederam a capacidade do indivíduo devido à magnitude, velocidade ou algum outro aspecto de mudança ou devido à aprendizagem ou problemas psicológicos como a depressão ou a ansiedade."

A reação às situações adversas podem ser sentidas de maneira diferente, portanto, para alguns pode causar sintomas de ansiedade e depressão, que podem ser muito traumáticas, afetando negativamente os rumos da conscin migrante, por outro lado, Vieira (2013, p. 574) explica que também existem os "efeitos colaterais das *crises de crescimento* e *estresses sadios* da consciência, na dinâmica da sua evolução, ao que os fatos indicam, interminável."

Aceleração. Considerando o contexto multiexistencial e multidimensional como premissas do paradigma consciencial, um dos efeitos conscienciais positivos mais comuns é o reconhecimento da adaptabilidade como um trafor nato, isso pode ficar evidenciado por: sentimento de ter renascido; fato de residir em país estrangeiro; utilização do conhecimento adquirido no *Curso Intermissivo* (CI) pré-ressomático preparatório para vivenciar a adaptabilidade e o desapego cosmoético; reconhecimento da adaptação migratória como treino para readaptação intrafísica e extrafísica, o que envolve o treino da readaptação à multidimensionalidade em razão da dessoma, como para a adaptação paragenética da consciex à morfologia característica do país que residirá na próxima ressoma; a sensação de que as readaptações intrafísicas, bioquímicas, neogenéticas, somáticas, psicomotoras, mesológicas e mentaissomáticas da consciência já foram vividas em múltiplas existências.

Neopercepções. Outro efeito consciencial positivo que pode ser sentido é a maior percepção da amparabilidade com a evidência do amparo extrafísico durante o momento evolutivo crítico, propiciando aceleração da evolução pessoal e grupal.

Questionologia. Diante da abordagem consciencial iniciada nesse estudo, você, leitor ou leitora, já parou para fazer um autodignóstico e reflexão sobre essas questões de adaptabilidade levando em conta parâmetros conscienciais? Você tem o hábito de fazer autodiagnóstico evolutivo? Já comparou e/ou cotejou esses diagnósticos evolutivos antes e depois da migração? Quais dos aspectos conscienciais supracitados você julga que sofreram alteração em razão do seu processo de migração? Você tem algum ponto específico quanto à adaptabilidade que merece ser reciclado? Você entende o seu processo migratório como processo otimizador da mudança de patamar evolutivo (oportunidade evolutiva)? Você entende que a adaptabilidade é um megatrafor prioritário a ser desenvolvido ou aprimorado nesta existência? Considerando toda a bagagem adquirida como migrante, você se sente mais preparado para enfrentar os desafios da adaptação a neoambientes intrafísicos tanto nesta existência, como no extrafísico e em próximas ressomas?

3. PONDERAÇÕES SOBRE A ADAPTABILIDADE MIGRATÓRIA DE BRASILEIROS RESIDENTES NA EUROPA

Conceito. Diante do exposto até aqui, antes de analisarmos o questionário submetido a um grupo de 40 brasileiros que migraram para Europa, é importante ter claro a definição que demos ao tema. Portanto, entendemos como *adaptabilidade migratória internacional* a capacidade, qualidade e/ou condição cosmoética da conscin, homem ou mulher, mostrar-se adaptável, ajustável ou harmonizável ao país estrangeiro escolhido como nova residência ou domicílio, seja temporariamente ou de modo definitivo, permitindo o engajamento, a integração e o ativismo produtivo quanto aos aspectos da intrafisicalidade e também da evolução consciencial.

Entrevistados. Para que obtivéssemos uma amostra mais homogênea, optamos por limitar o perfil dos entrevistados. Portanto, em função do recorte dado a essa pesquisa, focamos na análise dos dados que somassem estas duas características: primeiramente, fosse imigrante internacional, ou seja, conscin que mora fora do país natal; e a segunda se enquadrasse na condição de conscin que conhece e/ou estuda a *Conscienciologia.*

Objetivos. Esta pesquisa de campo, mesmo diante das limitações abaixo citadas, buscou: verificar o nível de adaptabilidade migratória internacional, baseada em parâmetros convencionais propostos quanto às questões intrafísicas e alguns aspectos do paradigma consciencial; e analisar se existe um padrão do grupo, a partir de autoavaliação individual, que retrate quais são os aspectos mais fáceis de superar, assim como os mais desafiadores na adaptabilidade migratória internacional.

Métrica. A adaptabilidade migratória internacional pode ser mensurada com métricas variadas. Neste estudo, a análise feita foi baseada em perguntas objetivas de autoavaliação (percepção pessoal). As variáveis analíticas para a composição do questionário foram agrupadas por afinidade ou proximidade, com vistas a facilitar as análises conjuntas da massa de dados cedida pelos 40 entrevistados.

Superficialidade. A autora tem consciência de que existem limitadores que tornam o estudo ainda superficial. Por exemplo, o fato de as questões serem objetivas, limita o aprofundamento de eventuais nuances mais subjetivas que poderiam ser analisadas. Contudo algum ponto deste primeiro retrato poderá ser mais detalhado/especificado em um outro estudo. Portanto é possível visualizar que se trata apenas da "ponta do iceberg" diante da profundidade do tema a ser explorado.

Perfil. Muitos relataram que mesmo sendo imigrantes há vários anos, nunca tinham parado para pensar e se posicionar quanto aos aspectos propostos no questionário, e o fato de preenchê-lo já gerava profunda reflexão, o que pode indicar o início da recin de alguns desses pontos em alguns entrevistados. Além da identificação, fizemos um pequeno retrato do perfil dos entrevistados a partir dos seguintes pontos:

01. **Faixa etária:** dentre os entrevistados, verificou-se que 80% estão na faixa etária da fase executiva da proéxis, com mais de 35 anos, e não tem ninguém com menos de 20 anos nesta amostragem.[11]

11 Para Rodrigues et al. (2007) a idade do emigrante vai ter relação com o modo como se processa a aculturação e adaptação: as crianças e adolescentes tendem a se integrarem mais rapidamente porque geralmente tem mais

02. **Nível de escolaridade:** o resultado da amostra revela que 82,5% dos entrevistados têm curso superior, mestrado e doutorado, sendo que 52,5% do grupo estão na faixa de curso superior e 30% na faixa de mestrado e doutorado.[12]

03. **Tempo de imigração:** nossa amostra apontou que 80 % estão no país estrangeiro há mais de 2 anos, sendo 55 % do grupo há mais de 10 anos.[13]

04. **Atividade Remunerada:** dentre os entrevistados, 32,5 % (quase um terço do grupo) não trabalha, e outros 35 % trabalha há mais de 10 anos.[14]

05. **Tempo que conhece/estuda a *Conscienciologia*:** a pesquisa demonstrou que 85% dos entrevistados afirmou conhecer a conscienciologia há mais de 2 anos, sendo 27,5 % do grupo há mais de 10 anos.[15]

06. **Países de Destino:** a amostra demonstrou que 4 países de destino somam 85% do grupo de entrevistados, sendo 45 % da Alemanha, 20% da Suíça, 10% de Portugal, 10 % da Inglaterra, 5 % da França, 10% entre Espanha, Holanda, Suécia e Finlândia (2,5% cada).[16]

Lista. A escolha dos 10 fatores que interferem na adaptabilidade da conscin no país receptor e dos 10 aspectos conscienciais como prováveis indicadores da evolução consciencial do imigrante internacional fazem parte de uma lista que não é taxativa, ou seja, não significa que a conscin, ao alcançar excelente pontu-

---

facilidade para aprender o idioma. No entanto, como na nossa amostra não havia nenhum imigrante com menos de 20 anos, não foi possível ratificar estas posições.

12 Vários autores pontuam que quanto maior o nível de educação, maior a possibilidade de melhor se adaptar, já que a educação formal treina e oferece uma visão ampliada dos prováveis problemas, evitando e/ou protegendo assim contra o enfrentamento maior das dificuldades mais comuns (Berry, 2002; Rodrigues et.al., 2007). Coutinho e Oliveira (2010) destacam ainda que o analfabetismo e/ou desconhecimento da língua do país de acolhimento originam problemas comunicacionais e relacionais com as diferentes estruturas de apoio, criando problemas de integração migratória que atingem tanto os imigrantes como os nacionais. Nesse processo histórico, a língua configura-se como um dos principais elos. O desconhecimento da língua do país de acolhimento é uma das origens de problemas comunicacionais e relacionais entre imigrantes e "nacionais", com as relações culturais entre a sociedade de acolhimento e a sua cultura de origem (Ramos, 2008, p. 60).

13 O tempo por si só é fator que logicamente contribui para maior nível de adaptabilidade do imigrante, além disso, conforme dito anteriormente, o período de adaptação inicial é o mais difícil, em razão das habituais dificuldades de encontrar moradia, trabalho e criar vínculos pessoais, o que para muitos é superado após os 2 primeiros anos de migração.

14 A estabilidade financeira no país de acolhimento é primordial para mantê-lo firme no propósito inicial de ser imigrante, mas nem sempre essa estabilidade significa que ele esteja percebendo remuneração, pois pode ser que se mantenha no exterior em razão de recursos advindos do país de origem, seja um pé-de-meia, uma aposentadoria ou mesmo uma ajuda familiar. Por outro lado, o fato de possuir uma ocupação, mesmo que não remunerada, ajuda a criação de vínculos pessoais que favorecem a adaptação do imigrante.

15 Este dado é muito relativo pois o fato de um indivíduo conhecer a *Conscienciologia* há mais de 10 anos não significa que ele tem nível de profundidade de conhecimento do paradigma consciencial maior do que o outro indivíduo que teve contato com a ciência há menos de 2 anos. Isto porque cada um vive um contexto pessoal que permite maior oportunidade de aprofundamento (cursos no exterior), tempo para estudo autodidata, interesse em reciclagens e nível de engajamento com a ciência, que são muito peculiares a cada um.

16 Fica a reflexão individual e grupal, sobre as prováveis relações da proéxis-seriéxis da conscin migrante que acabaram por atraí-la a residir neste país, e quanto à conexão de cada um com outros membros do grupo que também vivem na mesma região/país e/ou continente.

ação no diagnóstico quanto a esses parâmetros, seja automaticamente adaptável. A lista é apenas enumerativa e passível de incitar reflexões e reciclagens quanto a esses pontos, mas nada impede que outros parâmetros possam ser acrescentados, inclusive de acordo com o contexto de cada conscin envolvida com o seu autodiagnóstico.

Inter-relações. O resultado da amostra revela que 80% dos entrevistados conseguem se comunicar com desenvoltura na língua nativa do país escolhido, 85% sentem-se acolhidos ou têm amizades com nativos do país, 95% apreciam a cultura do país onde residem, incluindo as manifestações artísticas e culturais e 94,9% sentem-se adaptados às facilidades tecnológicas oferecidas pelo país.

Somática. Dentre os entrevistados, 70% sentem-se adaptados ao clima e 78% estão adaptados à alimentação consumida cotidianamente no país escolhido. A nutrição adequada do soma, utilizando os alimentos disponíveis e o conforto ou adaptação em relação ao clima são fatores primordiais para a completa adaptação da conscin no local escolhido.

Cidadania. Segundo os entrevistados, 95% sentem-se adaptados às regras, leis e organização política do país escolhido, bem como ao sistema econômico do mesmo e custo de vida cotidiano. Em relação à educação, 87,5% relatam boa adaptação ao sistema educacional local. Ao responder sobre trabalho, 80% sentem-se bem adaptados ao sistema laboral vigente no país escolhido, incluindo regras de conduta e leis trabalhistas.

Interassistência. Considerando a interassistência, 92,5% dos entrevistados consideram a condição de imigrante como componente ou facilitador da execução da proéxis pessoal e 85% admitem a possibilidade de retrovidas no país atual de residência. Essa percepção normalmente resulta da familiaridade sentida pela conscin em relação ao país escolhido para migração. Essa mesma familiaridade facilita a ampliação da assistência pessoal relatada por 67,5% dos entrevistados e a percepção de conexão com a reurbex em curso no local, reportadas por 90% dos entrevistados.

Tridotalidade. Segundo os entrevistados, o holopensene do país escolhido pelos mesmos favorece o desenvolvimento da tridotalidade consciencial. De acordo com os resultados, 65% relataram facilitação no desenvolvimento parapsíquico, 85% relataram aprimoramento na intelectualidade e 77,5% relataram melhoria na comunicabilidade em geral.

Mega-atributos. Dentre os entrevistados, 77,5% relatam que o processo migratório os tornou conscins mais cosmoéticas, 90% relatam ampliação pessoal do universalismo e 87,5% relatam que a experiência de ser imigrante os tornou conscins mais megafraternas.

Índices. De acordo com os parâmetros da intrafisicalidade, os que tiveram menor índice foram os relativos ao clima (70%) e à gastronomia (78%). Quanto aos parâmetros da consciencialidade, os que tiveram menor índice foram a assistência (67, 5%) e o parapsiquismo (65%).

Análise. A análise coletiva dos posicionamentos tabulados permite verificar que a maioria dos entrevistados reporta bom nível de adaptabilidade migratória internacional. Tal conclusão é válida tomando-se como base os percentuais das respostas obtidas. Uma análise individual, caso a caso, pode mostrar resultado diverso uma vez que evidenciará a condição de determinada conscin frente aos parâmetros avaliados. Vale o alerta de Vieira (2013, p.70) de que: "Toda generalização é limitada."

Ampliação. É possível ampliar a pesquisa e a autorreflexão quanto a alguns desses parâmetros relacionando Intrafisicalidade *versus* Consciencialidade, por exemplo através das seguintes considerações e questionamentos:

Comunicabilidade. A conscin migrante que relata possuir a dotação consciencial da comunicabilidade, pode cotejar essa autoavaliação com as respostas dadas aos aspectos de adaptabilidade intrafísica tais como o idiomático e o social, pois seria coerente que o migrante garanta sua comunicabilidade no seu atual país de residência, investindo no aprendizado do idioma e buscando a melhor integração com os nacionais.

Universalismo. A conscin universalista, inclusive na condição de imigrante, deve buscar aprimorar sua capacidade de se relacionar com todo tipo de consciência. Praticar o senso de universalismo significa atuar com conscins de diferentes faixas etárias, níveis sociais, culturas, localidades e em diferentes idiomas. Daí a necessidade de cotejo entre alguns parâmetros da autoavaliação, por exemplo, entre o diagnóstico do nível de adaptabilidade cultural e idiomático e a automedição do senso de universalismo. Por exemplo, o imigrante deve estar sempre aprimorando as suas habilidades idiomáticas, para melhor se comunicar, e não simplesmente se acomodar por vergonha, preguiça ou desinteresse em interagir com as pessoas do local. Se não há esforço para se relacionar com os nativos no idioma deles, a conscin migrante também está deixando de praticar o seu senso de universalismo.

Megafraternidade. A megafraternidade é um mega-atributo que tem relação também com outros parâmetros de adaptabilidade intrafísica, tais como os relativos à questão cultural e à social. A conscin migrante que se autoavalia como megafraterna deve analisar seu padrão de convivência, afetividade e empatia com o grupo em que atua. Por exemplo, a conscin migrante sabe o momento oportuno de compartilhar suas manifestações culturais com pessoas de outras culturas? Ou suas manifestações são impositivas? Também é importante avaliar se a conscin tem buscado o isolacionismo e/ou se seus relacionamentos têm carácter segregacionista, ou seja, se visivelmente tem preferência por grupos, interagindo, por exemplo, apenas com outras conscins da mesma nacionalidade e/ou apenas imigrantes, evitando os nacionais. A conscin migrante megafraterna deve ser flexível com a história de vida, o contexto sociocultural e o nível evolutivo das pessoas com as quais se relaciona. "*Multiculturalidade é megafraternidade*". (Vieira, 2018)

Intelectualidade. A questão da intelectualidade tem estreita ligação com as questões de adaptabilidade somática, tais como a climática e a gastronômica, pois não seria coerente a conscin migrante aproveitar o neo-holopensene para investir no desenvolvimento de uma parte do soma (o mentalsoma) e deixar de investir em outros processos de adaptação somática[17]. Portanto sugere-se que a conscin migrante também faça a automedição do mega-atributo da intelectualidade comparando com suas ações para adaptar o soma ao neoambiente e às constantes modificações que o corpo pode passar seja pelas mudanças ao longo da idade, seja em situações pontuais como doenças e/ou gravidez. Por outro lado, a intelectualidade pode ajudar na aculturação sadia, pois o mentalsoma mais evoluído pode ajudar a conscin migrante a sair da robéxis e evitar os idiotismos culturais que existem na maioria dos holopensenes em maior ou em menor grau.

Assistencialidade. A autorreflexão das ações e dos esforços diários de adequação da conscin migrante ao contexto político, econômico, laboral e educacional do neoambiente pode ajudar na identificação do público e das demandas assistenciais, indicando também a dinâmica da proéxis. Além disso, esses contextos no qual a conscin migrante está inserida podem indicar a necessidade de atuação mais específica no neo-holopensene em razão de um processo de interprisão e recomposição de correntes de retrovidas naquele ambiente. Por último, a conscin migrante pode se perguntar qual seu nível de utilidade naquele lugar e avaliar seu comprometimento e ações efetivas em prol da reurbin e reurbex conectadas ao neoambiente. Dependendo do contexto, a conscin migrante pode se lançar a maiores desafios interassistenciais em prol da reurbex[18]; ser útil para expansão da *Conscienciologia* (voluntariado, docência, gescons, com traduções, por exemplo); atuar melhorando os ambientes por onde passa com sua energia; e/ou basicamente aplicando o exemplarismo silencioso, o qual pode ser ensurdecedor no extrafísico.

Otimização. Também os aspectos conscienciológicos possuem inter-relação, e o cotejo entre esses pode propiciar tanto uma melhor percepção do autodiagnóstico como a otimização da evolução. Por exemplo:

1. **Intelectualidade *versus* assistência:** "Quem sabe mais, assiste melhor na condição de minipeça lúcida do Maximecanismo Multidimensional Interassistencial." (Vieira, 2014, p. 17)

17 Nesse sentido, vale a reflexão de Vieira (2014, p. 16–17) quando aborda a Culturologia no DAC: "(...) quanto mais você fica conhecendo as coisas através das experiências, mais fica conhecendo o Cosmos. Você fica mais lúcido, se inteira das realidades, não tem mais tanto medo. Lá no fundo, toda doença que temos é autovitimização. Qualquer doença é isso, nasce da pessoa. Todo assédio nasce de autoassédio. A solução é a Multiculturologia. É a pessoa que cultiva e pesquisa longa série de linhas do conhecimento. A pessoa da Sociologia, que vê a Sociologia Ampla é multiculturóloga. O mais importante para ela é evoluir a partir disso, aplicando esse conhecimento a favor dos outros. O caminho do cosmovisiólogo é a Multiculturologia. Estudar muito de maneira generalista, multicultural."

18 Conectando as novas experiências à evolução consciencial Vieira (2013, p. 574) explica: "Toda experiência nova vem se somar à constante e inevitável acumulação das possibilidades evolutivas da consciência. A união dos recursos traz à conscin, a intensificação dos talentos, potencialidades, inventividade, hiperacuidade e ECs."

2. **Parapsiquismo *versus* assistência:** a otimização do parapsiquismo (seja em razão da mudança de equipex, da homeostasia do neoambiente ou do afastamento da mesologia opressora anterior) pode resultar em melhor conexão com o amparador e insights para tares, aprimorando, assim, a assistência.

3. **Megafraternidade *versus* assistência:** a conscin megafraterna também deve levar em consideração a autoavaliação do seu nível de assistencialidade para comprovar a coerência entre a sua prática e a sua autopercepção.

4. **Cosmoética *versus* universalismo e megafraternidade:** a conscin migrante que aplica os princípios cosmoéticos nas suas manifestações (tais como "que aconteça o melhor para todos") também terá mais chances de aumentar seu senso universalista e de megafraternidade.

CONSIDERAÇÕES FINAIS

Avanços. O estudo da adaptabilidade na ciência convencional tem apresentado avanços na medida em que se nota maior dedicação ao estudo da interdisciplinariedade do tema. Os estudos biogenéticos (teorias darwiniana e neodarwiniana) ampliaram seu escopo, e estudam a adaptabilidade não apenas sob a perspectiva da evolução da genética humana para suportar as limitações ambientais, mas também passaram a investigar pelo estudo das formas não-genéticas de adaptabilidade. Além disso, muitos autores estudam a adaptabilidade a partir da abordagem psicossocial.

Responsabilidade. Cabe a nós, conscins lúcidas quanto à necessidade de ampliação do paradigma convencional para o paradigma consciencial, buscar através da autoexperimentação (princípio da descrença) formular, aplicar e disseminar novas ações propulsoras do megatrafor da adaptabilidade, orientando quanto às reciclagens e às possibilidades de evolução consciencial de compassageiros evolutivos que estão na situação de migrantes ou aqueles que pretendem enfrentar tal empreitada.[19]

Neoideias. A ampliação interparadigmática feita até aqui é apenas a ponta do *iceberg* desse estudo. Por outro lado, tem-se a pretensão de que os assuntos abordados instiguem o surgimento de neoideias, de modo que o tema possa ganhar diferentes contornos diante da experiência de cada conscin migrante interessada em compartilhar seu labcon em forma de tares e gescons.

Oportunidade. A conscin migrante lúcida, homem ou mulher, que vive hoje na Era da Reurbex, e considerando as aprendizagens e reciclagens feitas no contexto atual de superpopulação, globalização, comunicação em massa, aceleração da tecnologia e aumento expressivo da migração, tem oportunidade pioneira,

19 Chamando a todos quanto a esta responsabilidade de adaptação e à necessidade de desenvolver o abertismo a neoideias, Vieira (2013, p. 574) pondera: "O que se faz necessário a mim e a você, hoje e sempre, é a nossa adaptação constante e sadia às novas invenções, descobertas e redescobertas, de modo sempre irreversível, sem apresentarmos conservantismos, repressões e ortodoxias, ante os efeitos sobre nós dos *choques do futuro*, misoneísmos ou neofobias."

cosmoética e evolutiva para desenvolver o megatrafor da adaptabilidade com o fim de estar mais preparado(a) para assumir as demandas assistenciais desta existência, do próximo curso intermissivo e das próximas ressomas.

REFERÊNCIAS

Coutinho, M. P. L. ; Oliveira, M. X. Tendências comportamentais frente à saúde de imigrantes brasileiros em Portugal. In: *Psicologia & Sociedade,* vol. 22, núm. 3, 2010, pp. 548-557.

Fernandes, Duval Magalhães ; Rigotti, José Irineu Rangel. Os Brasileiros na Europa: notas introdutórias. In: I Conferência "Brasileiros no Mundo", Subsecretaria Geral das Comunidades Brasileiras no Exterior (SGEB) do MRE e Fundação Alexandre de Gusmão, Brasília, 2009.

Franken, Ieda; da Penha de Lima Coutinho, Maria; Ramos, Natália. Migração e qualidade de vida: um estudo psicossocial com brasileiros migrantes. In: *Estudos de Psicologia*, PUC-Campinas, vol. 26, núm. 4, noviembre-diciembre, 2009, pp. 419-427.

IOM. World Migration Report 2018. International Organization for Migration - The UN Migration Agency, Geneva, 2017.

Martins Junior, Angelo; Dias, Gustavo. Imigração brasileira contemporânea: discursos e práticas de imigrantes brasileiros em Londres. In: Análise *Social*, 209, XLVIII (4.º), 2013. pp. 810-832.

Moran, Emilio. Human Adaptability: an Introduction to Ecological Anthropology. Westview Press, Colorado, 2007.

Patarra, Neyde Lopes; Fernandes, Duval. Brasil: país de imigrantes? In: *Revista Internacional em Língua Portuguesa.* Migrações. III série, nº24, 2011.

Rodrigues, Roberta de Alencar; Strey, Marlene Neves; Pereira, Janice. Experiência migratória: encontro consigo mesmo? Percepções de brasileiros sobre sua cultura e mudanças pessoais. In: *Aletheia*, n.26, jul./dez, 2007. pp.168-180.

Vieira, Waldo; *Dicionário de Argumentos da Conscienciologia;* rev. Equipe de Revisores do Holociclo; 1.572 p.; 1 *blog;* 21 *E-mails;* 551 enus.; 1 esquema da evolução consciencial; 18 fotos; glos. 650 termos; 19 *websites;* alf.; 28,5 x 21,5 x 7 cm; enc.; *Associação Internacional Editares;* Foz do Iguaçu, PR; 2014.

Idem; *Enciclopédia da Conscienciologia;* rev. Equipe de Revisores do Holociclo; *Associação Internacional Editares*; *Associação Internacional do Centro de Altos Estudos da Conscienciologia* (CEAEC); & *Associação Internacional de Comunicação Conscienciológica* (COMUNICONS); Foz do Iguaçu, PR; 2018.

Idem; *700 Experimentos da Conscienciologia; 3. ed. rev. ampl.*; *Associação Internacional Editares*; *Associação Internacional do Centro de Altos Estudos da Conscienciologi*a (CEAEC); Foz do Iguaçu, PR; 2013.

Viviane Passos Gomes é Pós-Doutora em Direito pela Universidad Castilla-La Mancha e Doutora em Direito pela Universidad de Sevilla.

INTERNATIONAL MIGRATORY ADAPTABILITY: FROM THE NEO-ENVIRONMENT ADAPTATION TO CONSCIENTIAL EVOLUTION

Viviane Passos Gomes

ABSTRACT: This work aims to expand the interparadigmatic view of international migratory adaptability, emphasizing both the psychosocial approach and some reflections within the scope of the consciential paradigm. The methodology is based on the bibliographical review of the subject in the conventional psychosocial academic area and reflections on the premises established by *Conscientiology*. Some considerations were also made regarding the results of the questionnaires applied to a sample of 40 Brazilians living in Europe who know and / or study the consciential paradigm. It is concluded that the lucid migrant conscin has a pioneering, cosmoethical and evolutionary opportunity to develop the mega-strong trait of adaptability, in order to be more prepared to take on assistantial demands of this existence, the next intermissive course and the next resomas.

INTRODUCTION

Proposal. This article addresses issues related to international migratory adaptability, emphasizing the factors that interfere with the adaptability of the conscin in the recipient country, promoting the expansion of this study under the prism of the consciential paradigm, and bringing to the fore the analysis of some consciential aspects as probable indicators of the consciential evolution of the international immigrant.

Incipience. If, on the one hand, the international migratory flow has been much debated both within international organizations and in the conventional academic context in its various areas of knowledge, on the other hand, there can be no consensus, mainly regarding the motivations for migration and factors that interfere with and demonstrate the adaptability of the international immigrant. From the perspective of *Evolutiology*, the study of migratory adaptability as a propeller of consciential evolution is still incipient, hence the claim of this article to launch some contributions on this theme in order to foster the bases for enlarging and reformulating this debate within the consciential paradigm.

Context. Migration[1] is a social phenomenon, global and universal, that comes from the human propensity to change and search for new environments, manifested from antiquity to the present day, and that influences the distributions and redistributions of population on the planet throughout history. Particularly in the last 50 years, the process of globalization has accelerated, resulting in an intense movement of groups and individuals throughout the world.

Process. The term migration derives from the Latin word *migrare*, that is, to go from one place to another. However, it is important to point out that the spatial displacement of individuals, whether from the outflow (emigration) or the entry (immigration) into another physical space, is only one aspect of this process. The migration process is broader because it is a "complex and contradictory process, an experience of loss, rupture and change." (Coutinho and Oliveira, 2010), which usually implies a psychosocial reformulation of the individual.

Adaptability. This reformulation of the individuals can be felt to a greater or lesser degree of difficulty, according to their maturity and adaptability. In addition, this degree of adaptability of immigrants is influenced both by the factors that motivated their departure from the country of origin as well as the reception conditions they find in the receiving country.[2]

Typology. Concerning *Evolutiology*, these are two areas of study that the conscin, man or woman, can deepen the understanding of their level of international migratory adaptability:

1. **Analysis of the intraphysical migration process:** daily life parameters of human life that reflect the quality of adaptation developed by the conscin in the foreign country chosen as a new residence or domicile.
2. **Analysis of the process of migration based on the consciential paradigm:** the analysis of consciential aspects (such as the proexis, seriexis, reurbex, assistance, as well as triendowment and consciential holophilosophy) as some of the probable indicators of the consciential evolution of the international immigrant.

Objectives. This work has the main objective of broadening the interparadigmatic perspective of the international migratory adaptability, from a psychosocial approach of the adaptation to the intraconsciential neo-environment, reaching then its expansion to a consciential approach that brings some parameters and aspects as probable indicators of adaptability, apart from indicating some stimulating actions of adaptability aiming at consciential evolution.

1 According to the IOM (2008, Glossary) migration is defined as "a process of change, whether on an international border or within a state. Apopulational move embracing any kind of people's movements, whatever be their length, composition and causes; it includes refugees' migration, displaced people, uprooted people and economic migrants."

2 According to Ramos (2004, p. 257), "the migration process involves spatial and temporal ruptures, namely psychological, physical, biological, social cultural, family, political changes implying psychological adaptation".

Motivation. This study was born from the need to overcome the brakes felt during the adaptation process lived by the author during the 10 years in which she lives outside of her country of origin (Brazil). As a result, other motivations emerged from the beginning of the research:

1. **Labcon.** The idea of sharing the personal labcon acquired while living in 5 different countries – Portugal, Spain, France, Norway and Sweden – taking into account that in each country, the author has undergone a series of counterflows, tolls and / or bottlenecks that led to further reflection on the theme.
2. **Recins.** Study, reflection and new approaches on this process of adaptability can help in self and hetero overcoming of weaktraits and acquisition of strongtraits. In this way, the author intends to further discuss the theme in order to strengthen or expand the parameters of self-diagnosis, to promote individual and group reflections and interests, and in the future, to further expand the study from different perspectives.
3. **Techniques.** One of the proposals is to achieve a series of tips and / or techniques to overcome the most recurrent bottlenecks related to this process of adaptability, helping both the individual and group consciential evolution of current international immigrants and other consciousnesses who intend to face this challenge in the future.

Methodology. The methodology applied in this research consisted of bibliographical review on the subject in the conventional psychosocial academic area, and in the reflection on the connection of the subject with the premises established by *Conscientiology*, in order to present this proposal of a paradigmatic expansion. Therefore, some considerations were also made regarding the results from questionnaires applied to a sample of 40 Brazilians residing in Europe who know and / or study the consciential paradigm.

Structuring. To address this issue, this interparadigmatic study has been structured in the following order:

1. **Psychosocial approach to migration: from migration-motivating factors to adaptability indicators.** In this topic, we will briefly report the main motivations to leave the country of origin and the choice of the new host country, as well as the influence of some factors on the international adaptability.
2. **Consciential approach to migration: from reflection to diagnosis on consciential evolution.** In this item, as an initial proposal, we will list possible indicators that assess how migration can influence the consciential evolution of international immigrants.
3. **Considerations on the migratory adaptability of Brazilian residents in Europe.** In this last part, results from a study on the individual assessment carried out in a sample of 40 conscins, who know and / or study the consciential paradigm, will be presented. The research was an attempt to portray the easiest overcome issues, as well as the most challenging aspects to international migratory adaptability, considering the parameters chosen for the study regarding intraphysicality as well as the consciential paradigm.

PSYCHOSOCIAL APPROACH TO MIGRATION: FROM MIGRATION-MOTIVATING FACTORS TO ADAPTABILITY INDICATORS.

1.1. Key factors driving migration

Change. The factors that motivate migration vary greatly from one person to another, and it is often necessary to combine a number of factors to encourage one person to seek another country to live. Perhaps a common feeling among international immigrants is the need for change, especially when the individuals are dissatisfied with some area of their lives.

Evolution. Rodrigues *et al.* (2007) consider that this need for change is part of human nature and favours the development of man's interaction with the environment, because "by traversing the historical records of mankind, it is verified that migratory phenomena, in the prehistoric period, contributed to the evolution of the human species through the ability to adapt to different environments."[3]

Motivators. While on one hand the international movement is becoming more viable, partly thanks to the digital revolution, distance-reduction technologies and reductions in travel costs, on the other hand, there are underlying situations in countries of origin that also boost emigration such as economic crises, social inequalities, lack of urban infrastructure, overpopulation, violence, conflict, political persecution, disasters and climate changes.

Multifactors. Among the factors considered by the individuals when migrating, one can cite the simple search for new experiences, or more concretely, the search for better working conditions. In addition, the search for an intercultural experience, in which the learning of a new language and / or higher level of schooling improves living conditions and public services (safety, health, education, transportation and technology). When reflecting on these factors, immigrants have the possibility to evaluate the socio-economic cost-benefit of their migratory experience, which means, in turn, to judge if they understand what they mean by quality of life.

Main. However, considering most studies on migration-motivating factors, we will focus on two causes as drivers of the migratory phenomenon: the economic ones and / or the search for a better quality of life (psychosocial order), in which it may or may not be included the improvement of working conditions, as follows.

1. **Economics.** Regarding migration-motivating factors related to economic

3 In this sense Moran (2007, p.4 and p.6, our translation) explains: "The human species is generalized and adjusts to new circumstances by physiological and social and / or cultural means and, in doing so, transforms the environment. (...) The study of human adaptability tends to emphasize the plasticity of the human response to any environment. It focuses on how human populations, when interacting with one another and with their environment, try to accommodate specific environmental problems, changing the environment to make it more usable, and in turn, how these changes through such dynamics are reciprocal."

issues, Franken et al. (2009) point out that the quantitative increase of migration in recent years occurs in a movement of populations from disadvantaged to more industrialized regions. This indicates that high levels of unemployment and poverty instil in the populations of these regions the desire to seek better luck in other richer regions of the globe, where they can seek the best working conditions or at least better wages.[4]

2. **Psychosociology.** With regard to the concept of quality of life, it can be affirmed that despite being quite discussed within the academic environment of psychosociology, there is still a difficulty of definition, and according to Franken et al. (2009), the meaning of this concept can vary from one culture to another, from one individual to another, and according to the moment. Moreover, this issue is much broader because it involves many variables of objective and subjective order[5], being the economic factor one of the points that influences the quality of life, but for many individuals it is not the only one, nor the most important.

Redefinitions. It is also very natural that the initial motivation to migrate changes, altering the immigrant's plans with respect to the time they stay in the receiving country. For example, Brazilian emigrants often leave the country assuming their status of economic migrants and arrives in the receiving country with the intention of working a high number of hours to accumulate resources and return to the country of origin. However, over the years and especially after immigrants noticed that their adjustment process is at a more advanced level, they gather that the time spent in the country was longer than they expected and that the plan to return home will come later in the future or has to be abandoned. This is mainly because the access to good quality public and private goods and services, their social integration and other perceived advantages, generate the perception of well-being or, more precisely, the "quality of life", and that returning to the country of origin would mean giving it up. In this sense, the study of Franken et al. (2009, p. 814) reveals that the migrant projects represented by the initial discursive tripod "work / accumulate / return ", as well as the lifestyles of these migrants, undergo changes and redefinitions during the time of their stay in the receiving society.

4 Brazil is an example of this reality, since the sum of immigrants in developed regions such as North America, Europe and Japan represents 77% of all Brazilian emigration (MRE, 2016).

5 In turn, quality of life generally includes factors that may be: a. Objective. Concerning the sociodemographic conditions (marital status, age, sex, income and ethnicity) in which the individual lives, as well as physical and mental health, social integration, housing, leisure, education, interpersonal relationships and the sense of well-being; b. Subjective. On the other hand, this sense of having quality of life depends on the individual self-assessment of these objective factors. Thus, the explanation of Franken et al. (2009) deals with "a combination of subjective processes specific to each individual, that is, with the internal structures of the person helping to build the way external events are perceived and internalized, which reflects the self-assessment of their state of well-being and quality of life." As for the World Health Organization (WHO) (2002), quality of life is a holistic concept that brings together the social, individual and physical resources necessary for the individual to achieve his or her goals and aspirations, as well as for the satisfaction of their needs at different levels.

1.2. Stages of international migration

Paths. Regardless of the motivation that drives international immigrants out of their home country, they undergo a series of paths to arrive and stay in the chosen destination country. Thus, aware of the consequences of migration decisions, international immigrants need to start from the resolution of disputes and organization of various areas of their lives before leaving the country. This ranges from the organization of the process of displacement, arrival, and adoption of strategies to find a new dwelling and a job to adaptation to the peculiarities of the recipient country, integration in living with people from another culture, and all other perspectives regarding the future in the foreign country.

Classification. Indeed, international migration occurs in several stages. Although there are numerous publications that detail these stages of adaptability, each in its own way, in this initial study it is important to draw attention to a more simplistic and summarized classification. According to *Organizatiology*, for example, listed in functional order, 3 possible steps in the adaptive process to the country of destination:

1. **Preparatory:** the choice and study of geopolitics; touristic travels to the place of destination before actual immigration occurs; the analysis of the possibilities of adaptation; the organization of required documents; the searching for housing and work; the identification and resolution of the groupkarmic interprison in the country of origin.
2. **Initial adaptation:** the first months trying to overcome the stress of changing home; the command of the language; the gradual aptitude to the new holothosene without accommodating resistance; the learning with the local routine integrated into the personal daily life.
3. **Integration:** ease with the language, climate, culture, cooking and technologies, as well as with daily work, educational, economic, political and legal issues.

Strongtraits. This whole process of migration requires that immigrants possess or develop various attributes and qualities. Each stage can require the conscin overcoming certain weaktraits and assuming certain strongtraits to face the difficulties that normally arise. In other words, in addition to the courage, the pre-disposition to face new opportunities and the taste for challenges, international immigrants will need characteristics such as self-versatility, flexibility, determination, resilience, neophilia, and familiarity with international issues, among other strongtraits that can be further developed with the expansion of the present study.

1.3. Conventional parameters for measuring the degree of migratory adaptability

Examples. In this article, we chose to address, by way of example, 10 parameters that can be self-assessed to measure the degree of international adaptability.

Therefore, as far as *Intraphysicology* is concerned, the conscin, man or woman, can observe the application of versatility in everyday life, regarding:

01. **Climate:** climate conditions in the new country of residence.
02. **Culture:** cultural and artistic manifestations; the neoperspective of friendships with other ethnicities; learning from the neorealities; care to avoid alienation to local singularities.
03. **Economics:** the local cost of living avoiding conversion between currencies and price comparisons.
04. **Education:** local pedagogical standards.
05. **Gastronomy:** new food, flavours and habits.
06. **Idiom:** the local language; expansion of polyglotism and the capacity for expression, facilitating communication.
07. **Labour:** the new work and the labour laws without comparisons of professional activities between the countries.
08. **Political-legal issues:** the institutional rules on legalization of residence; the process of obtaining international citizenship; obedience to the rules of social living and housing; no prejudices against their own migrant condition.
09. **Social:** the level of reception of foreigners; the self-diagnosis of self-integration with nationals.
10. **Technology:** neo-technologies.

1.4. Facilitators and Difficulting Factors of Migration Adaptability

Influences. In this topic, we would like to emphasize that the self-perception of adaptability, according to the parameters mentioned above, can suffer numerous influences, which may either facilitate or delay this feeling of adaptation to the recipient country.

Networks. One of the main influences is the migratory networks, conceptualized by Fernandes and Rigotti (2009) as "the set of interpersonal relations that link immigrants, returnees or migrants with relatives, friends or compatriots, whether in the country of destination or in the country of origin". These authors explain that these networks facilitate the sense of adaptation and integration to the foreign country, as they "provide information, indications of employment, housing and a variety of supports of different nature." In other words, a loving relationship with a native or even a family reunification with someone already adapted, not only boosts migration but also facilitates the immigrant to have a less impactful psychosocial outcome.

Self-identification. Immigrants having some type of identification with a country (whether due to cultural, religious, or idiomatic similarities), even though without a direct support from a network, end up being absorbed by one of them, facilitating also a series of intermediate situations and the interaction of these actors in their process of migration. For example, an immigrant from a European country living in another European country have the facility to comply with a set of guidelines laid down by the European Union. Similarly, an immigrant from Sweden moving to Norway will not suffer the same impact as a Latin, because the Sweden can identify many idiomatic and cultural similarities with Norwegians.

Anti-shock. The migrant conscin who dedicates hard to the preparatory phase will better address the challenges of migration, in a more balanced way. There are multiple techniques of cultural anti-shock, ranging from books and specialized guides to expert professionals (such as coaches) who provide numerous information relevant to the process of adaptation, covering from required documents to the search for housing and work, and even essential behavioural tips for better integration into the culture of the recipient country.

Maladjustment. On the other hand, it is also possible to report many difficulties that may lead immigrants to partial or total maladaptation. In this sense, we can cite as the most common difficulties the following:

1. **Individual.** The international immigrant himself may curb his ability to adapt because of the repeated use of ingrained habits that often engender displaced behaviours, gaffes and constraints within the new society, limiting his own integration.

2. **Neo-holothosene.** The immigrant may be challenged to deal with a hostile environment of the neo-holothosene, where exacerbated nationalism may limit the practice of multiculturalism, often leading to xenophobia that even limits immigrants' human rights.

3. **Deviation.** Some immigrants arrive in the hosting country with a desire or an initial goal and do not materialize them, either because of false expectations about the neo-context, or because they allow themselves to be contaminated with the weaktrait holothosene of the foreign country. This may also happen because they recognize that they left behind, in their home country, conditions that are fundamental to their well-being.

Questionology. Considering the psychosocial approach given so far, have you, already stopped to make a self-diagnosis and reflection on these issues of intraphysical adaptability? What was the context of your home country and / or your personal situation when you decided to migrate? What were the main motivating factors in your migration process? What was more decisive: the personal context, the context of the country of origin or the country of destination? Which factors influenced the choice of, and the permanence in the destination country? What were the main strongtraits that helped you in each stage of adaptability? What are the main weaktraits that have hampered the overcoming of any specific stage? Of the 10 parameters presented with respect to the intraphysical adaptability, which ones are the most difficulty for you? What were the facilitators (inputs) and the constraints (counterflows, tolls and / or bottlenecks) to your adaptation process?

1. CONSCIENTIAL APPROACH TO MIGRATION: FROM REFLECTION TO DIAGNOSIS ON CONSCIENTIAL EVOLUTION

Evolution. In addition to the analysis of migratory self-adaptability based on the above mentioned intraconsciential parameters, individuals should see the migratory experience as an opportunity to change their evolutionary level. To do so, it is recommended to take two initial steps:

1. **Diagnosis.** Reflection and diagnosis regarding changes in the immigrant life, from the perspective of the consciential paradigm.
2. **Recycling.** Positioning regarding aspects of consciential evolution optimized by international immigration. Thus, from this reevaluation of their evolutionary moment, the immigrant must seek motivation to promote the necessary intraconsciential recycling, promoting the acceleration of personal history.

2.1. Consciential aspects for self-assessment of migratory adaptability

Within the study of Conscientiology, immigrants should promote their self-research and use numerous parameters to measure their level of consciential evolution. In this article, we have chosen 10 consciential aspects that may help in this self-assessment of how migratory adaptability can influence evolutionarity. Thus, it is recommended that immigrants examine their investment in consciential self-performance regarding:

01. **Assistance:** the qualification of assistance through penta.
02. **Communicability:** comprehension, adequacy and interaction with the neo-holothosene.
03. **Cosmoethics:** the possible experience of the cosmoethical infiltration.
04. **Intellectuality:** the installation of conducive and optimized environment for development of the mentalsoma and recovery of cons.
05. **Megafraternity:** the search for the understanding of the personal history, the sociocultural context and the evolutionary level of others.
06. **Parapsychism:** the intensification of consciential triendowment, reflecting the constancy of lucid projections and telepathy between evolutionary co-passengers of different countries.
07. **Proexis:** reflection on proexis deviation as opposed to the real adjustments and alignments to the premises, with the possibility of participating and accelerating group maxiproexis in the country of destination.
08. **Reurbex:** comprehension of the reality of extraphysical reurbanizations in the new holothosene.
09. **Seriexis:** the reunion with the group or evolutionary friends of joint retro-lives, with occurrence of extraphysical scenery changes capable of reconstituting period scenes (Paracenography) and the increase of retrocognitions.
10. **Universalism:** the opportunity to promote the self-megatest of the universalist sense and the development and strengthening of the stateless character from the daily multicultural coexistence.

2.2. Stimulating actions of consciential evolution

Opportunity. Lucid conscins, men or women, can take advantage of their migrant situation as an opportunity to stimulate their consciential evolution through some actions, such as:

1. **Optimization of the neo-holothosene:** through the connection with bioenergies of the new holothosene and in tuning with the local energy standards, the immigrant conscin can take advantage of the neo-environment to develop the paraconnectivity with the local helpers to apply them for interassistantial purposes.

2. **Constant self-research:** periodic self-evaluation and acknowledgments of the progress achieved are critical to self-motivation of the migrant conscin facing adaptation challenges.

3. **Self-awareness of bottlenecks:** it is important that self-diagnosis leads to the self-awareness that often the difficulties of adaptation are only bottlenecks (or just counterflows or tolls), and that these crises can be an indicator of the ongoing process of recomposition, and therefore of the consciential evolution.

4. **Involvement with the consciential paradigm:** even though the intraphysical consciousnesses do not have a conscientiological unit nearby, it is possible for them to engage with the consciential paradigm through numerous virtual channels and / or tools available. The follow-up of online awareness-raising forums, online courses, study group meetings, free lectures available on YouTube and Facebook can help in deepening self-research, promoting recins during adaptation crises. It is also possible to get involved with conscientiological volunteering even while living in a foreign country. In addition, the silent Conscientiology theorice, wherever the conscin is, assists in consciential evolution.

5. **Assumption of strongtraits.** Instead of focusing on difficulties, migrants may choose to study and / or hone some important strongtraits that will help them to meet some specific challenges during their adaptation process. The self-identification and the study of the mega-attribute-megastrongtrait- materthosene trinomial can stimulate migrant consciousnesses to focus on their capabilities rather than on the brakes of their evolutionary process. The idea is that the conscin should use strongtraits as a springboard for the assumption of neo-strongtraits, and start to face the mishaps optimistically while remaining realistic.

6. **Use of conscientiological techniques.** There is a range of conscientiological techniques that can propel the migrant conscins to maintain their evolutionary rhythm (such as the One More Year of Life technique) or to promote reflections and greater connection with the helper (such as the Early Morning Technique and the Reflection of 5 Hours technique).

7. **Improvement of Penta.** Because of the new holothosene, there may be a change of the equipex and even of the assisted audience. Thus, the conscins have

the possibility of extending their assistance to a local target audience through the connection with the local language, and due to a cerebral and paracerebral adaptation to the new holothosene.

8. **Investment in Claritask.** The immigrant conscin, dedicated to conscientiological teaching, ultimately promotes deeper recycling, since teaching requires greater self-effort, discipline and exemplarism. The teacher can take the advantage of stimulating self-diagnosis and recycling, which will result in an improvement of the self and the hetero process of adaptation and the expansion of interassistance.

2.3. Effects of migratory adaptability in daily life and consciential evolution

Multi-effects. Migratory adaptability usually generates effects both in the daily life and in the process of consciential evolution. It is important to emphasize that multiple factors interfere in the condition of adaptation or misfit of international immigrants. These range from their psychological formation to the context they lived in the country of origin to the challenges faced in the foreign country[6]. In this sense, adapting to the new intraphysical, psychological and environmental structures of the recipient country can lead to positive changes in behaviour, personal discoveries and maturation. However, in other cases, the migratory experience may lead to difficulties in adapting to the new culture and the return to Brazil.

Oscillation. In other cases, an adaptive oscillation occurs abroad, i.e. experiencing the so-called "W-Curve"[7]. This oscillation is felt when immigrants begin to question the cultural patterns of the origin country, while still suffering a certain cultural maladjustment in the foreign country.[8] Other times immigrants have a sense of being a foreigner both in the region of origin and in the host region.

Neo-difficulties. However, it is not only the psychosocial capacity and the personal perception of the context of origin that interfere in the migratory adaptability; the barriers found in the receiving country can also bring serious difficulties to the adaptation of immigrants. These difficulties may act one at a time

6 As explained by Franken et al. (2009), "any event experienced by individuals in their socio-cultural context significantly affects their psycho-affective, emotional and cognitive status. Under this understanding, representations about quality of life and migration, within the international migratory context, do not exist as absolute, isolated and independent entities, but rather something intertwined with the experiences of each participant and the experiences of personal and social order."

7 "The W curve is the metaphorical sequential line, with the form of this letter, experienced by the foreign conspiracy, man or woman, when experiencing the double cultural shock, on leaving and returning to the country of origin, going through different stages of adaptation." (Vieira, 2018)

8 These authors complete by explaining that: "There is the possibility of returning to the starting point, but, on the other hand, immigrants cannot go back to the time of their departure, to become again the one they have been at that moment, nor to find again the situation, the places and the people they left behind. Sebben (1996, p.134) agrees with Sayad (2000) when he defends the idea that no "return is a simple return because it is a new emigration with losses, fears and hopes"

or added up. Commonly, new situations are those with the greatest impact, such as ethnic conflicts, discrimination, social isolation, lack of social networks to support integration, and low socioeconomic status, making it even more difficult to understand and to embrace socio-cultural norms of the host country. However, it is worth to reflect that there is no perfect place in the world[9]. There are, of course, more or less homeostatic environments, with better or worse living conditions; however, it is possible that the conscins more dedicated to self-recycling and more mature have more padding to deal with adverse situations.

Psychopathology. According to Coutinho and Oliveira (2010), this process of maladaptation may have psychosocial implications both in the individual and in the immigrant group itself. These risk and stress factors can lead to psychological, physical, biological, social, cultural, family and political changes in the lives of members of these groups. It is common that what psychopathologists describe as "collective anguish", which are symptoms of psychic disturbances felt collectively and marked "by traumatic actions, reveals, in these groups, very low levels of tolerance to frustration and indices of vulnerability to anxiety situations."[10] The reaction to adverse situations may be felt differently; thus, for some people it can cause symptoms of anxiety and depression, which can be very traumatic, affecting negatively the course of migrating conscins. On the other hand, Vieira (2013, p. 574) explains that there are also the "side effects of *growth crises* and *healthy stresses* of consciousnesses, in the dynamics of their evolution, to which the facts indicate, interminable."

Acceleration. Considering the multiexistential basis and the multidimensional context as premises of the consciential paradigm, one of the most common positive consciential effects is the recognition of adaptability as an innate strongtrait, which may be evidenced by: the feeling of having been reborn, by the fact of residing in a foreign country; the use of knowledge acquired in the pre-resomatic intermissive course (IC) to experience the adaptability and cosmoethical detachment; the recognition of adaptation as training for migratory intraphysical and extraphysical readaptation, which involves both the upgrading training of the multidimensionality considering the desoma and the paragenetics adaptation training of the consciex morphology, related to the country where will reside in the next resoma; the feeling that intraphysical, biochemical, neogenetics, psychomotor, mesological, somatic and mentalsomatic rehabilitation of the consciousness have been experienced in multiple existences and etc.

9 The myth of the perfect place is the conscin's idealization or illusionary creation of a determined place capable of satisfying the expectation of finding happiness and desired peace, without the required self-recinological efforts. (Vieira, 2018)

10 According to Rodrigues et al. (2007, p. 173): "In cases in which immigrants perceive the migratory experience as a stress-generating condition, without a positive overcoming, depression and anxiety may arise. This happens because the cultural changes exceeded the individual capacity, due to their magnitude, speed or some other aspects or even due to learning or psychological problems such as depression or anxiety."

Neo-perceptions. Another positive consciential effect that can be felt is the greater perception of helpers with the evidence of extraphysical help during the critical evolutionary moment, providing acceleration of personal and group evolution.

Questionology. Given the consciential approach begun in this study, have you, reader, already stopped to make a self-diagnosis and reflections on these issues of adaptability, taking into account consciential parameters? Do you have the habit of doing an evolutionary self-diagnosis? Have you compared and / or confronted these evolutionary diagnoses before and after migration? Which of the aforementioned consciential aspects have undergone change due to your migration process? Do you have any specific point about adaptability that deserve to be recycled? Do you understand your migratory process as an optimizing process of the evolutionary change (evolutionary opportunity)? Do you understand that adaptability is a priority mega-strongtrait to be developed or improved in this lifetime? Considering all the baggage acquired as a migrant, do you feel more prepared to face the challenges of adapting to intraphysical neo-environments, both in this existence and in the extraphysical, as in the next resomas?

2. CONSIDERATIONS ON THE MIGRATORY ADAPTABILITY OF BRAZILIAN RESIDENTS IN EUROPE.

Concept. In view of the above, and before analysing the questionnaire submitted to a group of 40 Brazilians who migrated to Europe, it is important to make clear the definition we give to the theme. We understand as *international migration adaptability* the ability, quality and / or cosmoethical condition of the conscin, man or woman, to be adaptable, adjustable or harmonized to the foreign country chosen as a new residence or domicile, either temporarily or permanently, allowing the engagement, integration, and productive activism regarding aspects of intraphysicality, as well as aspects of consciential evolution.

Interviewed. In order to obtain a more homogeneous sample of respondents, we chose to limit the interviewees' profile. Therefore, due to the cut in this research, we focused on the analysis of interviewees' data that added up these two characteristics: firstly, being an international immigrant, that is, conscins currently living abroad, and with knowledge and / or studying *Conscientiology*.

Objectives. This field research, despite the limitations mentioned below, sought to: verify the level of international migratory adaptability, based on proposed conventional parameters regarding intraphysical questions, as well as some aspects of the consciential paradigm; and to analyse whether there is a group standard from individual self-assessment, which outlines the easiest aspects to overcome, as well as the most challenging aspects of international migration adaptability.

Metrics. International migratory adaptability can be measured with varying metrics. In this study, the analysis was based on objective questions of self-evaluation (personal perception). The analytical variables for the composition of the questionnaire were grouped by affinity or proximity, in order to facilitate joint analyses of data provided by the 40 interviewees.

Superficiality. The author is aware that there are limiters that make the study still superficial. For example, the fact that the questions are objective, limits the deepening of possible more subjective nuances that could be analysed. However, some point of this first picture may be more detailed / specified in another study. Therefore, it is possible to visualize that it is only the "tip of the iceberg" before the depth of the subject to be explored.

Profile. Many interviewees reported that even though they were immigrants for several years, they had never stopped to think and position themselves on these aspects proposed in the questionnaire, and that the fact of filling it already generated deep reflection, which may indicate the beginning of some of these points in some interviewees. Besides the identification, we did a small portrait of the profile interviewees considering the following points:

01. **Age range:** 80% of respondents were in the age group of the executive phase of their proexis, being above 35 years old. Nobody was under 20 years old in this sample.[11]

02. **Level of schooling:** the result of the sample reveals that 82.5% of the interviewees have a university degree, a master's degree or a doctorate degree, of which 52.5% have a university degree and 30% a master's or a doctoral degree.[12]

03. **Immigration time:** Our sample pointed out that 80% have been in the foreign country for more than 2 years, 55% of the group for more than 10 years.[13]

04. **Paid Activity:** among respondents, 32.5% (almost one third of the group) do not work, and another 35% work longer than 10 years.[14]

11 According to Rodrigues et al. (2007), the emigrant's age is related to how acculturation and adaptation are processed; children and adolescents tend to integrate more quickly because usually they learn the language more easily. However, as in our sample there was no immigrant under 20, it was not possible to ratify this point.

12 Several authors point out that the greater the level of education, the better the possibility of adapting, since formal education trains and offers an extended view of the probable problems, thus avoiding and / or protecting against greater confrontation of the most common difficulties (Berry, 2002 , Rodrigues et.al., 2007). Coutinho and Oliveira (2010) also point out that illiteracy and / or lack of knowledge of the language of the host country give rise to communicational and relational problems with different support structures, creating problems of migratory integration that affect both immigrants and nationals. In this historical process, the language was configured as one of the main linkages. Lack of knowledge of the language of the host country is one of the origins of communicational and relational problems between immigrants and "nationals", with cultural relations between the host society and their original culture (Ramos, 2008: 60).

13 Time alone is a factor that logically contributes to the immigrant's greater level of adaptation; moreover, as mentioned earlier, the initial adaptation period is the most difficult, due to the habitual difficulties of finding housing, work and creating personal ties, which for many is overcome after the first 2 years of migration.

14 Financial stability in the host country is paramount to keep them firm in the initial purpose of being an immigrant, but this stability does not always mean that they are receiving remuneration, since they may remain abroad because of resources from the country of origin, whether it be an egg's nest, a retirement or even a family allowance. On the other hand, having an occupation, even if unpaid, helps to create personal ties that favour the immigrant's adaptation.

05. **Time of knowledge / studies of *Conscientiology*:** research showed that 85% of the respondents know *Conscientiology* longer than 2 years, with 27.5% of the group longer than 10 years.[15]

06. **Destination countries:** the sample showed that 4 destination countries account for 85% of the group of respondents, being therefore 45% in Germany; 20% in Switzerland, 10% in Portugal, 10% in England, 5% in France, and 10% in Spain, the Netherlands, Sweden and Finland (2.5% in each country).[16]

List. The choice of the 10 factors that interfering with the adaptability in the recipient country and the 10 conscientIal aspects as probable indicators of the international immigrant's conscientIal evolution are part of a list that is not exhaustive, that is, it does not mean that the conscin reaches an excellent score for these parameters is automatically adaptable. The list is only enumerative and may incite reflections and recycling on these points, but nothing prevents other parameters from being added, including those according to the context of each conscin involved in the self-diagnoses.

Inter-relations. The sample shows that 80% of respondents are able to communicate with the native language in the chosen country, 85% feel welcomed or have friendships with native speakers, 95% appreciate the culture of the country where they live, including artistic expressions and 94.9% feel adapted to the technological facilities offered by the country.

Somaticity. Among the interviewees, 70% feel adapted to the climate and 78% are adapted to the daily food consumption in the chosen country. Adequate nourishment of the soma, using the food available and the comfort or adaptation in relation to the climate are prime factors for the complete adaptation of the intraphysical consciousness in the chosen place.

Citizenship. According to the interviewees, 95% feel adapted to the rules, laws and political organization of the chosen country, as well as to the economic system and cost of daily life. Regarding education, 87.5% reported good adaptation to the local educational system. When questioned about work, 80% feel well adapted to the current labour system in the chosen country, including rules of conduct and labour laws.

Interassistance. Considering the interassistance, 92.5% of the interviewees consider the status of immigrant as a component or facilitator of the execution of the personal proexis and 85% admit the possibility of a retro-life in the current

15 This data is very relative because the fact that an individual has known *Conscientiology* for more than 10 years does not mean they have a level of knowledge depth of the conscientIal paradigm higher than other individual who had contact with the science for less than 2 years. This is because each one lives in a personal context that allows greater opportunities for deepening (courses abroad), time for self-study, interest in recycling, and level of engagement with science, etc., which are very peculiar to each person.

16 Here lies individual and group reflections on the probable relations of the proexis-seriexis of migrant consciousnesses that have finally attracted them to reside in that country, and the connection of each one with other members of the group who also live in the same region / country and / or continent.

country of residence. This perception usually results from the familiarity felt by the conscin in relation to the country chosen for migration. This familiarity also facilitates the expansion of the personal assistance reported by 67.5% of the interviewees and the perception of connection with the reurbex in progress in the place, reported by 90% of the interviewees.

Triendowment. According to the interviewees, the holothosene of the country chosen by them favours the development of the consciential triendowment. According to the results, 65% reported facilitation in the parapsychic development; 85% reported improvement in intellectuality, and 77.5% reported improvement in overall communicability.

Mega-attributes. Among the interviewees, 77.5% report that the migration process has made them more cosmoethical, 90% report personal expansion of universalism and 87.5% report that the experience of being an immigrant has made them more mega-fraternal.

Index. Within the parameters of intraphysicality, the ones with the lowest index were those related to the climate (70%) and gastronomy (78%). Within the parameters of conscientiality, the ones that had lower index were the assistance (67, 5%) and the parapsychism (65%).

Analysis. The collective analysis of the tabulated positioning allows us to verify that the majority of respondents report a good level of international migratory adaptability. This conclusion is validated by the percentage of the answers obtained. An individual analysis, on a case-by-case basis, may show different results since it will show the condition of a given conscin in relation to the parameters evaluated. As warned by Vieira (Vieira, 2013, p.70) : "Every generalization is limited."

Broadening. It is possible to expand the research and the self-reflection on some of these parameters regarding Intraphisicality versus Conscientiality, as for example through the following considerations and questions:

Communicability. The migrant conscin who report having the consciential endowment of communicability, can compare this self-assessment with the answers given to aspects of intraphysical adaptability, such as idiomatic and social interactions, since it would be consistent for migrants to guarantee their communicability in their present country of residence, investing in language learning and seeking better integration with nationals.

Universalism. Universalist conscins, even as immigrants, must seek to improve their ability to relate to all kinds of consciousnesses. Practicing the sense of universalism means working with people from different age groups, social levels, cultures, localities and in different languages. Hence the need to compare some parameters of self-assessment, such as the diagnosis of the level of cultural and the idiomatic adaptability, and self-measurement of the sense of universalism. For example, immigrants should always be improving their language skills to better communicate, not simply settle for shame, laziness or disinterest in interacting with local people. With no effort to interact with natives in their language, the migrant consciousnesses are also failing to practice their sense of universalism.

Megafraternity. Megafraternity is a mega-attribute that is related to other parameters of intraphysical adaptability, such as those related to cultural and social issues. Migrant conscins with self-assessments of megafraternity must analyse their pattern of coexistence, affectivity and empathy within the group they act. For example, do they know the right time to share their cultural manifestations with people from other cultures? Or are their manifestations imposing? It is also important to evaluate whether they have sought isolationism and / or whether their relationships have a segregationist character, i.e., visible group preferences, interacting, for example, with other conscins of the same nationality and / or only immigrants, avoiding interactions with nationals. Megafraternal migrant conscins should be flexible with the history of life, the socio-cultural context, and the evolutionary level of the people with whom they relate. "*Multiculturalism is megafraternity*". (Vieira, 2018)

Intellectuality. The issue of intellectuality has a close connection with issues of somatic adaptability, such as climatic conditions and gastronomy, as it would not be make sense to take advantage of the neo-holothosene to invest in the development of one part of the soma (the mentalsoma) without investing in other processes of the somatic adaptation. [17] Therefore, it is suggested that migrant conscins also self-measure their mega-attribute of intellectuality by comparing their actions to adapt the soma to the neo-environment and the constant modifications that their bodies can undergo as age advances, such as illness and / or pregnancy. On the other hand, intellectuality can aid in sound acculturation, as the more evolved mentalsoma may help the migrant conscin to emerge from the robexis, and avoid the cultural idiocy that exists in most holothosenes to a greater or lesser degree.

Assistantiality. Self-reflection on the actions and the daily efforts to adapt the migration to the political, economic, labour and educational context of the new environment can help identifying the public and the demands of assistance, also indicating the dynamics of the proexis. In addition, the contexts in which the migrating conscin is inserted may indicate the need for more specific action in the neo-holothosene due to a process of interpenetration and recomposition

17 In this sense, it is worth Vieira's reflection (2014, pp. 16-17) when he addresses Culturology in the DAC: "(...) the more you get to know things through experiences, the more you get to know the Cosmos. You become more lucid, if you know realities, you are not so afraid anymore. Deep down, every disease we have is self-victimization. Any disease is so; it is born from the person. Every harassment is born from self-harassment. The solution is the Multiculturology. The person cultivates and researches long series of knowledge lines. The person of Sociology, who sees Wide Sociology is a multiculturist. The most important thing for them is to evolve from this, applying that knowledge to others. The cosmovisiologist's path is Multiculturology. To study a lot in a generalist, multicultural way.

of retro-lives in that environment. Finally, migrant conscins may ask themselves what it is their usefulness level at that place and can evaluate their commitment and effective actions in favour of the reurbin and reurbex connected to the neo-environment. Depending on the context, migrant conscins may engage themselves in greater interassistance challenges in favour of the reurbex[18]; can be useful for the expansion of *Conscientiology* (volunteering, teaching, producing gescons, with translations for example); can act improving the environment with their energies; and / or can basically apply their silent exemplarism, which can be deafening in the extraphysical dimension.

Optimization. The conscientiological aspects have an interrelationship, and the comparison between these can provide both a better perception of self-diagnosis and the optimization of evolution. For example:

1. **Intellectuality *versus* assistance:** to the extent that "Who knows more, can better help in the lucid condition of minipiece of the Multidimensional Interassistential Maximechanism." (Vieira, 2014, p. 17)
2. **Parapsychism *versus* assistance:** the optimization of parapsychism (because of either the change in teaming, the homeostasis of the new environment, or the departure from the previous oppressive environment) can result in better connection with the helper and generate insights for claritasks, thus improving assistance.
3. **Megafraternity *versus* assistance:** megafraternal conscins must also take into account their self-assessment regarding their level of assistance to verify coherence between practice and self-perception.
4. **Cosmoethics *versus* universalism and megafraternity:** migrant conscins applying cosmoethical principles to their manifestations (such as "what is best for everyone") will also be more likely to increase their sense of universalism and megafraternity.

FINAL CONSIDERATIONS

Advances. The study of adaptability from the conventional science point of view has presented advances with notable greater attention to the interdisciplinarity of the subject. Biogenetic studies (from the Darwinian and Neo-Darwinian theories) have broadened its scope, and study adaptability not only from the perspective of the evolution of human genetics to withstand environmental limitations, but also to investigate the study of non-genetic forms of adaptability. In addition, many authors study adaptability within the psychosocial approach.

18 Connecting new experiences to consciential evolution, Vieira (2013, p. 574) explains: "Every new experience is added to the constant and inevitable accumulation of the consciousness' evolutionary possibilities. The union of resources brings to the conscin, the intensification of talents, potentialities, inventiveness, hyperacuity and CEs. "

Responsibility. It is up to us, lucidly aware of the need to expand the conventional paradigm to the consciential paradigm, to seek through self-experimentation (principle of disbelief) to formulate, apply and disseminate new propulsive actions of the mega-strongtrait of adaptability. This will guide the recycling and the possibilities of consciential evolution attitude of evolutionary co-passengers who are in the situation of migrants or those who intend to face such situation.[19]

Neo-ideas. The interparadigmatic enlargement made so far is only the tip of the iceberg in this study. On the other hand, it is an intension that the subjects addressed incite the emergence of neoideas, so that the theme may gain different contours in the face of the experience of migrant conscins interested in sharing their personal labcon in the form of claritask and gescons.

Opportunity. Lucid migrants, men or women, living nowadays in the Reurbex Age, and considering the learning and recycling processes made in the current context of overpopulation, globalization, mass communication, acceleration of technology and expressive increase of migration, have a pioneering, cosmoethical and evolutionary opportunity to develop the mega-strongtrait of adaptability. With this adaptability, migrants will be more prepared to take on the assistantial demands of this existence, of the next intermissive course and of the next resomas.

BIBLIOGRAPHY

Coutinho, M. P. L.; Oliveira, M. X. Tendências comportamentais frente à saúde de imigrantes brasileiros em Portugal. In: *Psicologia & Sociedade,* vol. 22, núm. 3, 2010, pp. 548-557.

Fernandes, Duval Magalhães ; Rigotti, José Irineu Rangel. Os Brasileiros na Europa: notas introdutórias. In: I Conferência "Brasileiros no Mundo", Subsecretaria Geral das Comunidades Brasileiras no Exterior (SGEB) do MRE e Fundação Alexandre de Gusmão, Brasília, 2009.

Franken, Ieda; da Penha de Lima Coutinho, Maria; Ramos, Natália. Migração e qualidade de vida: um estudo psicossocial com brasileiros migrantes. In: *Estudos de Psicologia,* PUC – Campinas, vol. 26, núm. 4, noviembre-diciembre, 2009, pp. 419-427.

IOM. World Migration Report 2018. International Organization for Migration – The UN Migration Agency, Geneva, 2017.

Martins Junior, Angelo; Dias, Gustavo. Imigração brasileira contemporânea: discursos e práticas de imigrantes brasileiros em Londres. In: Análise *Social,* 209, XLVIII (4.º), 2013. pp. 810-832.

Moran, Emilio. Human Adaptability: an Introduction to Ecological Anthropology. Westview Press, Colorado, 2007.

Patarra, Neyde Lopes; Fernandes, Duval. Brasil: país de imigrantes? In: *Revista Internacional em Língua Portuguesa.* Migrações. III série, nº24, 2011.

19 Calling everyone on this responsibility for adaptation and the need to develop openness to neoideas, Vieira (2013, p. 574) ponders: "What is necessary for me and for you, today and always, is our constant and healthy adaptation to new inventions, discovered and rediscovered, in an ever irreversible way, without presenting conservatism, repression and orthodoxy, in face of the effects on us of future shock, misoneism or neophobia."

Rodrigues, Roberta de Alencar; Strey, Marlene Neves; Pereira, Janice. Experiência migratória: encontro consigo mesmo? Percepções de brasileiros sobre sua cultura e mudanças pessoais. In: *Aletheia*, n.26, jul./dez, 2007. pp.168-180.

Vieira, Waldo; *Dicionário de Argumentos da Conscienciologia;* rev. Equipe de Revisores do Holociclo; 1.572 p.; 1 *blog;* 21 *E-mails;* 551 enus.; 1 esquema da evolução consciencial; 18 fotos; glos. 650 termos; 19 *websites;* alf.; 28,5 x 21,5 x 7 cm; enc.; *Associação Internacional Editares;* Foz do Iguaçu, PR; 2014.

Idem; *Enciclopédia da Conscienciologia;* rev. Equipe de Revisores do Holociclo; *Associação Internacional Editares*; *Associação Internacional do Centro de Altos Estudos da Conscienciologia* (CEAEC); & *Associação Internacional de Comunicação Conscienciológica* (COMUNICONS); Foz do Iguaçu, PR; 2018.

Idem; *700 Experimentos da Conscienciologia; 3. ed. rev. ampl.*; *Associação Internacional Editares*; *Associação Internacional do Centro de Altos Estudos da Conscienciologia* (CEAEC); Foz do Iguaçu, PR; 2013.

Viviane Passos Gomes has a Post-Doctoral degree in Law by the Universidad Castilla-La Mancha and PhD in Law by the Universidad de Sevilla.

Translation: Sérgio Fernandes (ISIC).
Revision: Lygia Decker.

QUADRIDIMENSIONALIDADE DA MANIFESTAÇÃO HUMANA INTRAFÍSICA

Tanise Knakievicz

Resumo: As Mentalidades Econômicas, as Constelações Familiares e a Neociência Conscienciologia apresentam convergências e divergências no estudo sobre o funcionamento dos grupos humanos. Devido à similaridade no reconhecimento de níveis crescentes de conscientização rumo à vivência do melhor para todos, iniciou-se esta análise comparativa. Em síntese, as pessoas possuem diferentes níveis de percepção consciente da realidade em que operam. Podem estar conscientes quanto às necessidades individuais, familiares, comunitárias ou totais de modo crescente e inclusivo. Cada novo nível de tomada de consciência não excluiu os anteriores, mas agrega mais informações, mais conhecimento e percepção e, consequentemente, novas demandas e desafios. O movimento evolutivo agrega e inclui novos níveis de consciência, e novos cenários socioeconômicos surgem. A necessidade de estar consciente pode mobilizar o surgimento de uma nova Onda Civilizatória, a Era da Evolução Consciencial.
Palavras-Chaves: Mentalidades Econômicas; Constelações dos Sistemas Familiares; Conscienciologia.

APRESENTAÇÃO

Este artigo visa analisar e discutir a quadridimensionalidade da manifestação humana intrafísica através de correlações teóricas entre as Mentalidades Econômicas apresentadas por Otto Sharmer; a Terapia de Constelações Familiares proposta por Bert Helling; e a neociência Conscienciologia proposta pelo pesquisador Waldo Vieira. As 3 linhas de estudos da consciência humana têm diversos pontos convergentes e outros divergentes. A coincidência em destaque neste estudo é o reconhecimento de níveis crescentes de consciencietização rumo à vivência do melhor para todos.

NÃO ACREDITE EM NADA, NEM MESMO NAS INFORMAÇÕES DESTE MANUSCRITO. ANALISE CUIDADOSAMENTE E REFUTE IDEIAS OU PRESSUPOSTOS ESDRÚXULOS.

Cabe, de início, apresentar alguns conceitos-chave referentes às definições de paradigma científico e *mindset* pessoal. Em segundo, os conceitos-chave das Mentalidades Econômicas, das Constelações familiares e da Conscienciologia, propostos por Otto Sharmer, Bert Hellinger e Waldo Vieira respectivamente, são apresentados. Em terceiro, cotejos entre as ideias desses 3 pesquisadores são propostos. E por último e quarto, apresentam-se algumas conclusões ou perspectivas.

1. PARADIGMAS CIENTÍFICOS

A realidade é meramente uma ilusão,
embora muito persistente.
Albert Einstein

A Cultura consiste em enormes coleções de habilidades complexas e conhecimentos que são transferidas de pessoa para pessoa através da educação. A educação é uma prática biossocial e histórica humana, dependentes de dois meios essenciais, linguagem e imitação. Linguagem é a capacidade de adquirir e utilizar sistemas complexos de comunicação, a qual surgiu da habilidade meio *savant* de imitar outras pessoas (RAMACHANDRAN, 2014).

Os humanos têm a capacidade de imitar, reproduzir ou copiar qualquer estímulo, padrão ou reação devido à presença dos neurônios espelhos, os quais podem ser considerados o 4º cérebro, ou neocórtex cerebral. A capacidade de imitar permitiu o surgimento da habilidade unicamente humana de adotar o ponto de vista de outrem. A capacidade de ver o mundo a partir do ponto de vista de outra pessoa é também essencial para a construção de um modelo mental dos pensamentos complexos, e deduzir as intenções de outrem no intuito de prever seu comportamento (RAMACHANDRAN, 2014). Portanto diversos estudos buscam descrever como as pessoas preveem as intenções de outros dentro dos grupos humanos. Esses estudos também são úteis para compreender as diferentes visões de mundo de diferentes culturas ou arcabouços teóricos.

Cada grupo humano tem sua própria história, suas vivências, crenças e experiências, a partir das quais projetam uma visão de mundo, um paradigma ou mentalidade. Essa visão de mundo é passada de geração a geração através da educação, podendo mudar, transformar, evoluir com o passar do tempo por meio das experiências ou manter-se constante através da rejeição dessas experiências, conforme o paradigma ou mentalidade adotados pelo grupo.

Por analogia podemos descrever os paradigmas tais como mapas de uma dada realidade. Essa realidade seria o território. No entanto há uma informação interessante quanto ao funcionamento do cérebro que precisa ser levada em conta para a compreensão do papel dos paradigmas na leitura da realidade: a percepção da realidade é parcial e determinada por filtros culturais. A realidade (território) vista é aquela que está mapeada no arcabouço teórico prévio à observação (COVEY, 2004; RAMACHANDRAN, 2014). Sendo assim, é natural, de certo modo, que uma mesma realidade seja percebida de modos diferentes por observadores simultâneos oriundos de escolas filosóficas e de culturas diferentes, conforme o *mindset* pessoal de cada um.

1.1. *Mindset*

Segundo a psicóloga Carol Dweck, o *mindset* é um conjunto de informações e crenças prévias que moldam a opinião que cada pessoa adota a respeito de si mesma. Essa auto-opinião (consciente ou inconsciente) afeta profundamente a maneira pela qual cada pessoa age a partir das experiências vivenciadas. Assim, o *mindset* é o modelo mental, a estrutura da mente, o modelo operacional, a mentalidade ou o paradigma que cada pessoa adota na vida (DWECK, 2017).

Dweck verificou que há dois tipos de mentalidades ou paradigmas pessoais, o *mindset* fixo e *mindset* de crescimento. Ela também verificou que mudanças de crenças individuais, por mais simples que sejam, são capazes de produzir efeitos profundos no mindset pessoal (Figura 1).

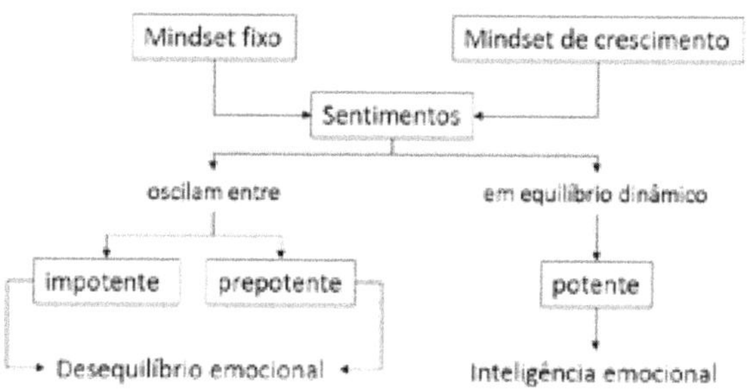

Figura 1. Mapa conceitual – Comparações entre *mindset* fixo e de crescimento. As personalidades de *mindset* fixo oscilam emocionalmente entre os sentimentos de prepotente (super potente) ou impotente. As personalidades de *mindset* de crescimento estabelecem-se em estado de equilíbrios dinâmicos, sendo assim conseguem ser mais potentes nas atuações cotidianas.

1.1.1. Mindset fixo

Pessoas de *mindset* fixo acreditam que não basta ter êxitos, ser inteligente e talentoso, é preciso ser perfeito logo de início, pois a aptidão deverá revelar-se por si só, antes que ocorra qualquer aprendizado. Se alguém tem aptidão, esta já existe nele, quando estudam, treinam ou buscam desenvolver-se, sentem-se impostores, hipócritas e menos inteligentes.

Os modelos educacionais tradicionais fomentam e estimulam o estabelecimento do *mindset* fixo, a nota na prova é eterna, por isso é importante ser imediatamente perfeito. Avaliações por uma única prova contribui para o *mindset* fixo, pois é possível medir agora a capacidade imutável de desempenho e simplesmente projetá-la no futuro. "Quem pode se dar ao luxo de procurar crescer quando tudo está em jogo no instante presente?" (DWECK, 2017, p. 37).

No *mindset* fixo tudo gira em torno dos resultados, nele as pessoas veem os desafios da vida como testes que comprovam que são especiais. O problema começa quando "especial" passa significar "melhor que os outros". Segundo essa lógica, o sucesso pessoal é o fracasso de outrem. Quem é reprovado perde tudo o que tem. O fracasso de um episódio casual transforma-se em uma identidade pessoal permanente.

As pessoas de *mindset* fixo estão sujeitas a sofrerem da síndrome do menor esforço, justamente nos momentos de transições, de mudanças. Os *mindset* fixos mobilizam recursos para se proteger, para resistir ao novo em vez de buscar aprender e adaptar-se. "Na década de 1960 havia um ditado que dizia: Vir a ser é melhor do que ser. O *mindset* fixo não permite às pessoas o luxo de vir a ser. Precisam ser logo." (DWECK, 2017, p.37).

1.1.2. Mindset de crescimento

O *mindset* de crescimento tem por base a crença que o indivíduo é capaz de cultivar suas qualidades básicas por meio de seus próprios esforços, respeitando seus limites e aptidões. O *mindset* de crescimento é realista e sensato, permite que as pessoas deem valor ao que fazem independentemente dos resultados; a busca é profundamente significativa. As informações recebidas constituem apenas ponto de partida do desenvolvimento pessoal.

O *mindset* de crescimento se baseia nas vivências de mudanças, na crença que é possível desenvolver habilidades, assim as pessoas com esse *mindset* estão empenhadas no processo de aprendizagem e na formação contínua. Segundo Dweck (2017), é possível trocar o *mindset* fixo pelo de crescimento, através de estratégias que preservam a mudança, por meio da lembrança de que se está vulnerável a adotar o *mindset* fixo a qualquer momento.

2. QUADRIDIMENSIONALIDADE DE MANIFESTAÇÃO HUMANA INTRAFÍSICA

Dimensão, do latim *dimensĭo*, é um aspecto ou uma faceta de algo, tem vários usos conforme o contexto, pode tratar-se de uma característica, de uma circunstância ou de uma fase de algo ou de algum assunto. O termo dimensão também se refere a uma extensão mensurável (tamanho e proporção), que determina a porção de espaço ocupada por um corpo. O conceito dimensão engloba cada um dos sentidos usados para medir a extensão de um dado objeto, fenômeno ou processo. Assim, dimensão refere-se à extensão em qualquer sentido; a grandeza que, associada a outras (massa e volume) define um espaço; a importância ou valor de algo; o processamento mental (imaginário ou real).

Na Ciência Exata Física, o termo dimensões são parâmetros utilizados para descrever os fenômenos observados. A Física Clássica descreve o espaço em três dimensões: as coordenadas cartesianas x (reta), y (plano) e z (bloco). Em 1915,

Albert Einstein mostrou que, embora o universo pareça tridimensional, é quadrimensional. A dimensão quadridimensional é o deslocamento do tridimensional (bloco) no plano espacial (tempo). Segundo a Teoria da Relatividade, o tempo é visto como uma das dimensões do espaço quadridimensional chamado de espaço-tempo, sendo que a régua que mede comprimento, largura e altura não é a mesma que mede o tempo. Outras teorias mais modernas, a Teoria das Cordas e a Teoria M, sugerem a existência de dez e onze dimensões, respectivamente (SUPERINTERESSANTE, 2016).

O segundo exemplo é da neurociência. Os cientistas suíços do *Blue Brain Project* usando a metodologia de topologia algébrica, uma técnica matemática que permite calcular as propriedades de um objeto ou espaço independente do seu formato, constataram que as associações neurais podem formar desde hastes (figura em uma dimensão) a pranchas (duas dimensões), cubos (três dimensões), caminhando para figuras cada vez mais complexas em quatro, cinco e até onze dimensões. A partir dessas descrições iniciais, o desafio é entender a correlação entre essas conexões e as tarefas cognitivas realizadas pelo cérebro, além do processo por trás da formação dessas formas tão complexas (REDAÇÃO GALILEU, 2017). Uma curiosa coincidência entre o número de onze dimensões prováveis do Cosmo e da estrutura neuronal pode ser notada.

O terceiro exemplo do uso do termo de quadridimensionalidade vem das ciências jurídicas. Sabe-se que os direitos fundamentais são os direitos essenciais de todo e qualquer cidadão e correspondem a interesses universais e invioláveis. Eles surgiram aos poucos em consonância com a demanda de cada época, como resultado do processo histórico evolutivo, garantindo o crescimento social e a proteção da dignidade humana, a cada novo cenário social. Os direitos de 1ª dimensão referem-se aos primeiros direitos conquistados pela Humanidade, relativos à luta pela liberdade e segurança do indivíduo frente ao Estado, marco da Revolução Francesa. Eles representam uma proibição ao Estado, ou seja, inibem o abuso de poder. Todos os indivíduos têm direito à vida, à liberdade, à propriedade, à liberdade de expressão, à liberdade de religião, à participação política – são exemplos os direitos civis e políticos. Os direitos de 2ª dimensão, marco da Revolução industrial no século XIX, têm como base a noção de igualdade material entre todos os seres humanos, partindo do pressuposto que não adianta possuir liberdade sem as condições mínimas para exercê-la. Assim impõe ao Estado o papel de agir, de assegurar e garantir a igualdade entre as pessoas quanto ao acesso à saúde, educação, previdência social, lazer, segurança pública, moradia, direitos dos trabalhadores. Os direitos de 3ª dimensão defendem os princípios da solidariedade ou fraternidade. São exemplos: o direito ao progresso, ao meio ambiente, à autodeterminação dos povos, de comunicação, de propriedade sobre o patrimônio comum da humanidade e direito à paz, os quais transcendem às gerações humanas presentes, visando assegurar o direito das gerações futuras. E os direitos pertinentes à 4ª dimensão são aqueles introduzidos pelos avanços tecnológicos e pela globalização, garantindo os direitos fundamentais à informação, à pluralidade, à democracia; e a proteção quanto à manipulação genética, à biotecnologia e à bioengenharia. Portanto o conceito dimensão é amplo e versátil, sendo usado com diferentes facetas em diferentes áreas de estudo (DIÓGENES JR, 2012; PESTANA, 2017).

Como visto, a percepção dimensional é algo inerente à cultura humana, a questão chave é saber se a dimensionalidade é algo real ou um artefato do aparato de percepção da realidade, ou seja, é um efeito-ruído do funcionamento do cérebro biológico. Mas independentemente dessa resposta, as percepções quadridimensionais das sociedades humanas já descritas podem ser estudadas e comparadas entre si, como será apresentado a seguir.

2.1. Mentalidades econômicas

Otto Sharmer (2014) propõe que os cenários socioeconômicos surgem de 4 tipos de Mentalidades Econômicas que atuam de modo simultâneo e por mecanismos de coordenação interligados. Cada Mentalidade Econômica supre necessidades sociais específicas de modo complementar, não substituem uma a outra, assim quando surge uma nova mentalidade, os estágios anteriores continuam a existir (Figura 2).

Figura 2. Esquema conceitual das Mentalidades Econômicas – Mentalidade 1.0; Mentalidade 2.0; Mentalidade 3.0; Mentalidade 4.0. As Mentalidades Econômicas são complementares, não substituíveis e hierárquicas em complexidade.

As Mentalidades Econômicas surgem e evoluem a partir do atendimento das necessidades básicas das sociedades humanas. A Mentalidade 1.0, predominante nas sociedades de economia agrícola, atende à necessidade de segurança e pertencimento a uma família, ao clã. Uma vez estabelecida essas demandas, surge a Mentalidade 2.0. A produção industrial atende à necessidade de crescimento e aprimoramento das competências individuais por meio da formação acadêmica. A Mentalidade 3.0 atende demandas de socialização e trocas de conhecimentos, produtos e serviços, por meio do comércio e dos avanços tecnológicos; hoje vive-se na Era da Informação e da Tecnologia. A abundância de informações está promovendo o surgimento da Mentalidade 4.0. A Mentalidade 4.0 diz respeito à conscientização sistêmica, em que as necessidades de segurança, de crescimento e troca de informações transcendem a visão individual e passam a serem vistas de modo global e integral, visando obter o melhor para todos (SHARMER, 2014) (Figura 3).

Figura 3. Esquema conceitual da Evolução Econômica: Desenvolvimento Ontogenético das sociedades. As sociedades atendem às motivações em primeiro lugar de sobrevivência; em segundo, de crescimento; em terceiro, compreensão; e então, equilíbrio, harmonia e justiça.

2.2. Constelações familiares

As forças sistêmicas que regem os relacionamentos das famílias são invisíveis a olho nu; para estudá-las é preciso ampliar a percepção. Para tal Bert Hellinger desenvolveu a terapia das Constelações Familiares. Bert considera simultaneamente a ciência e a espiritualidade em seus estudos de percepção. Para ele, a alma reside na experiência; é sentida como algo real. A alma não é a mente e nem o corpo, mas está em ambos (HELLINGER, et al. 2008).

A constelação familiar consiste em um método sistêmico-fenomenológico de dimensão anímica que revela destinos ocultos e desconhecidos por grande parte da família, os quais afetam a todos. Cada grupo particular, a cada família, a cada empresa, a cada círculo de amigos, seus integrantes estão interligados de um modo que ultrapassa a transmissão consciente de informações, a comunicação, o comportamento e os sentimentos individuais (SCHNEIDER, 2007). Essa "alma" do grupo são campos de forma, campos de padrões, estruturas de ordem; os campos morfogenéticos. Estes campos organizam não só os campos de organismos vivos, mas também de cristais e moléculas (SHELDRAKE, 2016). Bert Hellinger nomeou esses campos anímicos de forças das Ordens do Amor, que regem os relacionamentos humanos.

> O sistema das Ordens do Amor influencia-nos do mesmo modo que o ambiente influencia uma árvore. Se esta consegue equilibrar-se entre a força da gravidade e a atração do Sol, cresce naturalmente na vertical, com os galhos igualmente distribuídos. Com essa forma, tem muita estabilidade. Se, porém, não consegue o equilíbrio, talvez por enraizar-se na parede de um penhasco, pode adaptar-se, crescendo tão verticalmente quanto o permita a conjunção de vento, solo, gravidade e Sol. Essa árvore não é pior que sua prima do vale, mas espigada, mas pode ser menos estável e alta que ela. Ambas estão sujeitas às mesmas leis da natureza, porém sofrem diferentes pressões de seu habitat e cada qual encontra o equilíbrio orgânico da melhor maneira possível (HELLINGER, et al. 2008, p.11).

As Constelações familiares são regidas por 3 leis, as Ordens do Amor (Pertencimento, Hierarquia e Equilíbrio) e apresentam 3 níveis de consciência: a consciência Pessoal, Sistêmica ou de grupo, e a Consciência da Totalidade Suprema ou Consciência Arcaica (Figura 4). As necessidades de pertencer, equilíbrio entre o dar e o receber, e de hierarquia limitam os relacionamentos, mas também os tornam possíveis. Essas necessidades organizam os relacionamentos íntimos com os outros.

Cada pessoa age a partir do nível de consciência que consegue compreender ou sentir, no entanto a Lei que rege os sistemas é a mesma a todos, independente do nível de consciência que se tem. A consciência pessoal sente-se inocente ou culpada quando age em favor da lealdade familiar (Consciência Sistêmica). Os sentimentos de inocência ou culpa são fenômenos sociais que pouco têm a ver com o bem e o mal, e nem sempre impelem para valores morais universais. Esses sentimentos estão ligados à lealdade aos grupos necessários à sobrevivência.

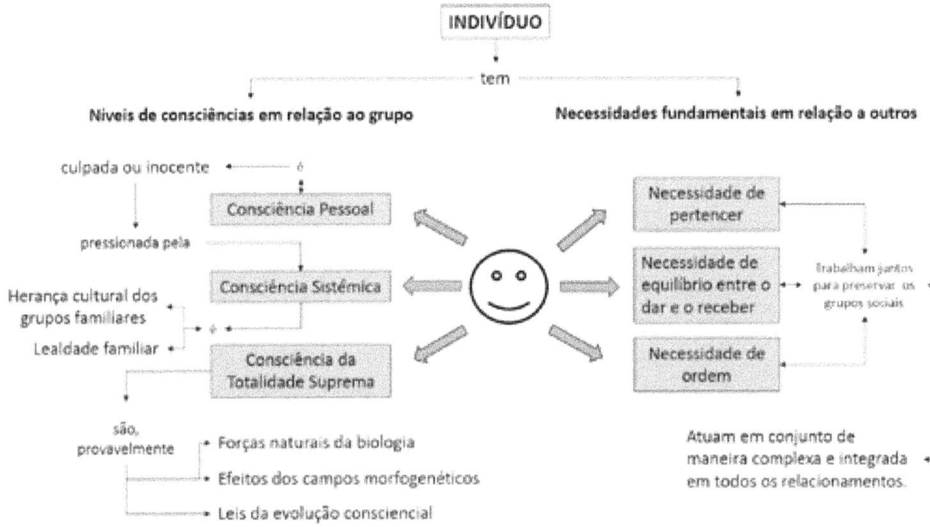

Figura 4. Mapa conceitual das Ordens dos Relacionamentos Humanos. Uma pessoa tem consciência pessoal, sistêmica ou Total em relação às necessidades de pertencer, de respeitar a hierarquia e de equilíbrio entre o dar e o receber.

Sob as forças da necessidade de pertencer, uma pessoa pode ligar-se a outros do grupo, e simultaneamente excluir os diferentes e negar-lhes o direito de participação, o qual reclama para si própria. Assim, agindo a serviço do pertencimento, as ações que deixam os indivíduos inocentes num grupo podem fazê-los extremamente culpados em outros grupos (HELLINGER, et al 2008).

Nos relacionamentos humanos os sentimentos de culpa e inocência, também podem começar com o dar e o receber. Quem dá sente-se credor (inocente), quem recebe sente-se devedor (culpado). O equilíbrio entre o crédito e o débito mantém a paz entre as pessoas, contudo é praticamente impossível estabelecer esse equilíbrio. Um caminho para a harmonia entre o dar e o receber é a gratidão. Expressar gratidão autêntica alivia as pressões da retribuição, tanto do bem quanto do mal recebidos e então há liberdade de ações distintas das anteriores. Contudo, quando a vítima procura aliviar a culpa do agressor, ocorre o contrário, um ciclo destrutivo das relações se estabelece. O ofensor tem não só o dever, mas o direito de arcar com as consequências de seus atos. Assim, a inteligência da simetria sistêmica zela pelo amor nos relacionamentos, do mesmo modo que a lei da gravidade zela pelo movimento dos astros do sistema solar (HELLINGER, et al 2008).

Quem zela pelo amor familiar integrando todos – culpados e inocentes, ascendentes e descendentes – é a Consciência Arcaica ou a Consciência Sistêmica da Totalidade Suprema, a qual transcende as gerações humanas (HELLINGER, et al 2008). Os sentimentos de culpa e inocência estão a serviço da integração envolvendo equilíbrio entre *o dar e o receber* e convenção social e são influenciados pelas leis naturais da biologia, pelo efeito dos campos morfogenéticos e provavelmente pelas leis da evolução consciencial.

2.3. Conscienciologia

A Conscienciologia é a ciência da autopesquisa. O pesquisador tem por objeto de investigação a si mesmo, sua própria maneira de pensar, sentir e agir. Trata-se do estudo da consciência de modo integral, holossomática, multidimensional, bioenergética, projetiva, autoconsciente e cosmoética (VIEIRA, 2012).

> A Conscienciologia pesquisa você através de um enfoque abrangente, máximo, de todos os seus instrumentos de manifestação, em todas as dimensões, com todas as suas energias, capacidades e atributos parapsíquicos lúcidos, cosmoéticos, muito além das investigações convencionais das demais ciências modernas (VIEIRA, 2012, p. 09). Veja como o universo íntimo da sua consciência é muito mais instigante e envolvente do que todos os objetos do mundo exterior. (VIEIRA, 2012, p. 11).

As pesquisas conscienciológicas têm por base um conjunto de princípios assentados no paradigma consciencial, entre eles destaca-se o princípio da descrença. O paradigma consciencial assume que a alma, espírito, existe de modo independente da matéria biológica, manifestando-se por meio desta. As pesquisas neste campo partem da autoconscientização multidimensional da consciência, ou seja da existência de no mínimo duas dimensões de manifestação, uma intrafísica, a material, e outra extrafísica, não material (VIEIRA, 2012).

Quanto à compreensão do paradigma consciencial, as pessoas são classificadas em duas categorias: as poucas que já dominam com lucidez as energias conscienciais, e a maioria absoluta carente que ainda não domina e não percebe as interações extrafísicas entre as pessoas (VIEIRA, 2012).

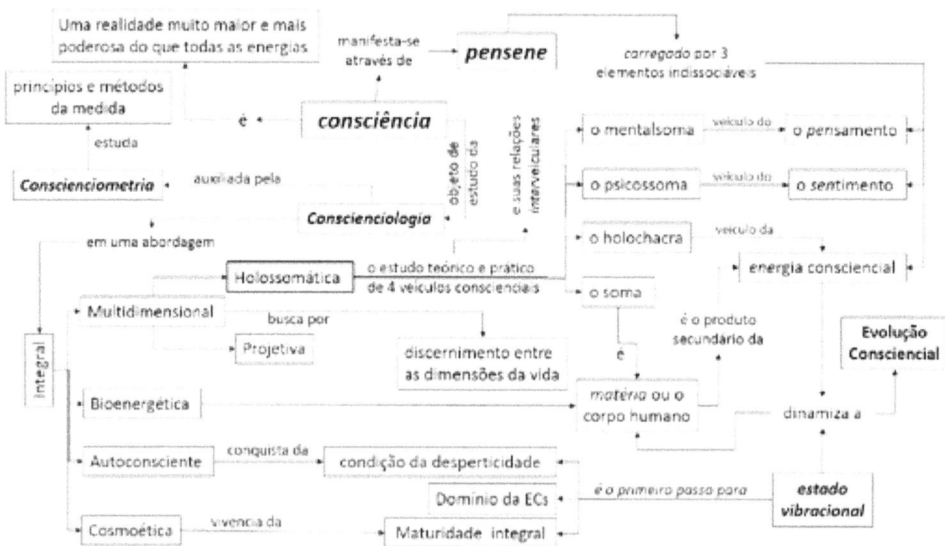

Figura 5. Mapa conceitual da Conscienciologia. A *Multidimensionalidade* é a mesma coisa que Projeciologia e Holossomática. O corpo humano é o produto secundário da Energia Consciencial.

Segundo Vieira, a existência intrafísica é mera projeção energética mais prolongada, porém sempre efêmera, da consciência extrafísica (VIEIRA 2012). Assim, alguns grupos de pesquisadores podem apresentar um *mindset* incompatível e inconciliável com as pesquisas conscienciológicas, tais como aqueles que têm hábitos místicos ou tradicionais, sem reciclagens evolutivas. Em síntese, há 3 linhas básicas de conhecimento que apresentam incompatibilidades fundamentais à Conscienciologia. A ciência convencional, materiológica e eletronótica; o academicismo vinculado à Pedagogia Formal das Universidades; e a Religiosidade e suas posturas dogmáticas e antipesquisológicas (VIEIRA, 2015a; 2015c). Assim, devido à complexidade do estudo da consciência, a Conscienciologia é assunto sofisticado e supercontroverso (VIEIRA, 2015b). A carência de conhecimentos acerca da importância da inteligência evolutiva pela maioria das pessoas é o principal obstáculo de resistência aos estudos e pesquisas sobre a consciência.

3. COTEJOS ENTRE MENTALIDADES ECONÔMICAS, ORDENS DO AMOR E CONSCIENCIOLOGIA

Mentalidades econômicas, ordens do amor e Conscienciologia estudam a consciência humana de modos distintos, por abordagens diferentes e segundo paradigmas particulares, contudo algumas similaridades podem ser observadas. A similaridade inicial da análise de comparações é a progressão dos estágios da tomada de consciência do nível pessoal ao sistêmico e então à consciência total, sendo que os estágios anteriores continuam a existir a cada novo patamar de percepção de consciência adquirido (Figura 6).

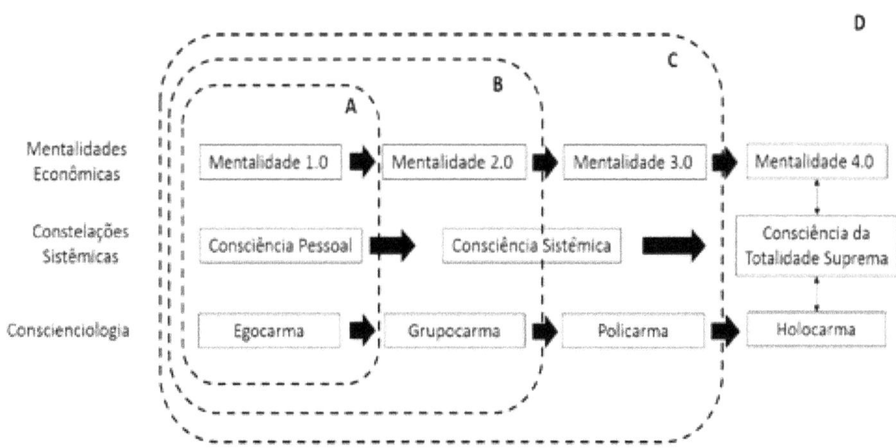

Figura 6. Esquema comparativo dos Níveis de Consciência apresentado pelos construtos teóricos das Mentalidades Econômicas; das Constelações Sistêmicas e da Conscienciologia. **A**) Consciência das próprias necessidades individuais. **B**) Consciência das necessidades do próprio grupo. **C**) Consciência das necessidades dos outros. **D**) Consciência simultânea das necessidades individuais, dos grupos familiares, e de todos os outros seres.

Conforme a Figura 6, é possível traçar paralelos de comparações entre essas 3 linhas de estudos. Padrões de consciência segundo as necessidades e demandas da vida intrafísica e extrafísica foram propostos. A consciência mais comum, mais básica e fácil de ser reconhecida é a percepção da existência orgânica, intrafísica, ou egocármica das quais emerge a Mentalidade Econômica 1.0. Dessa mentalidade surgem cenários econômicos e sociais centrados prioritariamente em atender as demandas de sobrevivência e segurança social do clã, ou a manutenção de preferências pessoais em detrimento das necessidades dos outros membros do grupo, comuns nos regimes totalitários ou monárquicos.

A consciência individual, enquanto parte de um grupo, percebe as necessidades de familiares, ou companheiros de profissão, usuários do mesmo serviço, vizinhos, ou moradores do mesmo planeta, essa percepção é designada de consciência sistêmica, nas constelações, e de grupocarma e policarma na Conscienciologia. Segundo as constelações familiares, a consciência sistêmica atua de modo a manter e preservar a tradição dos grupos familiares. Segundo a Conscienciologia, nesse estágio de consciência o estado de livre-arbítrio individual está direcionado a atender as demandas do próprio grupo biológico (grupocarmalidade) e dos grupos evolutivos (policarmalidade). Esses conceitos correlacionam-se, de certo modo, com as Mentalidades Econômicas 2.0 e 3.0, os quais são a base dos cenários econômicos que surgiram na Era industrial e na Era tecnológica, respectivamente.

A convergência mais instigante é a ideia ou o conceito "do melhor para todos" apresentadas nestas 3 linhas de conhecimentos. Segundo as Mentalidades Econômicas, a Mentalidade 4.0 inclui todas as mentalidades anteriores e coordena a ação coletiva consciente (ACC) com foco no melhor para todos, mantendo e respeitando cada estágio anterior. A consciência Arcaica, Total ou Suprema, zela pelo amor, promovendo a inclusão dos excluídos, o restabelecimento da ordem hierárquica e as compensações quando houver desequilíbrios entre o doar e o receber. Segundo a Conscienciologia, o Holocarma inclui o egocarma, o grupocarma e o policarma dentro dos princípios de causa e efeito atuantes na evolução consciencial. A holocarmalidade é a vivência da cosmoética, a qual tem por princípio "que aconteça o melhor para todos". Esse princípio é o aporte inédito aos cenários econômicos que estão sendo construídos no presente-futuro que vivemos agora.

3.1. Mentalidades Econômicas e Ordens do Amor

O importante é não parar de questionar;
a curiosidade tem sua própria razão de existir.
Albert Einstein

A Constelação Sistêmica é uma abordagem da Psicoterapia Sistêmica Fenomenológica, a qual busca o diagnóstico e solução de problemas e conflitos nos relacionamentos interpessoais nos grupos humanos, familiares ou empresariais

(GARLET, 2016). As "Ordens do Relacionamento Humano", um conjunto de leis naturais que regem os sistemas sociais, quando aplicadas em empresas, esse método permite à organização tomar consciência do movimento da alma do grupo e, assim, propor soluções-protótipos aos problemas e estratégias para maximizar seus potenciais e talentos, de acordo com o respeito às leis de pertencimento, da hierarquia e do equilíbrio de todos os integrantes da empresa.

> Quando existe um movimento de recusa em lembrar com gratidão os caminhos percorridos por uma empresa, desde o seu início, o sistema buscando o reconhecimento de todos que pertenceram, acaba por criar sintomas, dificuldades, para assegurar o lugar daqueles que estão sendo negligenciados. Olhar os sintomas e honrar os "esquecidos" é o caminho de volta para uma situação mais fluida (GARLET, 2017, p.4).

As constelações sistêmicas aplicadas às organizações empresariais têm sido buscadas para auxiliar na compreensão e atendimento das necessidades internas, e então voltar-se ao mercado e atender seus clientes. Portanto, a partir dessa abordagem terapêutica aplicada a empresas e organizações, surgiu a ideia de analisar comparativamente as Mentalidade Econômicas e as Ordens Sistêmicas dos Relacionamentos humanos.

A Mentalidade Econômica 1.0, no prisma das constelações familiares, parece estar correlacionado ao direito fundamental de pertencer ao grupo (Figura 6). Todos têm direito igual de pertencer ao grupo uma vez que os vínculos tenham sido formados na concepção, no caso das famílias, ou pelo processo de contratação (formal ou informal), nas empresas. Aos que pertencem não é permitido excluir. A consciência pessoal quando está focada na luta pela sobrevivência e segurança, preponderante na Mentalidade 1.0, pode paradoxalmente excluir alguns em favor da própria sobrevivência no grupo.

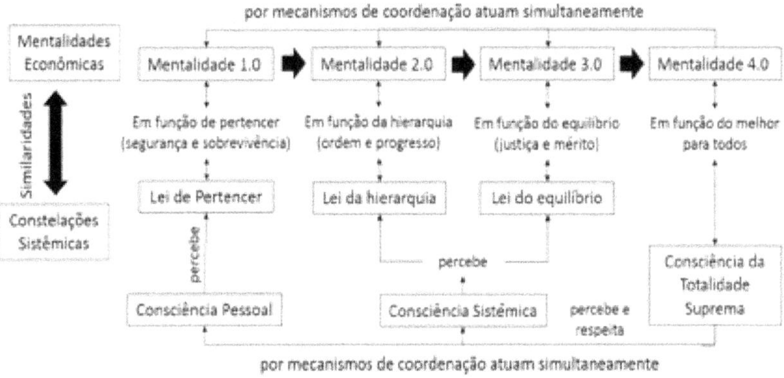

Figura 7. Esquema de Comparações entre as Mentalidades Econômicas e as Constelações Sistêmicas. Ambas parecem estar em função de atender necessidades humanas universais, segundo critérios de segurança e sobrevivência, de ordem e crescimento, e equilíbrio entre as trocas de doar e receber. Em ambos os sistemas, há uma força ou um movimento que zela por todos.

As mentalidades Econômicas 2.0 e 3.0, do ponto de vista das constelações familiares parecem estar relacionadas à função de regular o atendimento às necessidades sistêmicas do grupo. Assim, o respeito à hierarquia, *i.e.* o respeito à ordem estabelecida pelos ancestrais no grupo e o cuidado e parcimônia entre as trocas de dar e receber, mantém os grupos em harmonia. O foco exclusivo na Consciência Sistêmica, por sua visão parcial e em favor do próprio grupo, pode levar a ações contrárias às leis de pertencimento, hierarquia e equilíbrio, vitimando alguns membros do grupo. Nesses casos a Consciência Arcaica, Suprema ou Totalitária atua de modo a zelar por todos integralmente, forçado movimentos de reintegração dos excluídos; restabelecimento da hierarquia e compensações nos relacionamentos afetivos desse grupo. Esse processo transcende gerações, e os membros de futuras gerações podem estar comprometidos com as consequências das ações dos antepassados.

A Mentalidade Econômica 4.0 aproxima-se da ideia do que seria a Consciência Arcaica, Suprema ou Totalitária nos sistemas familiares. Essa força atua nos grupos de modo similar à força da gravidade em favor das leis de pertencimento, hierarquia e equilíbrio, fazendo que os integrantes dos grupos movam-se, ou seja, assumam seus destinos de modo que aconteça o melhor para todos. Tanto a Consciência Arcaica quanto a Mentalidade 4.0 são movidas, ou tem por função básica atender à necessidade do melhor para todos.

3.2. Mentalidades Econômicas e Conscienciologia

Os cenários socioeconômicos surgem a partir das mentalidades ou paradigmas pessoais. Os níveis de consciencialidade do egocarma, grupocarma, policarma e holocarma parecem correlacionar-se às Mentalidades Econômicas 1.0, 2.0, 3.0 e 4.0, respectivamente. Nos cenários patológicos, desconexões sistêmicas são evidenciadas pelo desequilíbrio entre o consumo e as reservas de recursos naturais; entre a distribuição de renda percentual dos mais ricos e dos mais pobres; e entre o consumo e o bem-estar. O caminho para solucionar esse conjunto de desconexões sistêmicas da estrutura social, econômica e cultural, requer uma mentalidade transformadora que interaja com a matriz, a fonte, na qual cada um opera (SHARMER, 2014). A fonte, força matriz, é o motivo da ação da consciência.

Qual é a motivação da consciência? Está em função de atender o egocarma, o grupocarma, o policarma ou o holocarma? O diagnóstico da fonte (o motivo) que mantém esses cenários, requer identificar o local a partir da qual se age, se do Eu projetivo ou do Eu experiencial (SHARMER, 2014). A metodologia Teoria U é uma ferramenta de autodiagnóstico do ponto cego a partir do qual se opera (SHARMER, 2010). A Projeciologia, Conscienciometria e Consciencioterapia, especialidades da Conscienciologia, fornecem técnicas e ferramentas de autoconhecimento, autodiagnóstico e desenvolvimento pessoal. Outro ponto de similaridade é o conceito de inversão. A Conscienciologia propôs também a Técnica de

Inversão Existencial (VIEIRA, 2012). Na figura 8, segue uma descrição resumida da Teoria U, a qual tem por base o termo inversão e sete etapas. Tanto a Teoria U quanto a Técnica de Inversão Existencial visam à tomada de consciência do local a partir da qual se age, ou seja, a autopercepção das próprias motivações, e assim inverter ações reativas por ações coletivas conscientes do melhor para todos.

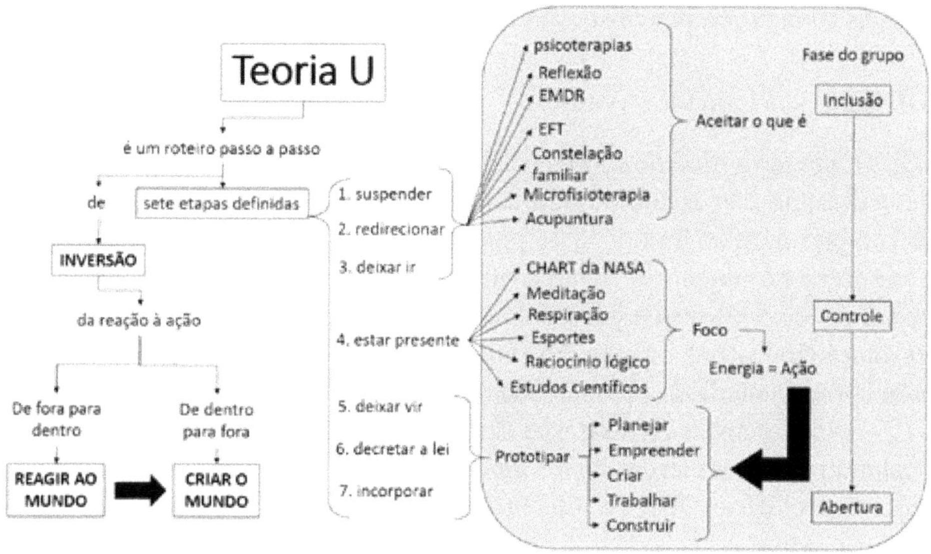

Figura 8. Teoria U. Representação esquemática do roteiro da jornada U do conhecido ao desconhecido. No quadro em destaque, as vivências e experiências da autora em cada fase da Jornada U, propostas a partir de técnicas psicoterapêuticas para amparar nos desafios das crenças pessoais (KNAKIEVICZ, 2015), de estudos do funcionamento dos grupos (SCHUTZ, 1989) e das experiências cotidianas.

3.3. Constelações sistêmicas e Conscienciologia

As Constelações sistêmicas e a Conscienciologia assemelham-se por adotarem método sistêmico-fenomenológico de dimensão anímica, considerarem igualmente importante os conhecimentos advindos da ciência convencional e os advindos da espiritualidade. Diferem na proposta quanto ao paradigma científico. As constelações familiares consistem em um método terapêutico sistêmico, enquanto a Conscienciologia é uma neociência, com um *corpus* conceitual e pressupostos paradigmáticos inéditos. A Conscienciologia é mais ampla que as Constelações Familiares, pois estuda as dinâmicas parapsíquicas de grupos, fomenta autopesquisas individuais em laboratórios temáticos e pesquisas grupais parapsíquicas, produz publicações de artigos, livros e tratados sobre consciencialidade, parapsiquismo, projetabilidade, conscienciometria e cosmoeticologia. A Conscienciologia consta de diversas especialidades de pesquisa.

As Constelações familiares contribuem para a compreensão dos processos de prisões grupocármicas e dos movimentos necessários de libertação dessa, através das ações conscientes de recomposição grupocármica. Contudo, o conceito de holocarmalidade, serialidade, cosmoética, multidimensionalidade, holomaturidade e inteligência evolutiva complementam e elucidam o conceito de Consciência Arcaica, Total ou suprema trazido pelas Constelações sistêmicas, sem deixar lacunas ou recorrerem a misticismo ou religiões.

3.4. Consciencialidade e evolução

Cada novo nível de conscIencialidade agrega mais informações, necessidades e desafios, não excluindo os anteriores, traz um novo nível de compreensão da complexidade ao mundo. Esse processo de aumento da complexidade parece promover o surgimento de ondas civilizatórias, que irrompem de tempos em tempos. É provável que as Ondas Civilizatórias conhecidas por Revolução Agrícola, Revolução Industrial, e a atual Revolução Tecnológica (TOFFLER, 2012), podem estar correlacionadas às Mentalidades Econômicas 1.0, 2.0, e 3.0 respectivamente.

Se novas ondas civilizatórias são promovidas pelo processo evolutivo, por qual motivo são nomeadas de Revolução Agrícola, Revolução Industrial e Revolução Tecnológica? Qual é a diferença entre os movimentos Revolucionários ou Evolucionários?

A revolução é feita por aqueles que rejeitam o percurso que a precedeu (GASA, 2009). E assim sendo buscam retomar ao ponto de partida, pois não aceitam a realidade como está. Ao recusar o experimentado, nega-se o vivido. A revolução é um processo de rejeição e de segregação. É uma tentativa de revogar a realidade, seja ela qual for, é um ato de covardia. Na revolução basta rejeitar o que existe, o que aconteceu no passado remoto ou recente.

A evolução é mais complexa do que a revolução (GASA, 2009). Evolução é seguir adiante, com a realidade tal como é, mudando o que é possível mudar, no aqui e agora. O processo evolutivo não rejeita e renega os erros passados, mas os acolhe e os aceita, e tem por base a coragem. É sinônimo de crescimento, desenvolvimento, engrandecimento e prosperidade. Aceita e acolhe as experiências, as vivências, as dores e as alegrias exatamente como foram. A Evolução agrega, sendo fruto da lei de ordem da vida.

A Onda Civilizatória Agrícola, a qual fornece os recursos necessários à sobrevivência orgânica do homem, podemos descrevê-la por meio revolucionário ou evolucionário. Pode-se dizer que a Revolução Agrícola tem por bases o domínio do território e a subjugação das leis da natureza através da força da tecnologia (2º onda em função da supremacia da 1ª onda). Conforme essa linha de progressão, não resta à humanidade outra saída a não ser a conquista do espaço em busca de territórios, minerais e outros recursos a serem explorados.

Enquanto que a Evolução Agrícola tem por base a coprodução de recursos através da melhoria e eficiência de seus processos naturais. Exemplos de tais processos são as hortas verticais, a transformação de desertos em oásis, produção de energia eólica, solar, das marés. Nesse caso, a ordem hierárquica é respeitada e honrada pois a tecnologia (2ª onda) está a serviço de ampliar, amparar, respeitar e não subjugar os recursos naturais (1ª onda).

Segundo Tofflter, no futuro as pessoas serão cada vez mais céticas, pois a tomada de decisões será feita a partir de análises de vários níveis de percepção. Assim, o avanço tecnológico e científico traz consigo o preço da responsabilidade. Tal preço pode ser descrito como o "choque do futuro", o qual diz respeito à percepção da necessidade de tomar decisões conscientes e das demandas de competências para fazê-las (TOFFLER, 2012), fomentando a busca da ação coletiva consciente (SHARMER, 2014).

Em sociedades conservadoras ou grupos resistentes às mudanças, cada nova onda civilizatória pode ser sentida de modo dramático. Esses grupos vivenciam, então, a Era da Desestabilização caracterizada pelo estado de irresponsabilidade organizada, que cria coletivamente resultados que ninguém quer (SHARMAR, 2014). Contudo, a transição entre a antiga e conhecida civilização e a nova, inédita e desconhecida civilização, que surge, pode ser um período conturbado ou empolgante, dependendo do *mindset* pessoal em média de cada comunidade. Um caminho para passar por essa mudança estrutural, segundo Otto Sharmer (2014), é estar consciente do lugar interior a partir do qual se está agindo. Essa demanda, estar consciente do lugar a partir do qual se está agindo, já tem mobilizado a humanidade, assim é possível vislumbrar o preâmbulo de uma nova onda civilizatória, a Era da Evolução Consciencial.

CONCLUSÕES

Além das forças físicas, que regem e coordenam a matéria, há evidências de haver leis ou forças de dimensão anímica, que atuam sobre as sociedades humanas. Essas leis são percebidas na observação da vida familiar, na estrutura das empresas e nos cenários econômicos mundiais, e parecem estar correlacionadas às motivações das consciências.

As 3 abordagens, Mentalidades Econômicas, Constelações Familiares e Conscienciologia assemelham-se por apresentarem métodos de estudos sistêmico-fenomenológicos e projetivos da natureza anímica humana e por proporem níveis progressivos de tomada de consciência das necessidades individuais, familiares, comunitárias e cósmicas, embora somente a Conscienciologia proponha a existência da consciência de modo independente da matéria.

Em aproximações, concluo que a Mentalidade 4.0 e a consciência arcaica são expressões da Inteligência Evolutiva, a qual é mais que a soma das aprendizagens frente às demandas de manter o soma saudável – inteligência fisiológica;

de pertencer aos grupos sociais – inteligência emocional; e saciar a curiosidade diante do inédito – inteligência lógico-racional (Figura 9). A inteligência Evolutiva parece correlacionar-se às experiências e aprendizagens anímicas, que vêm sendo descritas e divulgadas pelas Constelações Familiares e pela neociência Conscienciologia de modo amplo e isento de religião.

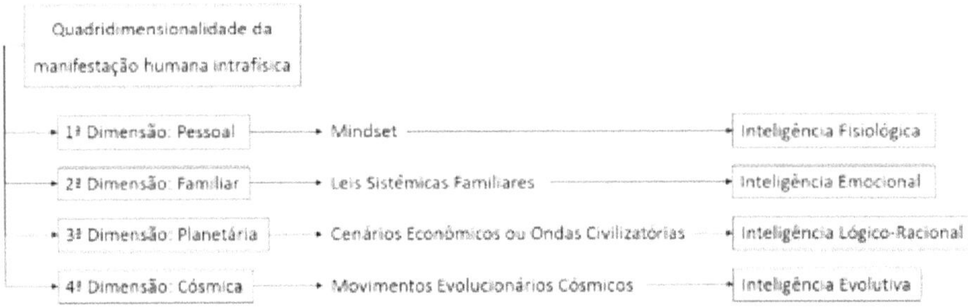

Figura 9. Quadridimensionalidade da manifestação humana intrafísica.
A manifestação da consciência humana é a expressão simultânea do *mindset* pessoal (depende da saúde orgânica), sob a pressão das leis sistêmicas familiares (depende da interação social) e dos cenários econômicos criados coletivamente (depende da cultura tecnocientífica). Esses processos são sistêmicos, dinâmicos e inclusivos, a partir deles pode-se inferir sobre a Inteligência Evolutiva.

Estas 3 áreas de conhecimento, mentalidades econômicas, constelações sistêmicas e Conscienciologia compartilham construtos similares, "choque do futuro", "ter razão ou ter cura" e "princípio da descrença", respectivamente, que parecem ter o propósito de fazer a profilaxia da defesa de verdades (ou crenças pessoais) convenientes frente aos fatos; e destacam a importância da investigação e reflexão em cada situação e em cada contexto.

Cada novo ciclo de tomada de consciência não excluiu os anteriores, mas agrega mais informações, mais conhecimento e percepção e consequentemente novas demandas e desafios. O movimento evolutivo agrega e inclui novos níveis de consciência, assim surgem novos cenários culturais e socioeconômicos. A necessidade de estar consciente pode mobilizar o surgimento de uma nova Onda Civilizatória, a Era da Evolução Consciencial.

REFERÊNCIAS

COVEY. Stephen R. Os Sete hábitos das pessoas altamente eficazes. Sete ed. São Paulo: Editora Best Seller, 2004.

DIÓGENES JÚNIOR, José Eliaci Nogueira. Gerações ou dimensões dos direitos fundamentais? In: Âmbito Jurídico, Rio Grande, XV, n. 100, maio 2012. Disponível em:<http://www.ambitojuridico.com.br/site/?n_link=revista_artigos_leitura&artigo_id=11750>. Acesso em 22 jul 2018.

GARLET, Ana. Constelações Organizacionais – a aplicação das Leis de Bert Hellinger no âmbito empresarial. Site Ipê Roxo Instituto de Desenvolvimento Humano. Publicado em 03 nov 2016. Disponível em: <https://iperoxo.com/2016/11/03/constelacoes-organizacionais-a-aplicacao-das-leis-de-bert-hellinger-no-ambito-empresarial/>, acesso em 25 out 2017.

GASA, Guilherme. Revolução x Evolução. Blog Espaço Emprestado. Disponível em: <http://espacoemprestado.blogspot.com.br/2009/03/revolucao-x-evolucao.html>, acesso em 10 de out de 2016.

HELLINGER, Bert. SCHNEIDER Jakob Robert. A prática das constelações familiares /; tradução de Newton A. Queiroz. – Patos de Minas: Atman, 2007.

HELLINGER, Bert; WEBER, Gunthard; BEAUMONT, Hunter. A simetria oculta do amor. Por que o amor faz os relacionamentos darem certo. Tradução de Gilson César Cardoso de Sousa. Editora Cultrix: São Paulo. Edição eletrônica. 2008 –

KNAKIEVICZ, Tanise. Cognitive Structure of Beliefs and Habits: How to Challenge Them? Open Access Library Journal, 2: e2170, dez. 2015. Disponível em: <http://www.oalib.com/articles/3153601#.Vp5lsOgrLcc>. Acesso em: 20 jan. 2016.

PESTANA, Barbara Mota. Direitos fundamentais: origem, dimensões e características. Conteudo Juridico, Brasilia-DF: 17 out. 2017. Disponível em: <http://www.conteudojuridico.com.br/?artigos&ver=2.589755&seo=1>. Acesso em: 22 jul. 2018.

RAMACHANDRAN, V.S. O que o Cérebro tem para Contar: Desvendando os mistérios da natureza humana. Tradução Maria Luiza X. de A. Borges. Rio de Janeiro: Zahar, 2014.

REDAÇÃO GALILEU. Ligação de neurônios no cérebro pode chegar até 11 dimensões. Revista Galileu eletrônica. Publicado em 13/06/2017. Disponível em: <http://revistagalileu.globo.com/Ciencia/noticia/2017/06/ligacao-de-neuronios-no-cerebro-pode-chegar-ate-11-dimensoes.html>. Acesso em: 14 jul. 2017.

SCHUTZ, William C.; Profunda Simplicidade – Uma nova consciência do eu interior. 1989. São Paulo: Ágora.

SHARMER, C. Otto. Liderar a partir do Futuro que Emerge. A evolução do Sistema Econômico ego-cêntrico para o eco-cêntrico. Rio de Janeiro: Elsevier, 2014. 302 p.

SHARMER, C. Otto. Teoria U: como liderar pela percepção e realização do futuro que emerge. Rio de Janeiro: Elsevier, 2010. 403 p.

SUPER INTERESSANTE. A quarta dimensão que ninguém enxerga. Artigo do professor Luiz Barco analisa os conceitos de dimensão e fala da geometria quadridimensional, desenvolvida pelo matemático Barnhard Riemann. Publicado em 31 out 2016. Disponivel em: https://super.abril.com.br/ciencia/a-quarta-dimensao-que-ninguem-enxerga/. Acesso em 27 de março de 2018.

TOFFLER, A. A terceira onda. Tradução de João Távora Rio de Janeiro: Editora Record, 2012. 491 p.

VIEIRA, Waldo. A base da conscienciologia. Enciclopédia da Conscienciologia on line, Foz do Iguaçu, PR, 2015. Disponível em: <http://www.tertuliaconscienciologia.org> Acesso em: 17 abr. 2015.

VIEIRA, Waldo. Complexidade da conscienciologia. Enciclopédia da Conscienciologia on line, Foz do Iguaçu, PR, 2015. Disponível em: <http://www.tertuliaconscienciologia.org> Acesso em: 17 abr. 2015.

VIEIRA, Waldo. Incompatibilidade da Conscienciologia. Enciclopédia da Conscienciologia on line, Foz do Iguaçu, PR, 2015. Disponível em: <http://www.tertuliaconscienciologia.org> Acesso em: 17 abr. 2015.

VIEIRA, Waldo, O que é a Conscienciologia [livro eletrônico]. Waldo Vieira. - 4ª. ed. - Foz do Iguaçu: Associação Internacional, Editares, 2012. 184 p.

Tanise Knakievicz é professora universitária. Doutora em Biologia Celular e Molecular, mestre em Genética e bacharel em Ciências Biológicas (UFRGS). Tem pós-doutorado em ensino de ciências (UNIOESTE) e especialização em Dinâmicas de Grupos (SBDG). Voluntariou na Holoteca do CEAEC de 2010-2015 em Foz do Iguaçu.

FOUR-DIMENSIONALITY OF INTRAPHYSICAL HUMAN MANIFESTATION

Tanise Knakievicz

ABSTRACT

Economic Mentalities, Family Constellations and the neo-science of Conscientiology present convergences and divergences in the study of the functioning of human groups. This comparative analysis was started due to the similarity in recognizing increasing levels of awareness towards the experience of 'the best for all'. In short, people have different levels of conscious awareness of the reality in which they operate. They may be aware of their individual, family, community or total needs, in an increasing and inclusive way. Each new level of awareness does not exclude the previous ones, but aggregates more information, more knowledge and perceptions, and consequently new demands and challenges. The evolutionary movement aggregates and includes new levels of consciousness, and new socio-economic scenarios emerge. The need to be conscious can mobilize the emergence of a new Civilizing Wave, the Age of Consciential Evolution.

Keywords: Economic Mentalities; Systemic Family Constellations; Conscientiology.

1. PRESENTATION

This article aims to analyze and discuss four-dimensionality of the intraphysical human manifestation through theoretical correlations between the Economic Mentalities presented by Otto Sharmer; the Family Constellation Therapy proposed by Bert Helling and the neo-science Conscientiology proposed by the researcher Waldo Vieira. The three study areas of human consciousness present several points of convergence and divergence. The coincidence highlighted in this study is the recognition of increasing levels of awareness towards the experience of 'the best for all'.

DO NOT BELIEVE IN ANYTHING, NOT EVEN IN THE INFORMATION IN THIS MANUSCRIPT. CAREFULLY ANALYZE AND REFUTE ODD IDEAS OR PRESUPPOSITIONS.

In the beginning, it is appropriate to present some key concepts referring to the definitions of the scientific paradigm and personal mindset. Secondly, the key concepts of Economic Mentalities, Family Constellations and Conscientiology, proposed by Otto Sharmer, Bert Hellinger and Waldo Vieira, respectively, are presented. Third, comparisons between ideas from these three researchers are presented. And lastly, some conclusions or perspectives are exposed.

1.2. Scientific paradigms

Reality is merely an illusion,
though very persistent.
Albert Einstein

Culture consists of huge collections of complex skills and knowledge that are transferred from person to person through education. Education is a biosocial and human historical practice, dependent on two essential means, language and imitation. Language is the ability to acquire and utilize complex communication systems, which arose from the half-savant ability to imitate other people (RAMACHANDRAN, 2014).

Humans can mimic, reproduce or copy any stimulus, pattern or reaction due to the presence of mirror neurons, which may be considered the 4th brain or neocortex. The ability to imitate allowed the emergence of the unique human ability to adopt the other´s point of view. The ability to see the world from another person's point of view is also essential for the construction of mental models of complex thinking and to deduce the intention of others in order to predict their behavior (RAMACHANDRAN, 2014). Therefore, several studies seek to describe how people foresee the intentions of others within human groups. These studies are also useful to understand the different world views of different cultures or theoretical frameworks.

Each human group has its own history, beliefs and experiences, from which they project a world vision, a paradigm or mentality. This world vision is passed from one generation to another through education, and can change, transform and evolve over time through experience or remain constant through the rejection of these experiences, according to the paradigm or mentality adopted by the group.

By analogy we can describe paradigms as being maps of a given reality. This reality would be the territory. However, there is an interesting piece of information about brain functioning that needs to be considered to understand the paradigms' role in perception: reality perception is partial and determined by cultural filters. The perceived reality (territory) is one that is mapped according to the theoretical framework prior to observation (COVEY, 2004; RAMACHANDRAN, 2014). Thus, it is natural in a way, that the same reality is perceived in different ways by simultaneous observers from different philosophical schools and cultures and according to each one´s personal mindset.

1.3. Mindset

According to psychologist Carol Dweck, mindset is a set of beliefs and previous information that shapes the opinion that each person adopts about themselves. This self-opinion (conscious or unconscious) profoundly affects the way that each one acts from their personal experience. Thus, mindset is the mental model, the mind structure, the operational model, the mentality or the paradigm that each person adopts in life (DWECK, 2017).

Dweck has found that there are two types of personal mentalities or paradigms, the fixed mindset and the growth promoting mindset. She also found that changes in individual beliefs, even the simplest ones, can produce profound effects on the personal mindset (Figure 1).

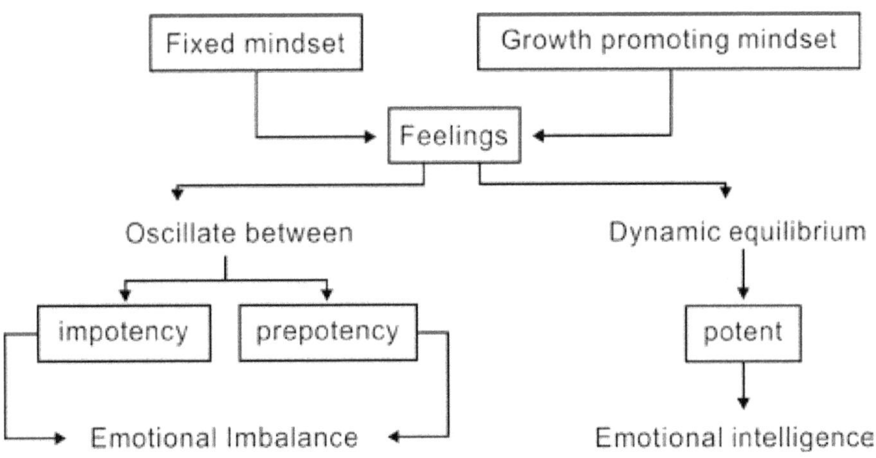

Figure 1. Conceptual map – comparisons between the fixed and growth promoting mindset. Fixed mindset personalities oscillate emotionally between prepotency (super potency) or feelings of impotency. Growth promoting mindset personalities establish for themselves a dynamic equilibrium state, thus, being able to be more potent in their everyday actions.

1.3.1. Fixed Mindset

Persons with a fixed mindset believe that it is not enough to be successful, smart and talented, they need to be perfect right from the beginning, because the ability must reveal itself before any learning takes place. If someone has an ability, they think that it already exists, and when they study, train or seek to develop themselves, they feel like impostors, hypocrites and less intelligent.

Traditional educational models foster and stimulate the establishment of the fixed mindset, since the test grade is eternal, so it is important to be perfect immediately. Evaluations considering a single test or exam contribute to the fixed mindset, because it is now possible to measure the unchanging performance capacity and simply project it into the future. "Who can afford to grow when everything is at stake in the present moment?" (DWECK, 2017, 37 p.).

With the fixed mindset everything revolves around results and people see life challenges as tests that attest that they are special. The problem begins when "special" means "better than others". According to this logic, personal success is the failure of others. Whoever fails, loses everything. Failure in a casual episode becomes a permanent personal identity.

People with a fixed mindset are subject to suffering from the *syndrome of the least effort*, precisely in moments of transitions and changes. They mobilize resources to protect themselves, resisting the new, instead of seeking to learn and adapt. "In the 1960s, there was a saying 'becoming is better than being'. The fixed mindset does not allow people the luxury of becoming. They need to be right away" (DWECK, 2017, p.37).

1.3.2. Growth promoting mindset

The growth mindset is based on the belief that the individual can cultivate their basic qualities through their own efforts, respecting their limits and aptitudes. The growth mindset is realistic and reasonable, allowing people to value what they do regardless of the results, thus the search is deeply meaningful. The received information is only a starting point for personal development.

The growth mindset is based on the experiences of change, on the belief that it is possible to develop skills, therefore people with this mindset are committed to the process of learning and continuous training. According to Dweck (2017) it is possible to switch from a fixed mindset to a growth one, through strategies that preserve change, and by remembering that one is vulnerable to adopting the fixed mindset at any time.

2. FOUR-DIMENSIONALITY OF INTRAPHYSICAL HUMAN MANIFESTATION

The term 'dimension', from the Latin *dimensĭo*, is an aspect or a facet of something, and has diverse uses according to context, being a characteristic, circumstance or phase of something or some subject. The term 'dimension' also refers to a measurable extension (size and proportion), which determines the portion of space occupied by a body. The 'dimension' concept includes each of the senses used to measure the extent of a given object, phenomenon or process. Thus, dimension refers to extension in any sense; the quantity that, associated with others (mass and volume) defines a space; the importance or value of something; mental processing (imaginary or real).

In the exact science of physics, the term 'dimensions' are parameters applied to describe the observed phenomena. Classical physics describes space in three dimensions: the cartesian coordinates x (straight line), y (plane) and z (block). In 1915, Albert Einstein showed that although the universe seems to be three-dimensional, it is four-dimensional. The four-dimensional dimension is the dislocation of the three-dimensional (block) in the spatial plane (time). According to the Theory of Relativity, time is seen as one of the dimensions of four-dimensional space called the space-time continuum, and the scale that measures length, width, and height is not the same that measures time. Other more modern theories, the String Theory and the M Theory, suggest the existence of ten and eleven dimensions, respectively (SUPERINTERESSANTE, 2016).

The second example is from neuroscience. The swiss scientists of the Blue Brain Project, using the algebraic topology methodology, a mathematical technique that allows one to calculate the properties of an object or space, independently of its format, have verified that the neural associations can form from rods (figure in one dimension) to planks (two dimensions), cubes (three dimensions), progressing to increasingly complex figures in four, five and up to eleven dimensions. From this initial description, the challenge is to understand the correlation between these connections and the cognitive tasks performed by the brain, in addition to the process behind the formation of such complex forms (REDAÇÃO GALILEU, 2017). A curious coincidence between the number of eleven probable dimensions of the Cosmos and the neuronal structure can be noticed.

The third example of the use of the term 'four-dimensionality' comes from the legal sciences. It is known that fundamental rights are the essential rights of every and any citizen, which correspond to universal and inviolable interests. They emerged gradually in consonance with the demand of each era as a result of the evolutionary historical process, ensuring social growth and the protection of human dignity, with each new social context. The rights of the first dimension refer to the first rights achieved by Humanity, related to the struggle for freedom and security of the individual against the State, a landmark of the French Revolution. They represent a prohibition to the state, that is, they inhibit the misuse of power. All individuals have the right to life, liberty, property, freedom of expression, freedom of religion and political participation – examples are civil and political rights. The rights of the second dimension, milestones of the Industrial Revolution in the 19th century, are based on the notion of material equality among all human beings, based on the assumption that it is useless to have freedom without the minimum conditions to exercise it. Thus, it imposes on the State the responsibility of securing and guaranteeing equality between persons when accessing health, education, social security, leisure, public safety, housing and workers' rights.

The rights of the third dimension defend the principles of solidarity or fraternity. Examples are: the right to progress, the environment, the self-determination of people, communication, property rights over the common patrimony of humanity and the right to peace, which transcend the current human generations, in order to secure the rights of future generations. The rights pertaining to the 4th dimension are those introduced by technological advances and globalization, guaranteeing fundamental rights to information, plurality, democracy and protection against genetic manipulation, biotechnology and bioengineering. Therefore, the 'dimension' concept is broad and versatile, being used with different facets in different areas of study (DIÓGENES JR, 2012; PESTANA, 2017).

As seen, dimensional perception is inherent in human culture, the key question is whether dimensionality is something real or an artifact of the apparatus of one's perception of reality, that is, it is a noise effect of biological brain functioning. But regardless of the answer, the four-dimensional perceptions of human societies already described can be studied and compared, as will be presented below.

2.1. Economic Mentalities

Otto Sharmer (2014) proposes that socioeconomic scenarios arise from 4 types of Economic Mentalities that act simultaneously and by interconnected coordination mechanisms. Each Economic Mentality meets specific social needs in a complementary way, and does not replace one another, thus, when a new mentality arises, the previous stages continue to exist (Figure 2).

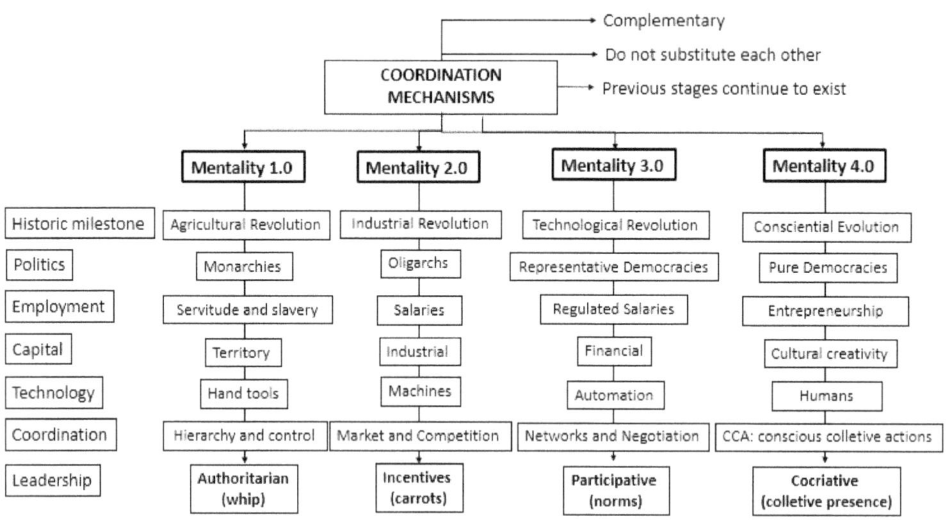

Figure 2. Conceptual scheme of Economic Mentalities - Mentality 1.0; Mentality 2.0; Mentality 3.0; Mentality 4.0. Economic Mentalities are complementary, non-replaceable and hierarchical in complexity.

Economic Mentalities arise and evolve from meeting the basic needs of human societies. Mentality 1.0, prevalent in agricultural economy societies, meets the need for security and belonging to a family, or to a clan. Once these demands are established, Mentality 2.0 emerges. Industrial production meets the need for growth and improvement of individual skills through academic education. Mentality 3.0 meets the demand of socialization and the exchange of knowledge, products and services, through commerce and technological advances. Nowadays, we are living in the Information and Technology Age. The profusion of information is promoting the emergence of Mentality 4.0. Mentality 4.0 refers to systemic awareness, where the needs for security, growth and information exchange transcend the individual vision and are seen in a global and integral way, aiming to achieve the best for all (SHARMER, 2014) (Figure 3).

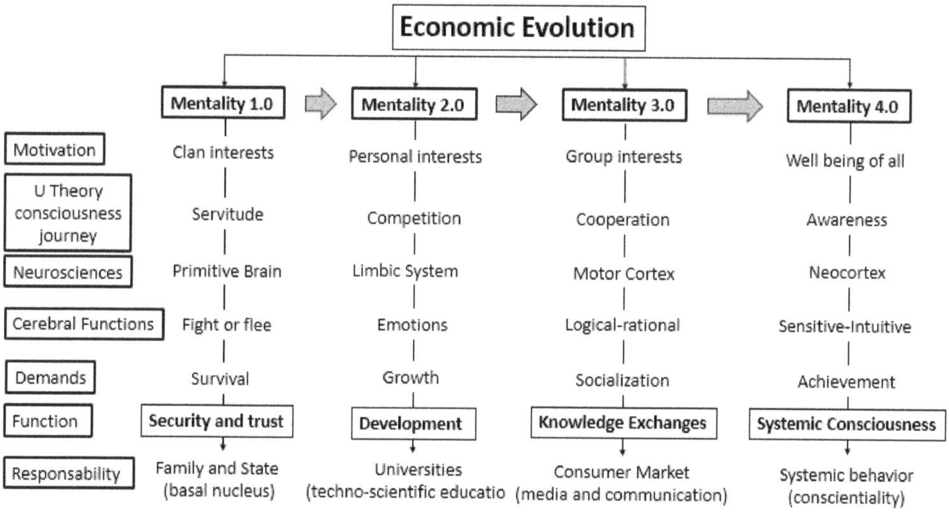

Figure 3. Conceptual scheme of Economic Evolution: ontogenetic development of societies. Societies firstly meet the motivations of survival, secondly growth, thirdly understanding and then balance, harmony, and justice.

2.3. Family constellations

The systemic forces that rule family relationships are invisible to the naked eye. In order to study them, it is necessary to increase one's perception. For this, Bert Hellinger developed the therapy of Family Constellations. Bert simultaneously considers science and spirituality in his studies of perception. For him the soul resides in experience; it is felt to be something real. The soul is not the mind nor the body, but it is in both (HELLINGER et al., 2008).

Family constellation consists of a systemic-phenomenological method based on a soul-related dimension that reveals the hidden and unknown destinies for a large part of the family, which affect everyone. Each member of a specific group, family, company or circle of friends, are interconnected in a way that goes beyond the conscious transmission of information, communication, behavior and individual feelings (SCHNEIDER, 2007). This "soul" of the group are fields of form, fields of patterns, structures of order; the morphogenetic fields. These fields organize not only the fields of living organisms, but also of crystals and molecules (SHELDRAKE, 2016). Bert Hellinger called these fields of psychic forces 'the Orders of Love', which rule human relationships.

> The 'Order of Love' system influences us in the same way the environment influences a tree. If it can balance itself between the force of gravity and the attraction of the sun, it grows, naturally, vertically, with the branches equally distributed. With this form, it has a high level of stability. If, however, it cannot balance itself, perhaps because its roots are in a cliff wall, it can adapt, growing as vertically as the conjunction of wind, soil, gravity and sun permits. Such a tree is no worse than its cousin of the valley, but spindly, and may be less stable and tall than it. Both are subject to the same laws of nature, however, suffer different pressures from their habitat and each finds an organic balance in the best possible way (HELLINGER et al., 2008, p.11).

Family Constellations are ruled by 3 laws, the Orders of Love (Belonging, Hierarchy and Equilibrium) and present 3 levels of consciousness: Personal, Systemic or Group consciousness, and the Consciousness of Supreme Totality or Archaic Consciousness (Figure 4). The need for belonging, balance between giving and receiving, and hierarchy limit the relationships, but also make them possible. These needs organize the intimate relationships with others.

Each person acts from the consciousness level that they can understand or feel, however, the law that rules the systems is the same for all, regardless of the consciousness level that one has. A person acting from the personal consciousness feels innocence or guilt when they act in favor of family loyalty (Systemic Consciousness). Feelings of innocence or guilt are social phenomena that have little to do with good and evil, and do not always impel one to universal moral values. These feelings are linked to loyalty to the groups necessity for survival.

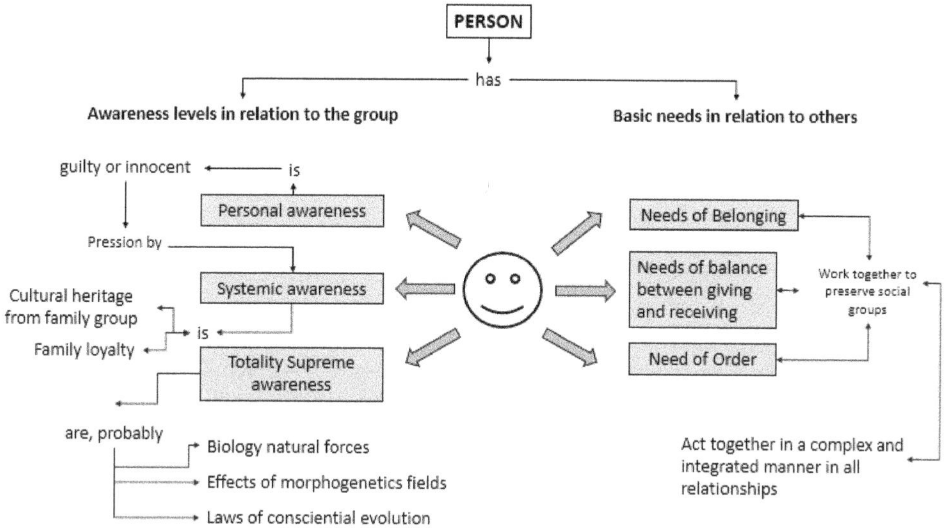

Figure 4. Conceptual map of Human Relations Orders. A person has a personal, systemic or total consciousness, regarding the need for belonging, of respecting the hierarchy and of the balance between giving and receiving.

Under the forces of the need for belonging, one person can connect with others of the group, and simultaneously exclude those that are different and deny them the right to participate, claiming it for themselves. Thus, when acting in the service of pertinence, actions that leave innocent individuals in one group can make them feel extreme guilt in other groups (HELLINGER et al., 2008).

In human relationships, feelings of guilt and innocence can also begin with actions of giving and receiving. Who gives feels like a creditor (innocence), and who receives feels like a debtor (guilt). The balance between credit and debt maintains peace among people, however, it is practically impossible to establish such a balance. A path to harmony between giving and receiving is gratitude. Expressing authentic gratitude alleviates the pressure of retribution, of both the well and poorly received, thus there is freedom from actions that are distinct from the previous ones. However, when the victim seeks to alleviate the offender's guilt, the opposite occurs, a destructive cycle of relationships is established. The offender has not only the duty, but the right to bear the consequences of their acts. Thus, the intelligence of systemic symmetry watches over for love in relationships, just as the law of gravity watches over the motion of the planets in the solar system (HELLINGER et al., 2008).

Who takes cares of family love, integrating all; the guilty and innocent, ascendant and descendant; is the Archaic Consciousness or the Systemic Consciousness of Supreme Totality, which transcends human generations (HELLINGER et al., 2008). The feelings of guilt and innocence are at the service of integrating the balance between giving and receiving and of social convention and are influenced by the natural laws of biology, by the effect of morphogenetic fields and probably by the laws of consciential evolution.

2.3. Conscientiology

Conscientiology is the science of self-research. The researcher is the object of their own investigation, and has their own way of thinking, feeling and acting. It is the study of consciousness in an integral, holosomatic, multidimensional, bioenergetic, projective, self-conscious and cosmoethical way (VIEIRA, 2012).

> Conscientiology researches you through a maximum and comprehensive approach, of all your instruments of manifestation, in all dimensions, with all your energies, capabilities and lucid and cosmoethical parapsychic attributes, far beyond the conventional investigations of the other modern sciences (VIEIRA, 2012, p. 09).
> See how the inner universe of your consciousness is far more instigating and compelling than all the objects in the outer world (VIEIRA, 2012, p. 11).

Conscientiological research is established by a set of principles based on the consciential paradigm, among which the principle of disbelief stands out. The consciential paradigm assumes that the soul, or spirit, exists independently of biological matter, manifesting itself through it. Investigations in this field of research start from the consciousness' multidimensional self-awareness, in other words, from the existence of at least two dimensions of manifestation, an intraphysical, material dimension, and another extraphysical, non-material one (VIEIRA, 2012).

In relation to understanding the consciential paradigm, people may be divided into two categories: the few who already lucidly dominate their consciential energies, and the needy absolute majority who still do not dominate and do not perceive the extraphysical interactions between people (VIEIRA, 2012).

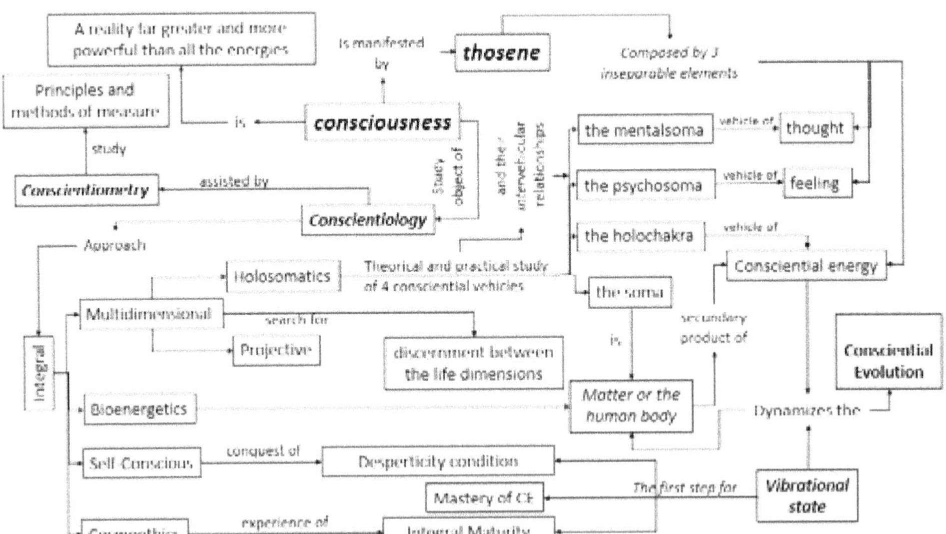

Figure 5. Conceptual map of Conscientiology. *Multidimensionality* is the same thing as projectiology and holosomatics. The human body is the secondary product of consciential energy.

According to Vieira, intraphysical existence is merely a longer, but always ephemeral, energy projection of the extraphysical consciousness (VIEIRA 2012). Thus, some groups of researchers may present an incompatible and irreconcilable mindset with conscientiological research, such as those with mystical or traditional habits, and who have not performed evolutionary recycling. In short, there are 3 basic areas of knowledge that present fundamental incompatibilities to Conscientiology: conventional, material and electronotic science; academicism linked to the Formal Pedagogy of Universities; and Religiosity and its dogmatic and anti-research postures (VIEIRA, 2015a, 2015c). Thus, due to the complexity of the study of consciousness, Conscientiology is a sophisticated and super controversial subject (VIEIRA, 2015b). The lack of knowledge about the importance of evolutionary intelligence by most people is the main obstacle of resistance to studies and research on consciousness.

3. COMPARISON BETWEEN ECONOMIC MENTALITIES; ORDERS OF LOVE AND CONSCIENTIOLOGY

Economic Mentalities; Orders of Love and Conscientiology study the human consciousness in different ways, by different approaches and according to particular paradigms, however, some similarities can be observed. The initial similarity in a comparison analysis is the progression of awareness stages, from the personal to the systemic level and then to total consciousness, with previous stages continuing to exist at each new level of acquired awareness (Figure 6).

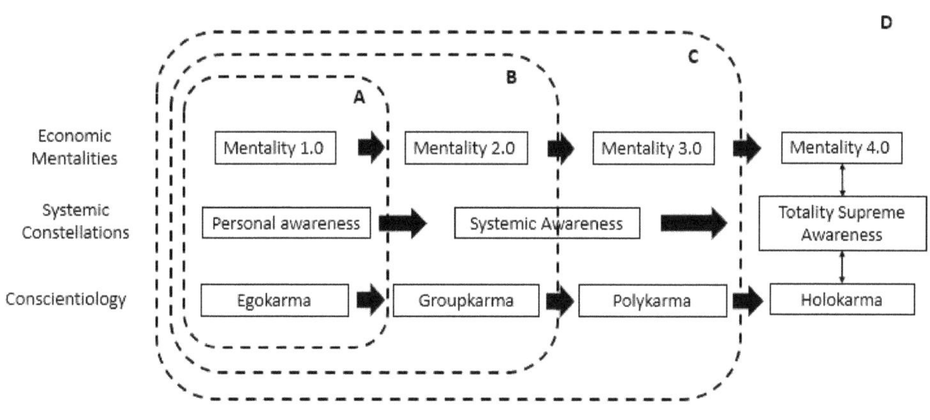

Figure 6. Comparative scheme of Awareness Levels presented by the theoretical constructs of Economic Mentalities, Systemic Constellations and Conscientiology. **A**) Awareness of one's own individual needs. **B**) Awareness of the group's needs. **C**) Awareness of the others' needs. **D**) Simultaneous awareness of the needs of individuals, family groups and all other beings.

As indicated in Figure 6, it is possible to draw comparisons between these 3 study strands. Patterns of awareness according to the needs and demands of intraphysical and extraphysical life were proposed. The most common, basic and easily recognizable type of awareness is the perception of organic, intraphysical or egokarmic existence from which Economic Mentality 1.0 emerges. From this mentality emerges economic and social scenarios primarily centered on meeting the demands of survival and social security of the clan or of maintaining personal preferences to the detriment of the needs of other members of the group, commonly found in totalitarian or monarchical regimes.

Individual awareness, as part of a group, perceives the needs of family members or of professional colleagues, users of the same service, neighbors or inhabitants of the same planet. This perception is called systemic awareness in the constellations, and is referred to as groupkarma and polykarma in conscientiology. According to family constellations, systemic awareness acts to maintain and preserve the tradition of family groups. According to Conscientiology, at this stage of awareness the individual free will state is directed to meet the demands of the biological group (groupkarmality) and of evolutionary groups (polykarmality). These concepts correlate, in a way, with Economic Mentalities 2.0 and 3.0, which are the basis of the economic scenarios that emerged in the Industrial Age and in the Technological Age, respectively.

The most compelling convergence is the idea or concept of the 'best for all', presented in these 3 areas of knowledge. According to Economic Mentalities, Mentality 4.0 includes all previous mentalities and coordinates conscious collective action (CCA) with a focus on the 'best for all', maintaining and respecting each previous stage. The Archaic, Total or Supreme Consciousness,, strives for love, promoting inclusion of the excluded, restoration of the hierarchical order and compensations when there were imbalances between giving and receiving. According to Conscientiology, holokarma includes egokarma, groupkarma and polykarma, within the principles of cause and effect, operating in conscientia evolution. Holokarmality is the experience of cosmoethics, which has as a principle "that the best happens for all." This principle is the unprecedented contribution to the economic scenarios that are being constructed in the present-future that we are living in now.

3.1. Economic Mentalities and Orders of Love

The important thing is to not stop questioning;
curiosity has its own reason for existing.
Albert Einstein

Systemic Constellation is an approach by Phenomenological Systemic Psychotherapy, which seeks to diagnose and solve problems and conflicts in interpersonal relationships in human, family or business groups (GARLET, 2016). The

"Human Relationship Orders", is a set of natural laws that govern social systems, and when applied in companies, this method allows the organization to become aware of the group's soul movement and, thus, propose prototype solutions to problems and strategies in order to maximize their potentials and talents, according to the laws of belonging, hierarchy and the balance of all company members.

> When there is a movement of refusal to remember with gratitude the paths taken by a company, since its inception, the system seeking the recognition of all who belonged, ends up creating symptoms, and difficulties, to secure the place of those who are being neglected. Looking at the symptoms and honoring the "forgotten" is the way back to a more fluid situation (GARLET, 2017, p.4).

Systemic constellations applied to business organizations have been pursued to aid in understanding and meeting internal needs, and then turning to the market and serving their customers. Therefore, from this therapeutic approach applied to companies and organizations emerged the idea of comparing or comparatively analyzing the Economic Mentalities and the Systemic Orders of Human Relationships.

Economic Mentality 1.0, from the perspective of family constellations, seems to be correlated with the fundamental right to belong to the group (Figure 6). Everyone has the same right to belong to the group once the bonds have been formed at conception, in the case of families, or by the hiring process (formal or informal) in companies. Those who belong are not allowed to exclude others. Personal awareness when focused on the struggle for survival and safety, predominant in Mentality 1.0, may paradoxically exclude someone in favor of their own survival in the group.

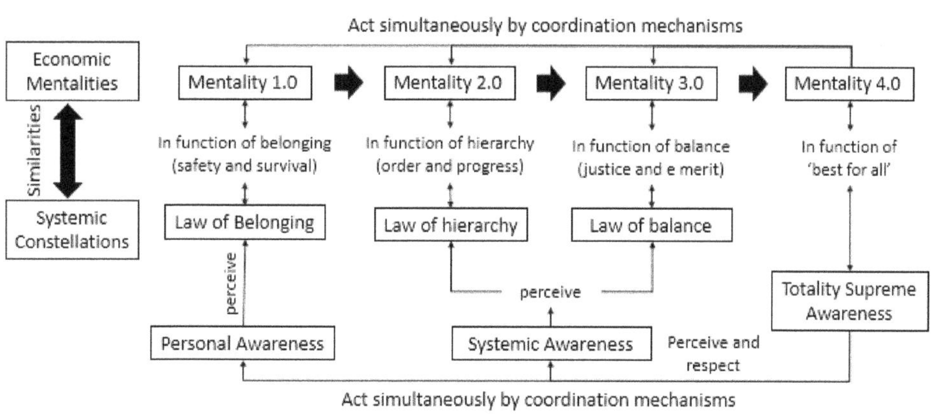

Figure 7. Scheme of comparisons between Economic Mentalities and Systemic Constellations. Both seem to be in function of meeting universal human needs, according to the criteria of security and survival, order and growth, and the balance between the exchange of giving and receiving. In both systems, there is a force or a movement that watches over all.

Economic Mentalities 2.0 and 3.0, from the point of view of family constellations, seem to be related to the regulation of attending to the group's systemic needs. Thus, respect for hierarchy, that is, respect for the order established by the group´s ancestors and the care and parsimony between the exchange of giving and receiving, keeps the groups in harmony. The exclusive focus on Systemic Awareness, with its partial view and being favorable to its own group, can lead to actions contrary to the laws of belonging, hierarchy and balance, victimizing some members of the group. In these cases, the Archaic, Supreme or Total Awareness acts in order to watch out for all in an integral way, forcing reintegration of those excluded; hierarchy restoration and compensations in the affective relationships of this group. This process transcends generations, and members of future generations may be committed to the consequences of actions by their ancestors.

Economic Mentality 4.0 comes close to the idea of what Archaic, Supreme or Total Awareness would be in family systems. This force acts in groups in the same way as the force of gravity in favor of the laws of belonging, hierarchy and balance, causing members of the groups to move, that is, take charge of their destinies in a way that the best happens for all. Both Archaic Awareness and Mentality 4.0 have as their basic function or are driven to meet the need of the best for all.

3.2. Economic Mentalities and Conscientiology

Socioeconomic scenarios arise from personal mentalities or paradigms. The conscientiality levels of egokarma, groupkarma, polykarma, and holokarma appear to correlate with Economic Mentalities 1.0, 2.0, 3.0 and 4.0, respectively. In pathological scenarios, systemic disconnections are evidenced by the imbalance between consumption and natural resource reserves, between the percentage distribution of the richest and poorest incomes, and between consumption and well-being. The way to solve this array of systemic disconnections of social, economic and cultural structures requires a transformative mindset that interacts with the matrix, or source, in which each one operates (SHARMER, 2014). The source or driving force is the reason for the consciousness' action.

What is the consciousness' motivation? Is it in order to attend the egokarma, groupkarma, polykarma or holokarma? Diagnosing the source (the reason) that maintains these scenarios requires the identification of the place (condition) from which the person acts, whether it is the projective self or the experiential self (SHARMER, 2014). The Theory U methodology is a tool for self-diagnosing the blind spot, from which one operate's (SHARMER, 2010). Projectiology, conscientiometry and conscientiotherapy are Conscientiology specialties that provide techniques and tools for self-knowledge, self-diagnosis and personal development. Another point of similarity is the concept of inversion. Conscientiology also proposed the Existential Inversion Technique (VIEIRA, 2012). In the following Figure 8, there is a summary description of Theory U, which is based on the term 'inversion' and 7 steps. Both, Theory U and the Existential Inversion Technique, seek awareness of the place from which the consciousness acts, that is, self-perception of one's own motivations, and thus to invert reactive actions by conscious collective actions in favor of the best for all.

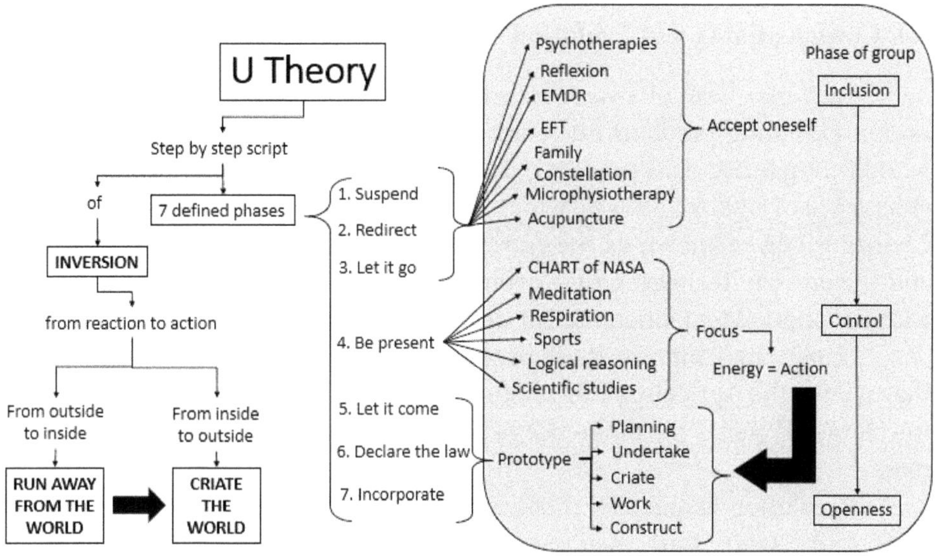

Figure 8. Theory U. Schematic representation of the journey U script, from known to unknown. In the above table, the author's experiences in each phase of the U journey are proposed, from psychotherapeutic techniques to support the challenges of personal beliefs (KNAKIEVICZ, 2015), to studies of the functioning of groups (SCHUTZ, 1989) and everyday experiences.

3.3. Systemic Constellations and Conscientiology

Systemic constellations and Conscientiology are similar in adopting a systemic-phenomenological method of soul (psychic) dimension, considering equally important the knowledge coming from conventional science and from spirituality. Their proposals differ in relation to the scientific paradigm. Family constellations consist of a systemic therapeutic method, while Conscientiology is a neo-science, with an unprecedented, novel conceptual *corpus* and paradigmatic assumptions. Conscientiology is more comprehensive than Family Constellations, as it studies the groups' parapsychic dynamics, promotes individual self-research in thematic laboratories and parapsychic group research, produces publications of articles, books and treatises on conscientiality, parapsychism, projectibility, conscientiometry and cosmoethicology. Conscientiology consists of several research specialties.

Family Constellations contribute to the understanding of the processes of groupkarmic prisons and the necessary movement of liberation from such processes, through conscious actions of groupkarmic recomposition. However, the concept of holokarmality, seriality, cosmoethics, multidimensionality, holomaturity and evolutionary intelligence complement and clarify the concept of Archaic, Total or Supreme Awareness proposed by Systemic Constellations, without leaving gaps or resorting to mysticism or religion.

3.4. Conscientiality and Evolution

Each new level of awareness adds more information, needs and challenges, not excluding previous ones, bringing a new level of understanding to the world's complexity. This process of increasing complexity seems to promote the emergence of civilizing waves, which erupt from time to time. It is likely that the Civilizing Waves known as the Agricultural Revolution, Industrial Revolution, and the current Technological Revolution (TOFFLER, 2012) may be correlated with Economic Mentalities 1.0, 2.0, and 3.0, respectively.

If new civilizing waves are promoted by an evolutionary process, why are they named the Agricultural Revolution, Industrial Revolution and Technological Revolution? What´s the difference between revolutionary or evolutionary movements?

Revolution is made by those who reject the path that was previously taken (GASA, 2009). Thus, they seek to return to the starting point, because they do not accept reality as it is. In refusing what has been experienced, they deny experience. Revolution is a process of rejection and segregation. It is an attempt to revoke reality, whatever it may be, and is an act of cowardice. In revolution it is enough to reject what exists, and what happened in the remote or recent past.

Evolution is more complex than revolution (GASA, 2009). Evolution means moving forward, with reality as it is, changing what it is possible to change, in the here and now. The evolutionary process does not reject and deny past mistakes, but admits and accepts them, and is based on courage. It is synonymous with growth, development, aggrandizement and prosperity. It accepts and welcomes the experiences, the pains and the joys exactly as they were. Evolution aggregates and is the result of the law of the order of life.

The Agricultural Civilizing Wave, which provides the necessary resources for the organic survival of man, can be described by revolutionary or evolutionary means. It can be said that the Agricultural Revolution is based on the domination of territory and the subjugation of the laws of nature through the force of technology (2nd wave due to the supremacy of the 1st wave). According to this line of progression, humanity has no choice but to conquer space in search of territories, minerals and other resources to be explored.

Whereas the Agricultural Evolution is based on the coproduction of resources through the improvement and efficiency of its natural processes. Examples of such processes are: vertical gardens, the transformation of deserts into oases, as well as wind, solar and tidal energy production. In this case, the hierarchical order is respected and honored because technology (2nd wave) is in the service of expanding, supporting, respecting and not subjugating the natural resources (1st wave).

According to Toffler, in the future people will be increasingly skeptical, as decision-making will be based on analyses of several levels of perception. Thus, technological and scientific advances bring with it the price of responsibility. Such a price can be described as the "shock of the future", involving the perception of the need to make conscious decisions and the demand for necessary competencies to make them (TOFFLER, 2012), fostering the search for conscious collective action (SHARMER, 2014).

In conservative societies or groups that are resistant to change, every new civilizing wave can be felt in a dramatic way. Then, these groups experience the Age of Destabilization, characterized by the state of organized irresponsibility, which collectively generate results that no one wants (SHARMAR, 2014). However, the transition between the old and well-known civilization and the new, unprecedented and unknown civilization that emerges can be a troubling or exciting period, depending on the average personal mindset of each community. One way to go through this structural change, according to Otto Sharmer (2014) is to be aware of the inner place from which one is acting. This demand, for being aware of the place from which one is acting, has already mobilized humanity, so it is possible to glimpse the preamble of a new civilizing wave, the Age of Consciential Evolution.

4.CONCLUSIONS

In addition to the physical forces that rule and coordinate matter, there is evidence of the existence of laws or forces from the psychic (soul) dimension that act on human societies. These laws are perceived when observing family life, in the corporate structure and in world economic scenarios, and appear to be correlated with the consciousness' motivations.

The three approaches, Economic Mentalities, Family Constellations and Conscientiology resemble each other since they present systemic-phenomenological and projective study methods of the human's psychic (soul) nature and because they propose progressive awareness levels of individual, family, community and cosmic needs, however, only conscientiology proposes that the consciousness exists independently of matter.

In terms of resemblance, I conclude that Mentality 4.0 and the archaic consciousness are expressions of Evolutionary Intelligence, which is more than the sum of the learning that results from the demands of maintaining a healthy soma - physiological intelligence; of belonging to social groups – emotional intelligence; and satisfying one's curiosity when faced with the unprecedented – logical-rational intelligence (Figure 9). Evolutionary intelligence seems to correlate with one's psychic (soul) experience and learning, which has been described and disseminated by Family Constellations and by the Conscientiology neo-science in a broad and religious-free way.

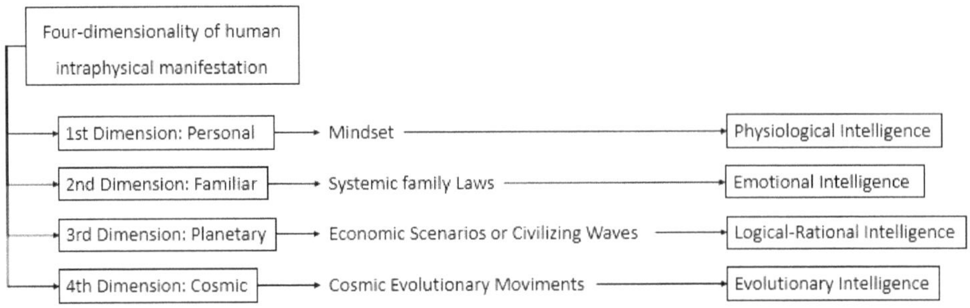

Figure 9. Four-dimensionality of intraphysical human manifestation. The manifestation of human consciousness is the simultaneous expression of the personal mindset (depends on organic health), under the pressure of family systemic laws (depends on social interaction), and collectively created economic scenarios (depends on the techno-scientific culture). These processes are systemic, dynamic and inclusive, and from them one can infer about Evolutionary Intelligence.

These 3 areas of knowledge, Economic Mentalities, Systemic Constellations, and Conscientiology, share similar constructs, "shock of the future," "having a reason or having a cure" and the "principle of disbelief", respectively, which seem to have the purpose of prophylaxis against convenient truths (or personal beliefs) before the facts; and highlight the importance of research and reflection in each situation and context.

Each new cycle of awareness does not exclude previous ones, but adds more information, more knowledge and perceptions, and consequently new demands and challenges. The evolutionary movement aggregates and includes new levels of awareness, and thus new cultural and socio-economic scenarios emerge. The need to be conscious can mobilize the emergence of a new Civilizing Wave, the Age of Conscientia1 Evolution.

5.REFERENCES

COVEY. Stephen R. Os Sete hábitos das pessoas altamente eficazes. 7th ed. São Paulo: Editora Best Seller, 2004.

DIÓGENES JÚNIOR, José Eliaci Nogueira. Gerações ou dimensões dos direitos fundamentais? In: Âmbito Jurídico, Rio Grande, XV, n. 100, May 2012. Available at:<http://www.ambitojuridico.com.br/site/?n_link=revista_artigos_leitura&artigo_id=11750>. Accessed on 22 Jul. 2018.

GARLET, Ana. Constelações Organizacionais – a aplicação das Leis de Bert Hellinger no âmbito empresarial. Site Ipê Roxo Instituto de Desenvolvimento Humano. Published on 3 Nov 2016. Available at: <https://iperoxo.com/2016/11/03/constelacoes-organizacionais-a-aplicacao-das-leis-de-bert-hellinger-no-ambito-empresarial/>, Accessed on 25 Oct. 2017.

GASA, Guilherme. Revolução x Evolução. Blog Espaço Emprestado. Available at: <http://espacoemprestado.blogspot.com.br/2009/03/revolucao-x-evolucao.html>, Accessed on 10 Oct 2016.

HELLINGER, Bert. SCHNEIDER Jakob Robert. A prática das constelações familiares /; translation by Newton A. Queiroz. – Patos de Minas: Atman, 2007.

HELLINGER, Bert; WEBER, Gunthard; BEAUMONT, Hunter. A simetria oculta do amor. Por que o amor faz os relacionamentos darem certo. Translation by Gilson César Cardoso de Sousa. Editora Cultrix: São Paulo. Edição eletrônica. 2008 –

KNAKIEVICZ, Tanise. Cognitive Structure of Beliefs and Habits: How to Challenge Them? Open Access Library Journal, 2: e2170, Dec. 2015. Available at: <http://www.oalib.com/articles/3153601#.Vp5lsOgrLcc>. Accessed on: 20 Jan. 2016.

PESTANA, Barbara Mota. Direitos fundamentais: origem, dimensões e características. Conteudo Juridico, Brasilia-DF: 17 Oct. 2017. Available at: <http://www.conteudojuridico.com.br/?artigos&ver=2.589755&seo=1>. Accessed on: 22 Jul. 2018.

RAMACHANDRAN, V.S. O que o Cérebro tem para Contar: Desvendando os mistérios da natureza humana. Tradução Maria Luiza X. de A. Borges. Rio de Janeiro: Zahar, 2014.

REDAÇÃO GALILEU. Ligação de neurônios no cérebro pode chegar até 11 dimensões. Revista Galileu eletrônica. Published on 13/06/2017. Available at: <http://revistagalileu.globo.com/Ciencia/noticia/2017/06/ligacao-de-neuronios-no-cerebro-pode-chegar-ate-11-dimensoes.html>. Accessed on: 14 Jul. 2017.

SCHUTZ, William C.; Profunda Simplicidade – Uma nova consciência do eu interior. 1989. São Paulo: Ágora.

SHARMER, C. Otto. Liderar a partir do Futuro que Emerge. A evolução do Sistema Econômico ego-cêntrico para o eco-cêntrico. Rio de Janeiro: Elsevier, 2014. 302 p.

SHARMER, C. Otto. Teoria U: como liderar pela percepção e realização do futuro que emerge. Rio de Janeiro: Elsevier, 2010. 403 p.

SUPER INTERESSANTE. A quarta dimensão que ninguém enxerga. Artigo do professor Luiz Barco analisa os conceitos de dimensão e fala da geometria quadridimensional, desenvolvida pelo matemático Barnhard Riemann. Published on 31 Oct 2016. Available at: https://super.abril.com.br/ciencia/a-quarta-dimensao-que-ninguem-enxerga/. Accessed on 27 March 2018.

TOFFLER, A. A terceira onda. Tradução de João Távora Rio de Janeiro: Editora Record, 2012. 491 p.

VIEIRA, Waldo. A base da conscienciologia. Enciclopédia da Conscienciologia on line, Foz do Iguaçu, PR, 2015. Available at: <http://www.tertuliaconscienciologia.org> Accessed on: 17 Apr. 2015.

VIEIRA, Waldo. Complexidade da conscienciologia. Enciclopédia da Conscienciologia on line, Foz do Iguaçu, PR, 2015. Available at: <http://www.tertuliaconscienciologia.org> Accessed on: 17 Apr. 2015.

VIEIRA, Waldo. Incompatibilidade da Conscienciologia. Enciclopédia da Conscienciologia on line, Foz do Iguaçu, PR, 2015. Available at: <http://www.tertuliaconscienciologia.org> Accessed on: 17 Apr. 2015.

VIEIRA, Waldo, O que é a Conscienciologia [livro eletrônico]. Waldo Vieira. - 4th. ed. - Foz do Iguaçu: Associação Internacional, Editares, 2012. 184 p.

Tanise Knakievicz is a university teacher. She has a PhD in Celular Biology, masters in Genetics, baccalaureate in Biological Sciences (UFRGS), post-doctorate in Science Teaching (UNIOESTE) and specialisation in Group Dynamics (SBDG). She was a volunteer at the Holotheca (CEAEC) from 2010 to 2015, in Foz do Iguaçu.

Translation: Oscar Kenji Nihei.
Revision: Jacklyn Cowen.

ANÁLISE COMPARATIVA ENTRE AS METODOLOGIAS DE PESQUISA NA PSICOLOGIA E NA CONSCIENCIOLOGIA SOBRE SÍNDROME DO IMPOSTOR

Adriana Kauati

Resumo: Este artigo traz uma análise sobre como um mesmo objeto de estudo, no caso a Síndrome do Impostor, tem metodologias de pesquisa diferentes na Psicologia e na Conscienciologia, mesmo se tratando de pesquisa da consciência. Mostra, entre as diferenças, que o principal é o foco da pesquisa, pois enquanto na Psicologia as pesquisas são muitas vezes epidemiológicas, na Conscienciologia o foco é no próprio pesquisador. Além das diferenças, este artigo analisa também as similitudes, tais como a relevância da pesquisa bibliográfica, e o emprego de instrumentos de avaliação. Finaliza mostrando o uso dos resultados de pesquisas epidemiológicas da Síndrome do Impostor no processo de pesquisar a si mesmo, evidenciando a possibilidade, na prática, da utilização dos conhecimentos de mesma temática em paradigmas diferentes.
Palavras-chave: Psicologia, Conscienciologia, Metodologia, Síndrome do Impostor.

INTRODUÇÃO

> A Psicologia "é uma ciência que estuda a conduta humana, as condições do desenvolvimento psíquico da pessoa e as modalidades de vida nas diferentes situações sociais, sobre as quais influem, mesmo que em medidas variáveis, aspectos econômicos e valores culturais próprios de cada civilização". (De beni, Bommassar & Grossele, 2004, p. 14)

Delimitação. Delimitar exatamente o que consideraremos como a ciência Psicologia neste artigo é muito difícil, pois existem diversas teorias muito diferentes, mas como este estudo irá se ater à Síndrome do Impostor, iremos analisar o modo como esta psicopatologia é estudada, sem uma análise das diversas escolas da Psicologia.

Complexidade. Dittrich *et al.* (2009) discorrem no artigo que já seria objeto de estudo da própria Psicologia a relação de conhecimento entre o cientista e o objeto a ser pesquisado e que, no caso dessa ciência complexa, já seria uma análise interessante a relação dos cientistas das diferentes escolas com a temática

Síndrome do Impostor. Isso demonstra o quão complexa é a temática explorada neste artigo que visa comparar as metodologias de pesquisa na Psicologia e na Conscienciologia com o mesmo objeto de estudo, a Síndrome do Impostor.

Positivismo. Os artigos da Psicologia, analisados neste trabalho, relacionados à Síndrome do Impostor, seguem uma linha positivista, na qual a observação é uma exigência (Dittrich *et al.* 2009). A linha positivista utiliza-se de pesquisas quantitativas para obter dados quantificáveis de modo objetivo, expressos numericamente através de modelos estatísticos, físicos e matemáticos (Córdula, 2015), presentes em artigos epidemiológicos, por exemplo.

Conscienciologia. A outra ciência a ser estudada neste artigo é a Conscienciologia, Ciência aplicada ao estudo da consciência de modo abrangente, integral, multidisciplinar, multicultural e multitemporal; considerando várias dimensões, várias existências nesta dimensão e as interações com as energias, além dos diversos estados de manifestação (Vieira, 2013, p. 3.275).

Consciência. Neste artigo o termo consciência é sinônimo de ser, alma, ou seja, o princípio inteligente, o indivíduo. Será analisada a pesquisa sobre a mesma temática, no caso a Síndrome do Impostor, na Conscienciologia e na Psicologia, que têm métodos diferentes para estudar a consciência, o ser humano.

Estrutura. O artigo inicia com as diferenças e similitudes entre as pesquisas realizadas na Psicologia e na Conscienciologia, segue com a análise específica da temática Síndrome do Impostor e finaliza com a seção Discussão e Conclusões.

Método. A pesquisa deste trabalho foi realizada através da análise de artigos e livros sobre Síndrome do Impostor nas duas ciências, Psicologia e Conscienciologia, além de referências bibliográficas.

1. DIFERENÇAS E SIMILITUDES

1.1. Diferenças

Objeto. No paradigma consciencial (Zaslavsky, 2013, p. 28), o principal foco de pesquisa é o próprio pesquisador para ampliar a percepção da realidade e otimizar a evolução conscientemente (Ribeiro, 2010, p. 26), o que difere da Psicologia, cujo objeto de estudo não é o próprio pesquisador. Essa diferença levou à necessidade de introduzir um novo conceito, a autocientificidade, existente na Conscienciologia, mas não na Psicologia.

> A autocientificidade é a qualidade do autoconhecimento e do modo sistemático e teático de adquiri-lo, sem crenças ou dogmatismos, obtido pela investigação contínua da própria consciência, com enfoque multidimensional, multiveicular, multiexistencial, cosmoético e pró-evolutivo, utilizando técnicas autopesquisísticas e conscienciométricas com rigor metodológico. (Kauati, 2012, p. 1364)

Quantidade. O objeto de pesquisa ser o próprio pesquisador leva a outro diferencial, o número de indivíduos participantes do estudo. Enquanto é comum na Psicologia o estudo com vários voluntários e apresentação de resultados em termos estatísticos, na Conscienciologia o estudo com *n* maior que 1 é mais raro.

Estatística. A estatística na Conscienciologia não é desprezada, mas é recomendada mais como fator motivacional, como visto no verbete *Estatística Motivadora* (Vieira, 2013b), não sendo comum as pesquisas epidemiológicas. Um raro exemplo é a pesquisa sobre TENEPES realizada *on line* (Habib, 2011).

Diferença. Essa diferença de quantidade de indivíduos leva sempre ao questionamento quanto à cientificidade da pesquisa, mas enfatiza-se que na Conscienciologia a autocientificidade é um fator primordial, pois o objetivo principal dessa ciência é a evolução pessoal.

Parapsiquismo. Outro ponto importante na autocientificidade é o parapsiquismo (ver Kauati, 2015, p. 8 a 12), pois como o paradigma consciencial tem uma das bases na existência de outras dimensões, alguns dados de autopesquisa podem ser provenientes da percepção parapsíquica. O parapsiquismo não envolve somente a comunição com consciências de outra dimensão, mas também a percepção das energias provenientes de outros seres e dos ambientes. Já na Psicologia, não foi encontrada produção científica em que os dados utilizados tenham sidos oriundos de percepção parapsíquica. É válido ressaltar que não está sendo abordada a pesquisa sobre a existência, ou não, de fenômenos parapsíquicos, mas sim a utilização de informações provenientes das percepções parapsíquicas na pesquisa.

Validação. Um dos grandes desafios da Conscienciologia é a validação dos dados, principalmente os de origem parapsíquica, entretanto enfatiza-se que o mais importante é a autovalidação. Autovalidação não significa falta de cientificidade, mas sim que as comparações são realizadas consigo mesmo para analisar se está havendo uma evolução da sua própria condição. Nesse caso, o caráter científico está nos instrumentos de medida e nas técnicas utilizadas.

Instrumentos. Dentre os intrumentos de medida utilizados na Conscienciologia, o Conscienciograma (Vieira, 1996) é um dos maiores, com 2.000 perguntas para análise da consciência.

Técnicas. Carvalho *et al.* (2018) apresentam um visão panorâmica das publicações sobre técnicas da Conscienciologia, das quais destaca-se o livro 700 Experimentos da Conscienciologia (Vieira, 1994) e a Enciclopédia da Conscienciologia (Vieira, 2013), com diversas técnicas descritas.

Serialidade. Outro diferencial importante entre os paradigmas dessas ciências, é o enfoque de múltiplas existências da consciência, nesta dimensão, na Conscienciologia, enquanto não foi encontrada nenhuma menção sobre outras vidas na pesquisa sobre Síndrome do Impostor na Psicologia. No artigo Método de Autopesquisa de Personalidade Consecutiva (Kauati, 2015, p. 69 a 82), a autora mostra um método de pesquisa para identificação de existência pretérita nesta dimensão, porém partindo do princípio que há vidas passadas, diferentemente de pesquisas como a do psiquiatra Ian Stevenson (American Society for Psychical Research. Twenty Cases Suggestive of Reincarnation, 1966), que visam comprovar se há a serialidade existencial nesta dimensão embasadas em pesquisas de terceiros e não na do próprio autor. Ressalta-se ainda que nesse caso os dados são embasados na memória e em marcas de nascença no corpo dos indivíduos, ou seja, não há dado proveniente de fenômenos parapsíquicos.

1.2. Similitudes

Similitudes. Por se tratar de ciências que pesquisam a consciência, há também similitudes nas metodologias de pesquisa, das quais destacam-se: (1) Pesquisa bibliográfica; (2) Instrumentos de avaliação; (3) Técnicas; e (4) Confidencialidade.

Bibliografia. Todo trabalho científico inicia pela pesquisa bibliográfica, pois desse modo é possível aproveitar conhecimentos preexistentes com intuito de acrescentar algo de novo. Mas apesar de haver essa similitude nas duas ciências aqui abordadas, na Conscienciologia a pesquisa bibliográfica não se restringe somente a material científico dessa ciência. Ela busca em outras ciências e, também, em jornais e revistas não científicos. Essa técnica de pesquisa denomina-se Cosmograma e tem o intuito de analisar fatos ocorridos neste Planeta.

> A *técnica do cosmograma* é conjunto de procedimentos rotineiros de leitura, seleção e análise de matérias publicadas na mídia nacional e internacional, de todas as inclinações político-partidárias, e posterior classificação e arquivamento segundo o fato central exposto (materpensene), de acordo com os princípios multidimensionais da Conscienciologia, objetivando a longo prazo alcançar a cosmovisão do holopensene humano e das realidades do Universo, pelo exercício da associação máxima de ideias, da autocriticidade cosmoética e da interassistencialidade pessoal. (Belo, 2015)

Instrumentos. Instrumentos de avaliação são necessários para qualquer ciência, mas como o resultado do enfoque principal na Conscienciologia é a autopesquisa e na Psicologia, a heteropesquisa (pesquisa de terceiros), estes são aplicados de modo diferente. Enquanto no paradigma consciencial o importante é autoavaliação, os instrumentos são autoaplicáveis e facilmente adquiridos, o já citado neste artigo, o Conscienciograma (Vieira,1996) é um deles. Já na Psicologia não é incentivado a autoaplicação sem ser acompanhado por um profissional, por exemplo, o Inventário de Ansiedade de Beck (Cunha, 2001) não está disponível amplamente para qualquer pessoa utilizar.

Técnicas. As técnicas são o que embasam as ciências. Assim, tanto na Psicologia quanto na Conscienciologia há técnicas, por exemplo, na Terapia Cognitiva Comportamental há a técnica AWARE (Beck & Emery, 1985, apud Beck, 2013, p. 219) para responder a pensamentos automáticos que consiste de: aceitação (A – Acknowledge), observação (W – Watch), ação (A – Act), repetição (R – Repeat) e espera (E –Expect). Na Conscienciologia, um exemplo de técnica é a MBE (Mobilização Básica das Energias) que pode ser realizada seguindo as seguintes etapas: 1. Circulação de energias ao longo do corpo em circuito fechado fluindo a energia dos pés à cabeça e voltando da cabeça aos pés. 2. Exteriorização de energias por todo o holossoma. 3. Absorção de energias por todo o holossoma.

Confidencialidade. Um ponto importante a destacar no caso de pesquisa da consciência é a confidencialidade das informações, pois em qualquer paradigma isso visa proteger o indivíduo objeto de estudo. No caso da Conscienciologia, mesmo sendo autopesquisa, é necessário o cuidado na publicação de dados que envolvam terceiros e de informações pessoais que possam ser utilizadas contra o autopesquisador. Além disso, o nível de exposição nas publicações da autopesquisa depende do quanto o cientista possui condições de lidar com as críticas, que podem ser pessoais neste caso.

2. Pesquisa do tema Síndrome do Impostor

Original. Clance & Imes (1978, p. 241) definiram originalmente o termo Síndrome do Impostor (nos artigos científicos de língua inglesa o termo utilizado é *Impostor Phenomenon*) para designar uma experiência interna em indivíduos intelectuais, que parecia ser particularmente prevalente e intensa em mulheres de alto desempenho.

Evolução. O conhecimento sobre essa psicopatologia evoluiu ao longo dos anos de pesquisa e a definição anteriormente colocada não é mais adequada, pois segundo Harvey e Katz (1984) incide em homens e mulheres, jovens e idosos e membros de qualquer raça.

Definição. Sustentada pelas pesquisas na Psicologia e na autopesquisa, Kauati (2012, p. 1364) definiu esta síndrome na Conscienciologia do seguinte modo:

> A Síndrome do Impostor é a condição da conscin[1], homem ou mulher, considerar-se não merecedora do sucesso, por imaginar-se aquém da capacidade de realização, sem assumir os trafores, em oposição aos fatos e às percepções de outras consciências, vivendo o medo fantasioso da descoberta de imerecidas conquistas conscienciais.

1 Conscin (Consciência Intrafísica) é a personalidade humana.

Interparadigmática. Este é um caso da extrapolação interparadigmática, pois conceitos e técnicas de uma ciência de determinado paradigma, Psicologia, foram utilizados na pesquisa em outro paradigma, Conscienciologia (Kauati, 2016, p. 14). Na definição em si, além dos neologismos, não há grandes diferenças, é no modo de estudá-la que se encontram as desigualdades.

Estatística. Analisando o caso da pesquisa da Síndrome do Impostor, destacam-se na Psicologia dados estatísticos e a heteropesquisa, buscando compreender o funcionamento da psicopatologia em grupos de pessoas. Por exemplo, Chrisman *et al* (1995) validou a escala de Clance para Síndrome do Impostor (*Clance Impostor Phenomenon Scale*) utilizando um estudo com 269 indivíduos. Outro trabalho encontrado é de Holmes *et al* (1993) que utiliza 62 indivíduos para comparar as escalas de síndrome do impostor de Clance e de Harvey, cujos resultados sugerem ser a de Clance mais sensível e confiável.

Autoestima. Outro trabalho encontrado na literatura foi a de Cozzarelli & Major (1990), um estudo comparando um grupo de estudantes com *Síndrome do Impostor* e outro sem a psicopatologia separados de acordo com a escala de Clance. Os voluntários preencheram também o Inventário de Autoestima de Rosenberg (*Rosenberg Self-Esteem Inventory*), Questionário Pré-triagem de Otimismo-Pessimismo (OPPQ – *Optimism-Pessimism Prescreening Questionnaire*) e 16 itens de medida do estado de autoestima. Os autores concluíram que os estudantes com *Síndrome do Impostor* apresentaram mais ansiedade antes de provas na faculdade do que os não portadores, apesar de terem o mesmo histórico acadêmico. Em caso de fracasso em exames, o grupo da *Síndrome do Impostor* se sentiu pior que o outro grupo. Mas não apresentaram diferenças na autoestima em caso de sucesso.

Relações. Já Ross & Krukowski (2003) estudaram a relação entre a Síndrome do Impostor e transtornos de personalidade, segundo DSM-III-R encontrando relação positiva com as características da Personalidade Esquiva e Dependente. Corroborando com Clance & Imes (1978) que os sentimentos de autoeficácia dependem muito da avaliação dos outros de suas habilidades e valor.

Imposturismo. Um estudo amplo, com base em diversos artigos sobre a Síndrome do Impostor, foi realizado (Sakulku & Alexander, 2011). Os trabalhos analisados demonstram que a família enviar sinais confusos ou invalidativos de realizações pode ser fator predisponente da patologia. Os autores concluíram que há efeitos negativos da síndrome na saúde psicológica e no bem-estar da pessoa.

Enfoque. Os diversos trabalhos encontrados na literatura da ciência Psicologia são heteropesquisas, em geral visando traçar as características da Síndrome do Impostor na população, bem como as possíveis origens, para um maior entendimento desta psicopatologia. Para atingir tais objetivos os estudos são realizados com um grande número de voluntários na tentativa de analisar o comportamento populacional e não as características personalíssimas de cada indivíduo.

Individual. Em contrapartida, no paradigma da ciência Conscienciologia, as publicações são embasadas na experiência pessoal. No caso dessa psicopatologia, só foi encontrada publicação de uma pesquisadora, fato que muitas vezes ocorre no início de uma pesquisa em uma temática nova. Apesar da Síndrome do Impostor ser conhecida na Psicologia desde a publicação de Pauline R. Clance e Suzanne A. Imes (1978) ainda é pouco estudada e, menos ainda, na Conscienciologia devido ao caráter autopesquisístico.

Autopesquisas. Entretanto, há outras síndromes estudadas na Conscienciologia, das quais citam-se as com livros específicos sobre a temática: Síndrome do Ostracismo[2] (Haymann, 2011) e Síndrome do Estrangeiro[3] (Balona, 2006).

Utilidade. Os dados para pesquisa com muitos indíviduos são úteis também na autopesquisa. Pesquisa de King & Cooley (1995), com 127 voluntários, 75 mulheres e 52 homens concluíram que a maior pontuação Escala do Ambiente Familiar foi associada em níveis mais elevados da Síndrome do Impostor e mais tempo gasto em esforços acadêmicos para as mulheres. Outra pesquisa, a de Clance & Imes (1978), com 178 indivíduos, concluíram que as mulheres com sentimento de impostura estavam divididas em dois grupos, um em que a família as consideravam brilhantes e outro em que a família as consideravam sensíveis e charmosas, sendo que no primeiro grupo as mulheres descobriam não ser tão inteligentes e as do segundo grupo tentavam provar que eram mais do que somente sensíveis e charmosas. Esses dados podem levar o autopesquisador à reflexão sobre a sua própria família e avaliar a sua casuística pessoal.

Cultura. Seguindo a linha do uso de pesquisas com vários indivíduos serem úteis à autopesquisa, os resultados de O'Connor (2010) foram utilizados na autopesquisa. O´Connor (2010) avaliou 29 trabalhos relacionando perfeccionismo e suicídio concluindo que há evidências consideráveis de que a avaliação autocrítica que diz respeito ao perfeccionismo (ou seja, o perfeccionismo socialmente prescrito, a autocrítica, a preocupação com os erros e as dúvidas sobre a ação) está correlacionado com a tendência suicida. Assim, a autora levantou a hipótese da influência da cultura nipônica no desenvolvimento da Síndrome do Impostor, visto que o perfeccionismo está presente nesta cultura e a autocrítica exacerbada na síndrome estudada.

Academia. Outro estudo sobre manifestação da Síndrome do Impostor, temporária ou permanentemente, foi realizada por Laursen (2008) no meio acadêmico, principalmente, entre alunos de pós-graduação, *stricto* e *lato sensu* e também foco de atenção da pesquisadora da Conscienciologia. A observação de fatos ocorridos no meio acadêmico e a autopesquisa da autora corroboram com os

2 "*Síndrome do Ostracismo* é o estado mórbido resultante da perda de algum tipo de poder humano e consequente anonimato, isolamento, exclusão social, desterro político, falência econômica, invisibilidade artística ou destituição científica." (HAYMANN, 2011, p. 21).

3 "*Síndrome do Estrangeiro* é um distúbrio de comportamento, caracterizado por um estado mórbido de alienação, estranheza ao ambiente e/ou a pessoas, inadaptação, melancolia aguda, apatia, depressão, às vezes acompanhada de anorexia, podendo levar à dessoma prematura." (BALONA, 2006, p. 23 e 24).

resultados de Laursen (2008) e o estudo foi publicado no artigo *Síndrome do Impostor e a Vida Acadêmica* (Kauati, 2013).

Casuística. Considerando os artigos supracitados sobre a influência mesológica na Síndrome do Impostor, a autora analisou esta influência em si própria através da seguinte autopesquisa extraída e sintetizada no livro *Síndrome do Impostor: Superação pela Autocientificidade* (Kauati, 2017) :

1. **Objetivo:** Análise da influência mesológica na Síndrome do Impostor.
2. **Hipótese:** A família e o meio acadêmico contribuíram para o desenvolvimento da Síndrome do Impostor
3. **Método:** Análise retrospectiva.
4. **Resultados:** Alta correlação entre os traços relacionados à Síndrome do Impostor, à família japonesa e aos meios militar e acadêmico com os quais conviveu nesta vida.

Parapsiquismo. Além da pesquisa através da análise retrospectiva da autora, também foi utilizado o parapsiquismo para avaliar a necessidade de sofrimento que a Síndrome do Impostor tanto reforça. Segue trecho de um experimento utilizando parapsiquismo para autopesquisa, extraído do mesmo livro (Kauati, 2017, p. 97 e 98):

Casuística. Um exemplo de autopesquisa realizada por esta autora, a fim de compreender a origem religiosa na manifestação pessoal é apresentado, de modo resumido, em 6 etapas:

1. **Objetivo**. Descobrir por que sofre tanto.
2. **Método.** Experimental com uso de MBE (Mobilização Básica das Energias) e técnica da tábula rasa[4].
3. **Experimento.** Realizar MBE e tranquilizar o corpo e a mente. Através da *técnica da tábula rasa*, sem ideias preconcebidas realizar a pergunta, por exemplo: "Por quem eu sofro?". A resposta pode vir de vários modos, como *insights*[5], retrocognições[6], clarividências[7] ou clariaudiências[8].
4. **Resultado.** Visualização da palavra "Jesus" na tela mental e parecer vestir-se como uma freira.

4 *Técnica da tábula rasa* consiste em esvaziar a mente de qualquer ideia preconcebida de modo a facilitar a formação de novas ideias.

5 *Insight* é a ideia nova ou compreensão repentina de algo.

6 *Retrocognição* é o fenômeno que consiste em lembrar algo de vida anterior nesta dimensão ou do período que permaneceu no extrafísico antes de nascer.

7 *Clarividência* é o fenômeno que consiste em ver algo de outra dimensão.

8 *Clariaudiência* é o fenômeno que consiste em ouvir algo de outra dimensão.

Reforço. Na mesma semana, ao relatar o experimento realizado aos conscienciоterapeutas[9], em *set* conscienciоterápico, eles viram freiras consciexes[10]. Além disso, um estudo autobiográfico revelou outros fatos e parafatos[11] reforçando a hipótese de vidas religiosas pregressas.

Multiexistencialidade. O recorte do relato do experimento da autopesquisa mostra um exemplo de como a existência prévia pode ser utilizada na pesquisa da consciência, trazendo informações auxiliares no autodiagnóstico.

Resumo. É válido ressaltar que os experimentos apresentados no livro tiveram por objetivo dar exemplos práticos de como fazer autopesquisa e foi apresentado, de modo resumido, um recorte do processo. Por exemplo, a pesquisa de hipóteses quanto a vidas religiosas pregressas foi realizada por mais de seis anos, com vários experimentos, estudos e desenvolvimento de técnicas de autopesquisa.

Hipóteses. A hipótese da religiosidade ser uma das causas de Síndrome do Impostor foi trazida pela autora devido às suas autopesquisas, reforçada pela ideia de que, em algumas religiões, não é bem visto assumir as qualidades pessoais. Isto é um diferencial da autopesquisa, pois mesmo não tendo estudo epidemiológico ou relatos de casos indicando isso, o autopesquisador através de suas experiências pessoais elabora hipóteses a serem estudadas.

Tabelas. As Tabelas 1 e 2 apresentam resumos das diferenças e similitudes, respectivamente, entre as pesquisas realizadas sobre Síndrome do Impostor na Psicologia e na Conscienciologia.

Tabela 1. Diferenças entre a pesquisa sobre Síndrome do Impostor na Psicologia e na Conscienciologia.

Característica	Conscienciologia	Psicologia
Epidemiologia	Não é usual na Conscienciologia e não foi encontrado artigo epidemiológico sobre a Síndrome do Impostor.	Muitos trabalhos encontrados na literatura.
Foco de pesquisa	O próprio pesquisador.	Terceiros.
Parapsiquismo	Uso de percepções parapsíquicas faz parte do método de autopesquisa.	Não foi encontrado artigo com registro de uso de parapsiquismo pelo pesquisador.
Validação	O próprio pesquisador avalia os resultados da pesquisa.	Validação realizada pelo pesquisador que não está inserido na pesquisa, comparando resultados com grupos de pessoas diferentes.

9 Conscienciоterapeutas são especialistas da ciência Conscienciologia que auxiliam na remissão de algum aspecto psicopatológico da consciência.

10 Consciex (Consciência Extrafísica) são consciências que se manifestam em outra dimensão.

11 Parafatos são fatos que ocorrem em outra dimensão.

Tabela 2. Similitudes entre a pesquisa sobre Síndrome do Impostor na Psicologia e na Conscienciologia.

Características comuns
Confidencialidade sobre terceiros participantes da pesquisa
Revisão bibliográfica
Uso de instrumentos de avaliação
Uso de métodos e técnicas

3. DISCUSSÃO E CONCLUSÕES

Dificultadores. A pesquisa da consciência em qualquer ciência é um grande desafio, principalmente por ser objeto de estudo muito recente das ciências e as técnicas ainda estão sendo elaboradas e testadas.

Complexidade. Além disso, as consciências são complexas, com características individuais especialíssimas, o que dificulta tanto as pesquisas de caráter amostral com quantidade grande de indivíduos na busca por mapear um padrão, quanto nas autopesquisas individuais na tentativa de autocompreender-se e superar as próprias psicopatologias.

Epidemiológicos. Apesar de pesquisas epidemiológicas não serem comuns na Conscienciologia, em função de o foco principal ser a autopesquisa e o fato de existirem poucos casos de um mesmo problema a ser estudado, é inteligente aproveitar os resultados de pesquisas com grande número de pessoas para a autopesquisa. Isso pode ser realizado fazendo autoexperimentos e autoquestionamentos com base nos instrumentos e resultados publicados nos artigos científicos. A ciência cresce justamente através do aproveitamento por parte dos cientistas de pesquisas já realizadas e publicadas.

Aproveitamento. Uma mesma temática pesquisada por ciências diferentes tem similitudes e diferenças. A busca por ideias e o aproveitamento de pesquisas realizadas por outros pesquisadores, em outro paradigma, ampliam a visão de conjunto e ajudam na elaboração de soluções inovadoras.

Autopesquisa. Os resultados obtidos pelas pesquisas acadêmicas com inúmeras pessoas foram considerados por Kauati (2013 e 2017) ao realizar as autopesquisas, desde responder os questionários validados até levar para reflexão os fatores estudados como influenciadores da Síndrome do Impostor.

Continuidade. Uma proposta de aprofundamento deste trabalho é a comparação das metodologias de pesquisa da consciência das diferentes escolas da Psicologia com a Conscienciologia.

Atualmente, no século XXI,** diversas ciências investigam os mesmos objetos de estudo. **Para** ampliar a visão do problema e buscar soluções inovadoras, é **inteligente o pesquisador conhecer diferentes ciências e paradigmas.

Questionamentos. Você já buscou estudar outras ciências diferentes das quais está habituado? Já se utilizou do conhecimento de diversas ciências para solucionar um problema?

REFERÊNCIAS

AMERICAN SOCIETY FOR PSYCHICAL RESEARCH (1996). Twenty Cases Suggestive of Reincarnation. Proceedings of the American Society for Psychical Research. XXVI

BALONA, M. (2006). *Síndrome do Estrangeiro* (3a ed.). Foz do Iguaçu: Editares.

BECK, J. (2013). *Terapia Cognitivo-comportamental: teoria e prática* (2a ed.). Porto Alegre: Artmed.

BELO, A. (2015, dezembro 13). Técnica do Cosmograma [Enciclopédia da Conscienciologia]. Recuperado de <http://www.tertuliaconscienciologia.org/index.php?option=com_docman&task=cat_view&gid=13&dir=ASC&order=name&Itemid=13&limit=20&limitstart=40>.

BONASSI, J. (2003) *Curso Autoconscienciometria.* Rio de Janeiro: Virtual Cons.

CARVALHO, P., KAUATI, A., BRASIL, S., & PIGOZZO, E. (2018). Importância Interassistencial das Técnicas e Paratécnicas nas Pesquisas Conscienciológicas. *Conscientia,* 22(2), 148-156.

CLANCE, P. R. (1886) *The Impostor Phenomenon.* New York: Bantam Book.

CLANCE, P. R., & IMES, S. A. (1978). The Impostor Phenomenon in High–achieving Women: Dynamics and Therapeutic Intervention. *Psychotherapy: Theory, Research and Practice,* 15 (3), 241-247.

CHRISMAN, S., PIEPER, W. A., CLANCE, P. R., HOLLAND, C. L., & GLICKAUF-HUGHES, C. (1995). Validation of the Clance Impostor Phenomenon Scale; *Journal of Personality Assessment,* 65 (3), 456 – 467.

CÓRDULA, E. B. L. (2015). Fenomenologia versus postivismo científico: Metodologias aplicadas às Pesquisas em Comunidades Humanas. *Revista Intersaberes.* 10 (21), 660-675.

COZZARELLI, C., & MAJOR, B. (1990). Exploring the validity of the impostor phenomenon. *Journal of Social and Clinical Psychology,* 9 (4), 401-417.

CUNHA, J. A. (2001). *Manual da Versão em Português das Escalas Beck.* São Paulo: Pearson.

DAOU, D. (2005). *Autoconsciência e Multidimensionalidade.* Foz do Iguaçu: Associação Internacional Editares.

DE BENI, M., BOMMASSAR, R., & GROSSELE, L. (2004). *Psicologia e Sociologia: Curso Introdutório.* São Paulo: PAULUS.

DITTRICH, A., STRAPASSON, B. A., SILVEIRA, J. M., &ABREU, P. R. (2009). Sobre a Observação enquanto Procedimento Metodológico na Análise do Comportamento: Positivismo Lógico, Operacionismo e Behaviorismo Radical. *Psicologia: Teoria e Prática,* 25(2), 179-187.

GLICKAUF-HUGHES, C. (1995). Validation of the Clance Impostor Phenomenon Scale. *Journal of Personality Assessment,* 65 (3), 456-467.

HABIB, I. (2011). Resultados Preliminares da Primeira Pesquisa Online sobre Tenepes, *Conscientia*, 15(2), 279-296.

HAYMANN. M. (2011). *Síndrome do Ostracismo: Mecanismos e Autossuperação*. Foz do Iguaçu: Editares.

HARVEY, J. C.; & KATZ, C. (1984); *If I´m so Successful, Why do I feel Like a Fake? The Impostor Phenomenon*, New York: St. Martin's.

HOLMES, S. W., KERTAY, L., ADAMSON, L. B. , HOLLAND, C. L., & CLANCE, P. R.(1993) Measuring the impostor phenomenon: A comparison of Clance´s IP Scale and Harvey's I-P Scale. *Journal of Personality Assessment*, 60, 48-59.

KAUATI, A. (2013). *Autocientificidade*. In W. Vieira (Org.), *Enciclopédia da Conscienciologia*. (8ª ed., pp. 1.364 a 1.369), Foz do Iguaçu: Associação Internacional do Centro de Altos Estudos da Conscienciologia (CEAEC) & Associação Internacional Editares.

KAUATI, A. (2015). Autopesquisa, Parapsiquismo e Autocientificidade. *Interparadigmas*, 2 (2), 7-20.

KAUATI, A (2013). Síndrome do Impostor e a Vida Acadêmica. *Interparadigmas*, 1 (1), 75 -88.

KAUATI, A. (2013a). Síndrome do Impostor. In: W. Vieira (Org.), Enciclopédia da Conscienciologia. (8ª ed., pp. 9.960 a 9.964), Foz do Iguaçu: Associação Internacional do Centro de Altos Estudos da Conscienciologia (CEAEC) & Associação Internacional Editares.

KAUATI, A.(2015). Método de Autopesquisa de Personalidade Consecutiva. *Interparadigmas*, 3 (3), 69-82.

KAUATI, A. (2016). Autopesquisa Através da Extrapolação Interparadigmática. *Interparadigmas*, 4 (4), 11-21.

KAUATI, A. (2017). *Síndrome do Impostor: Superação pela Autocientificidade*. Foz do Iguaçu: Editares.

KING, J. E., & COOLEY, E. L. (1995). Achievement Orientation and the Impostor Phenomenon among College Students. *Contemporary Educational Psychology*, 20, 304-312.

KOWALSKI *et al.* (1987). A validation study of the Harvey Impostor Phenomenon Scale. *Psychoterapy*, 24 (2), 256-259.

LANGFORD, J., & CLANCE, P. R. (1993) The Impostor Phenomenon: Recent research findings regarding dynamics, personality and family patterns and their implications for treatment. *Psychotherapy: Theory, Research, Practice, Training, 30*(3), 495-501.

RIBEIRO, L. (2010). Escrever no Paradigma Consciencial. *Scriptor*, 1 (1), 16 -28.

ROSS, S. R., & KRUKOWSKI, R. A. (2003). The Imposter Phenomenon and Maladaptive Personality: Type and Trait Characteristics. *Personality and Individual Differences*, 34 (3), 477-484.

SAKULKU, JARUWAN; & ALEXANDER, JAMES. (2011). The Impostor Phenomenon. *International Journal of Behavioral Science*, 6 (1), 75-97.

VIEIRA, W. (1996). Conscienciograma: Técnica de Avaliação da Consciência. Rio de Janeiro: Instituto Internacional de Projeciologia (IIP).

VIEIRA, W. (1994). *700 Experimentos da Conscienciologia*. Rio de Janeiro: Instituto Internacional de Projeciologia (IIP).

VIEIRA, W. (2013a). Conscienciologia. In: W. Vieira (Org.), Enciclopédia da Conscienciologia. (8ª ed., pp. 3.275 a 3.279), Foz do Iguaçu: Associação Internacional do Centro de Altos Estudos da Conscienciologia (CEAEC) & Associação Internacional Editares.

VIEIRA, W. (2013b). Estatística Motivadora. In: W. Vieira (Org.), Enciclopédia da Conscienciologia. (8ª ed., pp. 4.751 a 4.753), Foz do Iguaçu: Associação Internacional do Centro de Altos Estudos da Conscienciologia (CEAEC) & Associação Internacional Editares.

VIEIRA, W. (2013c). Síndrome do Ostracismo. In: W. Vieira (Org.), Enciclopédia da Conscienciologia. (8ª ed., pp. 9.965 a 9.969), Foz do Iguaçu: Associação Internacional do Centro de Altos Estudos da Conscienciologia (CEAEC) & Associação Internacional Editares.

ZASLAVSKY, A. (2013). Da Dúvida Metódica ao Princípio da Descrença: Para uma Ciência da Autoconsciência. *Interparadigmas,* 1 (1), 25 -38.

Adriana Kauati é professora universitária, graduada em Engenharia Eletrônica, Mestre e Doutora em Engenharia Biomédica; voluntária e docente do CEAEC (Centro de Altos Estudos da Conscienciologia) e da UNIESCON (União Internacional dos Escritores da Conscienciologia); pesquisadora do Colégio Invisível da Paratecnologia; verbetógrafa da Enciclopédia da Conscienciologia; autora de diversos artigos de Conscienciologia e do livro Síndrome do Impostor: Superação pela Autocientificidade.

COMPARATIVE ANALYSIS BETWEEN RESEARCH METHODOLOGIES IN PSYCHOLOGY AND CONSCIENTIOLOGY ON IMPOSTOR SYNDROME

Adriana Kauati

Abstract. This article presents an analysis about how a same object of study, in this case the Impostor Syndrome, has different research methodologies in Psychology and Conscientiology, even when it is a matter of the research of the consciousness. It shows that among the differences the main one is the focus of the research, because while in Psychology the scope is often epidemiological, in Conscientiology the focus is on the researcher himself. Beyond the differences, this article also evaluates the similarities, such as the relevance of bibliographical research on Impostor Syndrome when researching oneself,
Keywords: Psychology, Conscientiology, Methodology, Impostor Syndrome.

INTRODUCTION

> Psychology "is a science that studies human behaviour, the conditions of a person's psychic development and the modalities of life in different social situations on which they influence, even if in variable measures, economic aspects and cultural values proper to each civilization." (De beni, Bommassar & Grossele, 2004, p. 14).

Delimitation. Delimitating exactly what will be considered as the science Psychology in this article is very difficult, as there are several very different theories on the subject, but as this study will focus on the Impostor Syndrome, we will analyse how this psychopathology is studied, without going further on a deeper analysis of the various schools of Psychology.

Complexity. Dittrich et al. (2009) discusses that the relation between the researcher and the object to be researched would already be the very topic of study in Psychology, which, concerning this complex science already would be an interesting analysis among all different schools that evaluate the thematic of Impostor Syndrome. This demonstrates the complexity of the theme explored in this article, which aims to compare research methodologies in Psychology and Conscientiology in the same object of study, the Impostor Syndrome.

Positivism. The psychological articles regarding the Impostor Syndrome analysed in this work follow a positivist line, in which the observation is a requirement (Dittrich et al., 2009). The positivist line uses quantitative research to obtain quantifiable data that is expressed numerically through statistical, physical and mathematical models (Córula, 2015), as present in epidemiological articles, for example.

Conscientiology. The other science to be studied in this article is Conscientiology, a science applied to the study of the consciousness in a comprehensive, integral, multidisciplinary, multicultural and multitemporal way; considering several dimensions, several existences in this dimension and the interactions with energies, besides several states of manifestation (Vieira, 2013, p. 3.275).

Consciousness. In this article the term *consciousness* is synonymous to 'being, soul', i.e. the intelligent principle, the subject. Therefore, the same theme, the Impostor Syndrome, will be analysed through Conscientiology and Psychology, which has different methods of studying the consciousness, the human being.

Structure. The article begins with the differences and similarities between the research carried out in Psychology and in Conscientiology, followed by the specific thematic of the Impostor Syndrome and ends with a Discussion and Conclusion session.

Method. The research of this article was done through the analysis of articles and books on Impostor Syndrome in the two sciences, Psychology and Conscientiology, as well as bibliographical references about these sciences.

I. DIFFERENCES AND SIMILARITIES

Differences

Object. In the consciential paradigm (Zaslavsky, 2013, p. 28), the main focus of research is the researcher by himself in order to increase its' perception of reality and to optimize evolution consciously (Ribeiro, 2010, p. 26), which differs from Psychology, since the object of study is not the researcher himself. This difference led to the need of introducing a new concept, self-consciousness, existing in Conscientiology, but not in Psychology.

> "Self-scientificity is the quality of self-knowledge and of the systematic and theorical method of acquiring it, without beliefs or dogmatisms, acquired through continuous investigation of one's own consciousness, focusing on a multidimensional, multivehicular, multiexistential, cosmoethical and pro-evolutionary approach, using self-research and conscientiometric techniques with methodological rigor" (Kauati, 2012, p. 1.364).

Quantity. The research object being the researcher himself leads to another differential, the number of individuals participating in the study. While it is common in Psychology studies with several volunteers and present results in statistical terms, in Conscientiology the study with a population (n) greater than 1 is rare.

Statistics. Statistics is not neglected in Conscientiology, but it is recommended more as a motivational factor, as seen in the Encyclopaedia's entry *Motivating Statistics* (from the Portuguese "Estatística Motivadora") (Vieira, 2013b), with epidemiological researches not being common. A rare example is the research on penta practice (*tenepes*) carried out online (Habib, 2011).

Difference. This difference in the quantity of participants always leads to the questioning of the research's quality (scientificity), but it is emphasized that in Conscientiology self-scientificity is a primordial factor, since the main objective of this science is personal evolution.

Parapsychism. Another important point in self-scientificity is parapsychism (see Kauati, 2015, p. 8-12), as the basis of the conscientia paradigm is the existence of other dimensions, some self-research data may come from parapsychic perceptions. Parapsychism involves not only communication with consciousnesses from other dimensions, but also the perception of energies coming from beings and environments. In Psychology, no scientific production was found in which data came from parapsychic perceptions. It is worth mentioning that the research on the existence of parapsychic phenomena is not being addressed, but rather the use of information derived from parapsychic perceptions in research.

Validation. One of the major challenges in Conscientiology is the validation of data, especially those of parapsychic origin, although it is emphasized that self-validation is most important. Self-validation does not mean lack of scientificity, but rather that comparisons are made with oneself to see if there is an evolution of one's own condition. In this case, the scientific character is in the measurement instruments and used techniques.

Instruments. Among the measurement instruments used in Conscientiology, the *Conscientiogram* (Vieira, 1996) is one of the largest, with 2.000 questions for the analysis of the consciousness.

Techniques. Carvalho et al. (2018) present an overview of the publications on the techniques of Conscientiology, of which stands out the book 700 Experiments of Conscientiology (Vieira, 1994) and the Encyclopaedia of Conscientiology (Vieira, 2013), with various techniques described.

Seriality. Another important differential between the paradigms of these sciences is the focus of multiple existences of the consciousness in this dimension approached by Conscientiology, while no mention was made of other lives in the research of Impostor Syndrome in Psychology. In the article *Self-Research Method of Consecutive Personality* (Kauati, 2015, p. 69-82) the author presents a research method to identify past existences in this dimension. Already assuming there are past lives, unlike researches such as that of the psychiatrist Ian Stevenson (American Society for Psychical Research. Twenty Cases Suggestive of Reincarnation, 1966), which aim to establish whether the existential seriality exists in this dimension or not based on third-party research and not the author's own. It should be noted that in this case the data is based on memory and birthmarks in the body of individuals, that is, there's no data coming from parapsychic phenomena.

Similarities

Similarities. Because both are sciences that research the consciousness, there are similarities in both research methodologies, of which the following stand out: (1) Bibliographic research; (2) Evaluation instruments; (3) Techniques and (4) Confidentiality.

Bibliography. All scientific work starts with bibliographical research, because in this way it is possible to take advantage of pre-existing knowledge in order to add something new to the literature. But although this similarity is present in both sciences here discussed, in Conscientiology the bibliographic research is not restricted to the scientific material produced by this science. It searches in other sciences and non-scientific journals and magazines. This research technique is called Cosmogram and has the intention of analysing facts that occur on the planet.

> "The *cosmogram technique* is a set of routine procedures of reading, selecting and analysing published material in national and international media, from all political-party inclinations, and subsequent classification and archiving according to the central fact exposed (materthosene), stated by the multidimensional principles of Conscientiology, aiming in the long run to reach a cosmovision of the human holothosene and of the realities of the Universe, by the exercise of maximum association of ideas, cosmoethical self-criticism and personal interassistentiality" (Belo, 2015).

Instruments. Instruments for the evaluation of the consciousness are necessary in any science, but as the result of the main focus in Conscientiology it is self-research and in Psychology, heteroresearch (third-party research), both applied differently. While in the consciential paradigm the important thing if self-assessment, the instruments are self-applicable and easily acquired, the already cited in this article, *Conscientiogram* (Vieira, 1996) is one of them. Meanwhile in Psychology, self-application is not encouraged without being accompanied by a professional, for example, Beck's Anxiety Inventory (Cunha, 2001) is not widely available for anyone to use.

Techniques. Techniques are what underpin sciences. Thus, both Psychology and Conscientiology have techniques such as e.g. in Cognitive-Behavioral Therapy there is the AWARE (Beck & Emery, 1985, apud Beck, 2013, p. 219) to respond to automatic thoughts consisting of acceptance (A-Acknowledge), observation (W-Watch), action (A-Act), repetition (R-Repeat) and hold (E-Expect). In Conscientiology, an example of technique is the BME (Basic Mobilization of Energies) that can be performed following the steps: 1. Circulation of energies along the body in a closed circuit flow of energies from feet to head and returning from head to feet. 2. Energy externalization throughout the holosoma. 3. Absorption of energies throughout the holosoma.

Confidentiality. An important point to highlight in the case of consciousness research is the confidentiality of information, because in any paradigm this aims to protect the subject of study. In Conscientiology, even though the method is self-research, care must be taken when publishing data involving third parties and of personal information that may be used against the self-researcher. In addition, the level of exposure in self-research publications depends on how well the scientist is able to deal with criticism, which may be personal in this case.

II. IMPOSTOR SYNDROME THEME RESEARCH

Evolution. The knowledge about this psychopathology has evolved over the years of research and the previous definition is no longer adequate, since according to Harvey and Katz (1984) it occurs in both men and women, young and elders, and members of any race.

Definition. Sustained by the researches in Psychology and on self-research, Kauati (2012, p. 1.364) defined in Conscientiology as follows:

> "The Impostor Syndrome is the condition of the intraphysical consciousness (conscin)[1], man or woman, to consider oneself not deserving of success, for imagining oneself to be short of the capacity of realization, without admitting one's own strong traits, in opposition to the facts and perceptions of other consciousnesses, living in fanciful fear of discovery of undeserved consciential achievements."

Interparadigmatic. This is a case of interparadigmatic extrapolation, as the concepts and techniques of a science of a given paradigm, Psychology, were used in the research in another paradigm, Conscientiology (Kauati, 2016, p. 14). Despite the definition itself, besides the neologisms, there are no great differences, it is in this way of studying the topic that the differences are found.

Statistics. Analysing the case of the research of Impostor Syndrome, statistical data and heteroresearch stand out in Psychology, seeking to understand the functioning of the psychopathology in groups of people. For example, Chrisman et al. (1995) validated the Clance Impostor Phenomenon Scale in a study of 269 participants. Another study found was the Holmes et al. (1993) in which 62 individuals participate to compare the Clance and Harvey impostor syndrome scales, with results suggesting that Clance's scale would be more sensitive and reliable.

Self-esteem. Another study found in literature was that of Cozzarelli & Major (1990), comparing a group of students with Impostor Syndrome and another

1 Intraphysical consciousness (conscin) is the human personality.

one without the psychopathology, separated according to Clance's scale. Volunteers also completed the Rosenberg Self-Esteem Inventory, the Optimism-Pessimism Prescreening Questionnaire (OPPQ) and 16 items of self-esteem measure. The authors concluded that students with Impostor Syndrome presented more anxiety before exams than non-syndromic students, despite having the same academic history. In case of failure in examinations, the Impostor Syndrome group felt worse than the control group. But they did now show differences in self-esteem in case of success.

Relations. Ross and Krukowski (2003) studied the relationship between the Impostor Syndrome and personality disorders, according to the DSM-III-R, finding a positive relation with the characteristics of the Avoidant and Dependent Personality Disorder. Corroborating with Clance & Imes (1978) that the feelings of self-efficacy depend a lot on the evaluation of others on their abilities and value.

Impostorism. A comprehensive study, based on several articles on the Impostor Syndrome, was conducted by Sakulku & Alexander (2011). The analysed studies showed that if the family sends confusing or invalidating signs over the achievements, this can be a predisposing factor for the pathology. The authors concluded that there are negative effects of the syndrome on a person's psychological health and well-being.

Focus. The several articles found in literature of the science of Psychology are heteroresearches (i. e. researchers that study phenomenon that happen outside theirselves or their lifes), generally aiming to trace the characteristics of the Impostor Syndrome in populations, as well as its possible origins, for a greater understanding of this psychopathology. To achieve such goals, the studies are carried out with a large number of volunteers in an attempt to analyse the behaviour of the population and not the very subjective characteristics of each individual.

Individual. In contrast, in the paradigm of the science Conscientiology, the publications are based on personal experience. In the case of this psychopathology, only one researcher's publication was found, a fact that often occurs at the beginning of the research in a new thematic. Although the Impostor Syndrome has been known in Psychology since the publication of Pauline R. Clance and Suzanne A. Imes (1978), it still is understudied in Psychology and even less in Conscientiology due to its self-research character.

Self-researches. However, there are other syndromes studied in Conscientiology, of which there are specific books on the subject: Ostracism Syndrome[1] (Haymann, 2011) and Foreigner Syndrome[2] (Balona, 2006).

2 "*Ostracism Syndrome* is the morbid state resulting from the loss of some kind of human power and consequent anonymity, isolation, social exclusion, political exile, economic bankruptcy, artistic invisibility or scientific destitution." (HAYMANN, 2011, p. 21).

3 "*Foreigner Syndrome* is a behavioural disorder, characterized by a morbid state of alienation, strangeness to the environment and/or people, maladaptation, acute melancholia, apathy, depression, sometimes accompanied by anorexia, which may lead to premature desoma" (BALONA, 2006, p. 23-4).

Utility. Data collected from many individuals is also useful in self-research. A study by King & Cooley (1995) with 127 volunteers, 75 women and 52 men concluded that high scores on the Family Environment Scale were associated with higher levels of Impostor Syndrome and more time spent on academic efforts by women. Another study by Clance & Imes (1978) with 178 participants, concluded that women with feelings of deceit were divided into two groups, one that the family considered to be brilliant and another that the family considered to be sensitive and charming, being that in the first group the women discovered that they were not so intelligent and those in the second group tried to prove that they were more than just sensitive and charming. These data may lead the self-researcher to the reflection about his own family and evaluate his personal case.

Culture. Following the line that research with several participants is useful to self-research, the results of O'Connor (2010) was used in self-research. O'Connor (2010) evaluated 29 papers regarding perfectionism and suicide and concluded that there is considerable evidence that self-criticism relates to perfectionism (i.e., socially prescribed perfectionism, the self-criticism, the concern with mistakes and doubts about actions) is correlated with suicidal tendency. Thus O'Connor (2010) raised the hypothesis of the influence of the Japanese culture in the development of Impostor Syndrome, since perfectionism is present in this culture and self-criticism in exacerbated in the studied syndrome.

Academia. Another study on the manifestation of the Impostor Syndrome, temporarily or permanently, was carried out by Laursen (2008) in the academic environment, mainly among graduate students, *stricto* and *lato sensu*, also a focus of attention of this conscientiological researcher. The observation of events that took place in the academic environment and also the self-research of this author corroborates the results of Laursen (2008) and the study was published in the article *Impostor Syndrome and Academic Life* (Kauati, 2013).

Casuistry. Considering the aforementioned articles about mesological influences on the Impostor Syndrome, the author analysed this influence in herself through the following self-research, extracted and synthesized from the book *Impostor Syndrome: Overcoming Through Self-Scientificity* (Kauati, 2017):

1. **Objective:** Analysis of the mesological influence on the Impostor Syndrome.

2. **Hypothesis:** The family and academic environment contributed to the development of the Impostor Syndrome.

3. **Method:** Retrospective analysis.

4. **Results:** High correlation between traits related to the Impostor Syndrome and a Japanese family, and also military and academic backgrounds with which lived in this life.

Parapsychism. In addition to the research though retrospective analysis of this author, parapsychism was also used to evaluate the need for suffering that the

Impostor Syndrome reinforces. The following excerpt from an experiment using parapsychism for self-research was taken from the same book (Kauati, 2017, p. 97-8):

Casuistry. An example of self-research carried out by this author in order to understand the religious origin in the personal manifestation is presented, briefly, in 6 stages:

1. **Objective.** Find out why you suffer so much.
2. **Method.** Experimental method with the use of BME (Basic Mobilization of Energies) and the *Tabula rasa* technique[4].
3. **Experiment.** Perform BME and reassure body and mind. Through the *flat board technique*, without preconceived ideas ask the question, for example: "For whom do I suffer?". The answer can come in several ways, such as insights[5], retrocognitions[6], clairvoyance[7] or clairaudiences[8].
4. **Result.** Visualization of the word "Jesus" on the mental screen and an image seeming to be dressed like a nun.

> **Reinforcement.** In the same week, while reporting the performed experiment to conscientiotherapists[9] in a conscientiotherapeutic setting, they saw extraphysical consciousnesses (consciexes)[10] dressed as nuns. In addition, an autiobiographical study revealed other facts and parafacts[11] reinforcing the hypothesis of previous religious lives. ..."

Multiexistentiality. The clipping of the report of this self-research experiment shows an example of how prior existences can be used in the investigation of the consciousness, bringing auxiliary information to self-diagnosis.

Synthesis. It is worth mentioning that the experiments presented in the book were intended to give practical examples of how to do self-research and were presented in a summarized way, an excerpt of the process. For example, the research of hypotheses regarding previous religious lives were carried out for more than six years, with several experiments, studies and development of self-research techniques.

4 *Tabula rasa technique* consists in emptying the mind of any preconceived idea so as to facilitate the formation of new ideas. [N.T.: *Tabula rasa* in Latin means a flat surface.]

5 *Insight* is a new idea or sudden comprehension of something.

6 *Retrocognition* is the phenomenon of remembering something of previous lives in this dimension or of the period remined in the extraphysical dimension before rebirth.

7 *Clairvoyance* is the phenomenon of seeing something from another dimension.

8 *Clairaudience* is the phenomenon of hearing something from another dimension.

9 *Conscientiotherapists* are specialists in the science of Conscientiology who assist in the remission of some psychopathological aspect of the consciousness.

10 *Extraphysical consciousnesses* (consciexes) are consciousnesses that manifest themselves in other dimensions.

11 *Parafacts* are facts that occur in other dimensions.

Hypothesis. The hypothesis of religiosity being one of the causes of the Impostor Syndrome was brought by the author due to her self-researches, reinforced by the idea that in some religions it is not well seen to publicly admit personal qualities. This is a differential of self-research, because even without epidemiological study of case reports indicating this, the self-researcher can elaborate hypothesis to be studied through his/her experiences.

Table. Tables 1 and 2 present summaries of the differences and similarities, respectively, between the research of the Impostor Syndrome in Psychology and in Conscientiology.

Characteristic	Conscientiology	Psychology
Epidemiology	Not usual in Conscientiology and no epidemiological article about the Impostor Syndrome was found.	Several articles found in literature.
Focus of the research	The researcher himself.	Third-parties.
Parapsychism	Use of parapsychic perceptions is part of the research method.	No article was found with the use of parapsychism by the researcher.
Validation	The researcher himself evaluates the results of the research.	Validation is made by the researcher who is not included in the research, comparing results with different groups of people.

Table 1. Differences between the research of the Impostor Syndrome in Psychology and in Conscientiology.

Common characteristics
Confidentiality about third-party research participants
Literature review
Use of evaluation tools
Use of methods and techniques

Table 2. Similarities between the research of the Impostor Syndrome in Psychology and in Conscientiology.

III. DISCUSSION AND CONCLUSION

Difficulties. The research of the consciousness in any science is a great challenge, mainly because it is a very recent object of study in science and the techniques are still being elaborated and tested.

Complexity. In addition, the consciousnesses are complex with very specific individual characteristics, which makes it difficult both the sample surveys with large number of participants in the search for mapping a pattern, and for individual self-researches in an attempt to self-understand and overcome one's own psychopathologies.

Epidemiological. Although epidemiological research is not common in Conscientiology, beginning that the main focus is to self-research up until the fact that there are few cases of a same problem to be studied, it is wise to take advantage of results of other researches with large numbers of people to use in self-research. This can be done by conducting self-experiments and self-investigations based on the instruments and results published in scientific articles. Science grows precisely through the use, by scientists, of the already done and published research.

Use. The same theme researched by different sciences has similarities and differences. The search for ideas and the use of research done by other researchers from other paradigms broadens the overall vision and helps develop innovative solutions.

Self-research. The results obtained by academic research with numerous people were considered by Kauati (2013 and 2017) to conduct self-researches, from answering validated questionnaires to taking into consideration factors studied as influencers of the Impostor Syndrome.

Continuity. A proposal to deepen this work would be the comparison of research methodologies of the consciousness in different schools of Psychology with Conscientiology.

CURRENTLY, IN THE XXI CENTURY,** VARIOUS SCIENCES INVESTIGATE THE SAME OBJECTS OF STUDY. **TO** EXPAND THE VISION OF THE PROBLEM AND SEARCH FOR INNOVATIVE SOLUTIONS, THE RESEARCHER WOULD BENEFIT FROM UNDERSTANDING **DIFFERENT SCIENCES AND PARADIGMS.

Questionment. Have you tried to study different sciences, other than the ones you are used to? Have you used the knowledge of several sciences to solve a problem?

REFERENCES

AMERICAN SOCIETY FOR PSYCHICAL RESEARCH (1996). Twenty Cases Suggestive of Reincarnation. Proceedings of the American Society for Psychical Research. XXVI

BALONA, M. (2006). *Síndrome do Estrangeiro* (3a ed.). Foz do Iguaçu: Editares.

BECK, J. (2013). *Terapia Congnitico-comportamentl: teoria e prática* (2a ed.). Porto Alegre: Artmed.

BELO, A. (2015, dezembro 13). Técnica do Cosmograma [Enciclopédia da Conscienciologia]. Recuperado de <http://www.tertuliaconscienciologia.org/index.php?option=com_docman&task=cat_view&gid=13&dir=ASC&order=name&Itemid=13&limit=20&limitstart=40>.

BONASSI, J. (2003) *Curso Autoconscienciometria.* Rio de Janeiro: Virtual Cons.

CARVALHO, P., KAUATI, A., BRASIL, S., & PIGOZZO, E. (2018). Importância Interassistencial das Técnicas e Paratécnicas nas Pesquisas Conscienciológicas. *Conscientia,* 22(2), 148-156.

CLANCE, P. R. (1886) *The Impostor Phenomenon.* New York: Bantam Book.

CLANCE, P. R., & IMES, S. A. (1978). The Impostor Phenomenon in High-achieving Women: Dynamics and Therapeutic Intervention. *Psychotherapy: Theory, Research and Practice,* 15 (3), 241-247.

CHRISMAN, S., PIEPER, W. A., CLANCE, P. R., HOLLAND, C. L., & GLICKAUF-HUGHES, C. (1995). Validation of the Clance Impostor Phenomenon Scale; *Journal of Personality Assessment,* 65 (3), 456 - 467.

CÓRDULA, E. B. L. (2015). Fenomenologia versus postivismo científico: Metodologias aplicadas às Pesquisas em Comunidades Humanas. *Revista Intersaberes.* 10 (21), 660-675.

COZZARELLI, C., & MAJOR, B. (1990). Exploring the validity of the impostor phenomenon. *Journal of Social and Clinical Psychology,* 9 (4), 401-417.

CUNHA, J. A. (2001). *Manual da Versão em Português das Escalas Beck.* São Paulo: Pearson.

DAOU, D. (2005). *Autoconsciência e Multidimensionalidade.* Foz do Iguaçu: Associação Internacional Editares.

DE BENI, M., BOMMASSAR, R., & GROSSELE, L. (2004). *Psicologia e Sociologia: Curso Introdutório.* São Paulo: PAULUS.

DITTRICH, A., STRAPASSON, B. A., SILVEIRA, J. M., &ABREU, P. R. (2009). Sobre a Observação enquanto Procedimento Metodológico na Análise do Comportamento: Positivismo Lógico, Operacionismo e Behaviorismo Radical. *Psicologia: Teoria e Prática,* 25(2), 179-187.

GLICKAUF-HUGHES, C. (1995). Validation of the Clance Impostor Phenomenon Scale. *Journal of Personality Assessment,* 65 (3), 456-467.

HABIB, I. (2011). Resultados Preliminares da Primeira Pesquisa Online sobre Tenepes, *Conscientia,* 15(2), 279-296.

HAYMANN. M. (2011). *Síndrome do Ostracismo: Mecanismos e Autossuperação.* Foz do Iguaçu: Editares.

HARVEY, J. C.; & KATZ, C. (1984); *If I´m so Successful, Why do I feel Like a Fake? The Impostor Phenomenon,* New York: St. Martin's.

HOLMES, S. W., KERTAY, L., ADAMSON, L. B., HOLLAND, C. L., & CLANCE, P. R.(1993) Measuring the impostor phenomenon: A comparison of Clance´s IP Scale and Harvey's I-P Scale. *Journal of Personality Assessment,* 60, 48-59.

KAUATI, A. (2013). *Autocientificidade.* In W. Vieira (Org.), *Enciclopédia da Conscienciologia.* (8ª ed., pp. 1.364 a 1.369), Foz do Iguaçu: Associação Internacional do Centro de Altos Estudos da Conscienciologia (CEAEC) & Associação Internacional Editares.

KAUATI, A. (2015). Autopesquisa, Parapsiquismo e Autocientificidade. *Interparadigmas,* 2 (2), 7-20.

KAUATI, A (2013). Síndrome do Impostor e a Vida Acadêmica. *Interparadigmas,* 1 (1), 75 -88.

KAUATI, A. (2013a). Síndrome do Impostor. In: W. Vieira (Org.), Enciclopédia da Conscienciologia. (8ª ed., pp. 9.960 a 9.964), Foz do Iguaçu: Associação Internacional do Centro de Altos Estudos da Conscienciologia (CEAEC) & Associação Internacional Editares.

KAUATI, A.(2015). Método de Autopesquisa de Personalidade Consecutiva. *Interparadigmas,* 3 (3), 69-82.

KAUATI, A. (2016). Autopesquisa Através da Extrapolação Interparadigmática. *Interparadigmas,* 4 (4), 11-21.

KAUATI, A. (2017). *Síndrome do Impostor: Superação pela Autocientificidade.* Foz do Iguaçu: Editares.

KING, J. E., & COOLEY, E. L. (1995). Achievement Orientation and the Impostor Phenomenon among College Students. *Contemporary Educational Psychology,* 20, 304-312.

KOWALSKI *et al.* (1987). A validation study of the Harvey Impostor Phenomenon Scale. *Psychoterapy,* 24 (2), 256-259.

LANGFORD, J., & CLANCE, P. R. (1993) The Impostor Phenomenon: Recent research findings regarding dynamics, personality and family patterns and their implications for treatment. *Psychotherapy: Theory, Research, Practice, Training, 30*(3), 495-501.

RIBEIRO, L. (2010). Escrever no Paradigma Consciencial. *Scriptor,* 1 (1), 16 -28.

ROSS, S. R., & KRUKOWSKI, R. A. (2003). The Imposter Phenomenon and Maladaptive Personality: Type and Trait Characteristics. *Personality and Individual Differences,* 34 (3), 477-484.

SAKULKU, JARUWAN; & ALEXANDER, JAMES. (2011). The Impostor Phenomenon. *International Journal of Behavioral Science,* 6 (1), 75-97.

VIEIRA, W. (1996). Conscienciograma: Técnica de Avaliação da Consciência. Rio de Janeiro: Instituto Internacional de Projeciologia (IIP).

VIEIRA, W. (1994). *700 Experimentos da Conscienciologia.* Rio de Janeiro: Instituto Internacional de Projeciologia (IIP).

VIEIRA, W. (2013a). Conscienciologia. In: W. Vieira (Org.), Enciclopédia da Conscienciologia. (8ª ed., pp. 3.275 a 3.279), Foz do Iguaçu: Associação Internacional do Centro de Altos Estudos da Conscienciologia (CEAEC) & Associação Internacional Editares.

VIEIRA, W. (2013b). Estatística Motivadora. In: W. Vieira (Org.), Enciclopédia da Conscienciologia. (8ª ed., pp. 4.751 a 4.753), Foz do Iguaçu: Associação Internacional do Centro de Altos Estudos da Conscienciologia (CEAEC) & Associação Internacional Editares.

VIEIRA, W. (2013c). Síndrome do Ostracismo. In: W. Vieira (Org.), Enciclopédia da Conscienciologia. (8ª ed., pp. 9.965 a 9.969), Foz do Iguaçu: Associação Internacional do Centro de Altos Estudos da Conscienciologia (CEAEC) & Associação Internacional Editares.

ZASLAVSKY, A. (2013). Da Dúvida Metódica ao Princípio da Descrença: Para uma Ciência da Autoconsciência. *Interparadigmas,* 1 (1), 25 -38.

Adriana Kauati is a university professor, graduated in Electronic Engineering, Master and PhD in Biomedical Engineering; volunteer and teacher of CEAEC (Center for Higher Studies of Conscientiology) and UNIESCON (International Union of Writers of Conscientiology); researcher at the Invisible College of Paratechnology; verbetographer of the Encyclopaedia of Conscientiology; author of several articles on Conscientiology and of the book Impostor Syndrome: Overcoming Through Self-scientificity.

Translation: Laura Bruna Araújo.
Revision: Evelyn Malzani.

CONSCIÊNCIA INDÍGENA NO ESPAÇO ACADÊMICO E NA PERSPECTIVA CONSCIENCIAL

Marina Vinha

RESUMO. O objetivo do estudo foi o de estabelecer um diálogo *interparadigmático* mostrando a intencionalidade de pesquisadores acadêmicos em quebrar o monopólio do paradigma eurocêntrico quanto ao estudo das sociedades indígenas. Simultaneamente, há um contraste entre esses novos dados e elementos do paradigma consciencial. Regidos pela ética, cientistas inovam, abordando temas que contribuem para o respeito às diferentes culturas, a proteção ao sistema indígena de saúde e questionam o eurocentrismo por ser reducionista. O cientista consciencial, regido pela cosmoética, apresenta argumentos fundamentados em sua autopesquisa e em estudos a partir do paradigma consciencial. Em que pesem os diferentes posicionamentos, os autores apresentam elementos em comum, quais sejam: buscam ampliar o universo científico onde se inserem; são rigorosos quanto à fidedignidade na pesquisa; são assertivos e inquietam-se quanto aos limites paradigmáticos; além de argumentar visando transpor paradigmas estabelecidos.

Palavras-chave: paradigma, sistema de saúde, indígena.

INTRODUÇÃO

O tema deste volume da *Revista Interparadigmas* motivou-me a dialogar com o paradigma consciencial e os estudos realizados por autores acadêmicos, os quais buscam desconstruir 'certezas científicas' de predominância materialista. Por entender que a academia, de modo geral, tem *des*considerado as diferentes epistemologias humanas da *intrafisicalidade*, escrevo este ensaio apresentando dois pesquisadores que buscam compreender a '*conscin* indígena[1]' registrando as diferentes formas de estar no *intrafísico*. No caso, os indígenas consideram os reinos mineral, vegetal e animal [incluso o ser humano] como constitutivos dos seus universos étnicos.

Meu vínculo científico vem da área da Educação Física, a qual me levou a adotar teoricamente pesquisadores que argumentam sobre o 'estar no mundo sendo indígena' e sobre o 'sistema indígena de saúde[2]'. Nos estudos realizados por mim, procedo caracterizando a etnia em estudo, acesso o tema 'identidade'

1 Vinha (2015).

2 Expressão adotada de Langdon (2001).

e estabeleço recortes com o subtema ludodiversidade[3], um neologismo de alcance mundial, o qual visa recuperar e fortalecer a ludicidade dos jogos e brincadeiras produzidos nas diferentes culturas e sociedades, atualmente fragilizados e em desuso diante do impessoal monopólio do esporte moderno fortalecido pelo processo de globalização (RENSON, 2000). Outro fator a me motivar vem da atual Constituição Brasileira, em seu Artigo 217 (BRASIL, 1988), o qual atribui ao Estado o dever de registrar e recuperar jogos e esportes de identidade nacional. Assim, as pesquisas que tenho desenvolvido estão no contexto da interculturalidade, voltadas a duas das sociedades indígenas habitantes no Brasil, no caso, no estado de Mato Grosso do Sul, quais sejam: os Kadiwéu[4] e os Guarani[5]/Kaiowá[6].

O objetivo desse estudo foi o de estabelecer um diálogo *interparadigmático* mostrando a intencionalidade dos pesquisadores em quebrar o monopólio do paradigma eurocêntrico, referente ao estudo das sociedades indígenas. Este ensaio tem caráter teórico-reflexivo e apresenta os fenômenos parapsíquicos catalogados por meio de pesquisas com indígenas e alguns conceitos da Conscienciologia.

A Conscienciologia tem por objeto de estudo a consciência e as múltiplas dimensões de sua manifestação. Seu propositor, Waldo Vieira, brasileiro, odontólogo, médico, autodidata, fixado até o ano de 2015 em Foz do Iguaçu-PR, Brasil, propõe o paradigma consciencial calcado no autoestudo, ou seja, o objeto de estudo é o próprio pesquisador, a partir de uma perspectiva multidimensional, multiexistencial, bioenergética e cosmoética, com finalidade pró-evolutiva. Segundo Ribeiro (2010, p. 19), a proposta de Vieira para desenvolver pesquisa no paradigma consciencial "exige esforços para construir uma nova configuração pensênica". Assim, ao observar suas próprias predisposições de pensamento, sentimento e energia, o autopesquisador vai observando "*indicadores* a respeito de sua trajetória multiexistencial" e "certamente as tendências hoje existentes espelham as experiências predominantes ou mais marcantes do passado", explica Ribeiro (2010, p. 22). Dada a complexidade da autopesquisa, Vieira propõe diferentes metodologias e técnicas, dentre elas a da *projeção* fora do corpo físico e a tarefa do esclarecimento – *tares*, no sentido de dirimir a milenar subjugação humana aos deuses, aos mitos, com castigos e culpas que acompanham os seres

3 Roland Renson (2000), cientista belga e estudioso do tema, argumenta que a ludodiversidade expressa a tendência política de que toda manifestação humana em forma de jogo, de brincadeira e de confecção de brinquedo está sob um intenso movimento internacional de reavivamento de valores e de registro dessas expressões culturais.

4 Tronco linguístico - pertencem à família linguística Guaikuru, na qual se incluem outros povos da região do Chaco [Gran Chaco], tais como: Toba (Paraguai e Argentina), Emók ou Toba-Miri (Paraguai), Mocovi (Argentina), Abicón (extintos) e Payaguá (extintos) (ISA, 1999; 2018).

5 Tronco linguístico - pertencem à família linguística Tupi. Da qual se inclui o Tupi-Guarani. É falada por diferentes povos e de diferentes modos pelos Ñandeva, Kaiowá e Mbya que falam dialetos do idioma guarani.

6 Há uma convenção antropológica para não pluralizar os nomes das etnias, pois a origem dos nomes está ligada à língua de cada grupo, e não é do conhecimento acadêmico se o plural das palavras deve ser com acréscimo do 's', ou mesmo se há plural em cada uma das línguas indígenas.

humanos na *intrafisicalidade*. Tal proposição visa também ampliar a percepção humana do universo e da evolução da consciência, sob os fundamentos da ética cósmica[7]. A Conscienciologia, como ciência, "se utiliza da postura científica, porém de modo sobremaneira mais abrangente ao reperspectivá-la sob o eixo da multidimensionalidade, merecendo por isso a denominação de *Paraciência*", argumenta Ribeiro (2010, p. 23). Portanto, adota o modelo de ideias denominado 'paradigma consciencial'; há a criação de neologismos, seja para denominar fenômenos específicos e recém-descobertos, seja para enfatizar a abordagem a algum aspecto/fenômeno/condição estudados ou ainda visando ressignificar conceitos já conhecidos, cujas denominações anteriores estão impregnadas de valores dogmáticos.

Dois autores acadêmicos – Jacques Gauthier e Esther Langdon – foram selecionados para dialogar com o paradigma consciencial, por meio dos seus estudos realizados com indígenas. Os acadêmicos são reconhecidos por abrirem um novo espaço no mundo científico, posicionando-se com assertividade na academia, mostrando a diversidade de visões e buscando compreender as diferentes formas de ser e estar no mundo. Ambos os autores vivem no Brasil, sendo ele de origem francesa e ela, alemã. Regidos pela ética científica, os acadêmicos são inovadores, pois Langdon descreve, registra e contrasta temas que contribuem para a elaboração de políticas públicas de proteção à saúde do indígena; e Gauthier questiona o paradigma eurocêntrico por ser reducionista e não dar sustentação aos estudos interculturais e transculturais.

Em que pesem os universos científicos de cada um, os três autores – Gauthier, Langdon e Vieira – têm algo em comum, qual seja: (a) buscam ampliar o universo científico onde se inserem; (b) são rigorosos quanto à fidedignidade na pesquisa; (c) são assertivos e inquietam-se quanto aos limites paradigmáticos; e (d) argumentam visando transpor os paradigmas estabelecidos.

Langdon e Gauthier abordam as questões da *multidimensionalidade* sob a perspectiva dos indígenas e sob o viés dos seus próprios pontos de vista, sendo que Gauthier passou pela experiência da ingestão da planta *ayauhaska*, com o objetivo de aproximar suas percepções do universo indígena xamânico. Por sua vez, Vieira conceitua a *multidimensionalidade* fundamentado nas suas próprias experiências (bem como na de outros pesquisadores), valendo-se do seu parapsiquismo, desenvolvido pela vontade e com apoio de uma equipe de amparadores extrafísicos[8].

No decorrer do texto, cada um a seu tempo, o trio de pesquisadores mostra que há algo mais a ser considerado na pesquisa humana, principalmente o que foi muito *des*considerado pelo paradigma materialista. Para situar o leitor, o Quadro

7 Especialidade da Conscienciologia que estuda a ética ou reflexão sobre a moral cósmica, multidimensional, que define a holomaturidade consciencial, situada além da moral social e intrafísica.

8 Consciências que não têm corpo físico, mas têm um nível de lucidez que permite assistir a outros seres, *conscins* [consciências com corpo físico] e *consciexes* [consciências sem corpo físico].

1 compara a abrangência do paradigma materialista e a do paradigma consciencial, conforme estudos de Vieira (1999) e Minayo (1996). Os dados não são de conhecimento dos dois pesquisadores acadêmicos em estudo, e foram inseridos para que o leitor compreenda o escopo do presente estudo.

Quadro 1. Comparação de Abrangência dos Paradigmas Materialista e Consciencial

Paradigma *Materialista*	**Paradigma *Consciencial***
O positivismo teria sua origem no século das luzes com Condorcet, um enciclopedista formulando que a ciência da sociedade deveria ser uma Matemática Social. Para a época foi crítico e revolucionário, confrontando o poder da igreja, o poder feudal e o Estado oligárquico, controladores do pensamento científico. O paradigma materialista propunha que as Ciências Sociais e as Ciências Naturais compartilhassem o mesmo fundamento lógico e metodológico, a distinção ficaria apenas no objeto de estudo, pois a realidade, a matéria, se constitui naquilo que pode ser percebido com os cinco sentidos. Fundamentado no positivismo, o paradigma materialista atualmente ainda mantém certo domínio intelectual no seio das Ciências Naturais e da Saúde.	No paradigma consciencial o objeto de estudo é a consciência. A consciência é a fonte dos pensamentos, sentimentos e energias. Há um conhecimento rejeitado que hoje se torna conhecimento avançado, a partir da vivência da multidimensionalidade e de suas consequências, sob abordagem integrada. Existem fenômenos com causas além da matéria, os quais proporcionam achados que renovam e libertam evolutivamente as consciências. O paradigma consciencial estuda a consciência de modo integral, multidimensional, multiexistencial e conforme suas reações perante as energias imanentes e as energias conscienciais.

Fontes: Minayo (1996); Vieira (1994; 2002).

O Quadro 1 é um balizador para comparar a abrangência entre o paradigma materialista e o consciencial. A distância entre ambos está na centralidade da consciência para o paradigma consciencial, reconhecendo as múltiplas existências, as dimensões e as energias. Os pesquisadores acadêmicos adotados para o presente estudo não se situam em nenhum dos paradigmas acima citados. Os estudos realizados por eles [Gauthier e Langdon] refutam a proposta materialista e se aproximam do paradigma consciencial, por já reconhecerem e valorizarem as inter-relações multidimensionais. A academia, de modo geral, pouco reconhece os universos indígenas, assim como a sociedade não indígena pouco considera as diferentes formas de ver e estar no mundo.

Nas notas finais aponto aspectos da *multidimensionalidade* quando adotados pelos pesquisadores acadêmicos e pelo conscienciólogo, estando todos em busca da compreensão da transculturalidade dos saberes e do refinamento do ser humano *ressomado* no planeta Terra.

1. JACQUES GAUTHIER E WALDO VIEIRA

Jacques Gauthier vem das Ciências da Educação pela Universidade Paris VIII, pesquisador na Equipe Educação, Socialização e Coletividades Locais da mesma instituição, está vinculado ao CNPq no Brasil e enraizado profissionalmente na Bahia. Atuou como professor visitante no Programa de Doutorado em Enfermagem/UFRJ, foi o criador da metodologia 'Sociopoética[9]' e atua como professor do Curso de Direito do Centro Universitário Jorge Amado, em Salvador-BA.

Dentre a produção acadêmica de Gauthier foi selecionado o texto "Demorei tanto para chegar... - ou: nos vales da epistemologia transcultural da vacuidade", publicado em 2011 na Revista *Tellus*, vinculada ao Programa de Mestrado e Doutorado em Educação, da Universidade Católica Dom Bosco (UCDB), em Campo Grande-MS. O autor inicia seu texto com a seguinte máxima: "[...] se nós quisermos praticar a pesquisa intercultural, devemos suspender nossas crenças sobre os fundamentos da realidade e do saber" (2011, p. 40).

Por sua vez, dentre a extensa produção de Vieira foi selecionado o tratado "Projeciologia - panorama das experiências da consciência fora do corpo humano", publicado em 1999 pelo Instituto Internacional de Projeciologia e Conscienciologia (IIPC), no Rio de Janeiro. O autor apresenta o paradigma consciencial e enfatiza que "em Ciência, cada antigo ponto de vista abandonado significa novo passo de visão científica dado à frente" (1999, p. 40).

Buscando abandonar um ponto de vista incrustado politicamente, como o eurocentrismo[10], Gauthier (2011, p.40) argumenta que ao suspender suas crenças, a postura do pesquisador intercultural deve ser pelo agnosticismo. A suspensão das crenças significa não ter pretensões de que a 'verdade' seja a do próprio pesquisador. Isso porque a pesquisa intercultural é caracterizada "por respeitar as crenças epistemológicas e os caminhos metodológicos do outro". Ao emitir seu posicionamento científico, Gauthier se reafirma como um dos pensadores da '*de*colonialidade do saber'. Essa expressão traduz uma vertente científica que objetiva desconstruir a força do processo colonial imposto sobre os saberes dos povos da América Latina. A colonialidade, portanto, "transcende as particularidades do colonialismo histórico" e não desaparece quando o país se torna independente, afirma Quijano (1997 apud ASSIS, 2014, p. 614). A *de*colonialidade, no caso dos saberes étnicos, é um posicionamento político que "valoriza os conhecimentos indígenas como científicos e estuda as semelhanças e diferenças entre as ciências

9 "Perspectiva teórico-metodológica no campo da educação popular. Propõe um processo grupal de produção do conhecimento, em que todos os integrantes se constituem como co-participantes". Valoriza as categorias e os conceitos produzidos pelas culturas dominadas e de resistência - explica Fleuri (2001) ao apresentar o livro "Uma pesquisa sociopoética" de autoria de Gauthier (2001), publicado pela UFSC.

10 A escrita do vocábulo 'eurocentrismo' ocorre de duas maneiras: unido, nas citações já publicadas; separado, conforme a nova ortografia.

eurodescendente e indígena, numa perspectiva de dialogicidade e interculturalidade", explica Gauthier (2011, p. 43).

A perspectiva de cientificidade dos saberes indígenas, proposta por Gauthier, é reconhecida por mim. Ressalto, porém, que os fatores multidimensionais e energéticos interpretados por acadêmicos podem não corresponder aos conceitos que adquiri por meio dos estudos consciencológicos; e que conhecimento indígena enquanto conhecimento válido promove impacto ético e epistemológico.

Segundo Vieira (1999, p. 238), o saber é constitutivo do ser humano e este [nós] não está limitado a 'saber algo', mas, sim, o humanoide "sabe que sabe" e ainda 'busca se conhecer', quando assim o deseja. Dialogando com Walsh (2009 apud GAUTHIER, 2011, p. 43), entendo a perspectiva da *de*colonialidade do saber proposta por Gauthier centrada no fator político que permeia a produção de conhecimento da humanidade. No caso étnico, os países Bolívia e Equador empoderaram os indígenas durante a elaboração das suas novas constituições: "pela primeira vez na história da humanidade, proclamassem a igual dignidade de todas as formas de conhecimentos, portanto, das ciências indígenas, afrodescendentes e eurodescendentes."[11]

As consequências deste posicionamento político foram: (a) o direito de assumirem a *Pacha Mama*, a Terra-Mãe, como elemento das cosmovisões indígenas; e (b) o desmonte de considerar o homem como centro e mestre da natureza. Ambas as consequências são muito valiosas para nosso viver planetário, no sentido de que potencializam "a compreensão da ecologia e para que possamos responder aos desafios do aquecimento global", argumenta Gauthier (2011, p. 43). Sob a perspectiva consciencial, entendo que as consequências dessa visão possibilitam ampliar nossa compreensão das diferentes consciências *ressomando* [voltando a ter corpo físico], as possibilidades de realizar a tarefa do esclarecimento [*tares*] e o *rapport interconscencial* com os diferentes humanos. Entendo que, tanto a perspectiva de aceitar as cosmovisões indígenas, quanto a de desmistificar a centralidade humana dominando a natureza, contribuem para que aceitemos a consciência ressomada em diferentes culturas. No exercício da tarefa do esclarecimento [tares], é cosmoético partir de onde e como a pessoa está, de modo a não agredi-la

11 Os Direitos da Natureza, ou *"Los Derechos de La Pacha Mama"* estão na Constituição do Equador (2008). O Artigo 71 diz: "A Natureza ou *Pacha Mama*, a qual produz e reproduz a vida, tem direito ao respeito integral à sua existência e à manutenção e regeneração de seus ciclos vitais, estrutura, função e processos evolutivos. Todas as pessoas, comunidades, povo ou nação poderão exigir das autoridades públicas o cumprimento dos direitos da natureza. O Estado incentivará as pessoas civis e jurídicas a coletividade, a protegerem a natureza, e promoverá o respeito a todos os elementos que formam um ecossistema." Nos Artigos 41 e 42 há o reconhecimento dos "direitos intrínsecos da Natureza", fato que está causando discussões na doutrina do direito por configurar o "ponto de partida para uma mudança do paradigma antropocêntrico que norteia os atos da humanidade", em um enfrentamento diante do antropocentrismo, o qual entende ser proprietário da natureza, de modo a ser autorizado a "fazer com ela o que bem entender, e o faz" (ALQUIMIANDO O MEIO AMBIENTE, 2012).

e, simultaneamente, abrir-se à possibilidade de interagir e de se inter-relacionar com todos os tipos humanos[12].

As mudanças conquistadas pelo povo latino-americano são concretas e plenas de subjetividades. Segundo Vieira (1999, p. 15), para que a subjetividade seja reconhecida requer ser aceita pela pessoa, sempre por meio de prova objetiva. "O subjetivo pode conhecer o subjetivo e o objetivo", de modo que o observador/pesquisador toma parte do experimento que observa. "A rigor, nenhuma Ciência é completamente objetiva, tendo em vista que mesmo os dados obtidos por uma máquina só serão considerados dados quando alguém determina subjetivamente sua importância". Posteriormente, "esses dados nada dizem enquanto não forem *interpretados subjetivamente* (sic)", considera Vieira.

Sob meu ponto de vista, nisto consiste a ousadia de Gauthier frente à ciência de origem europeia, ou seja, empoderar os saberes indígenas na academia, enquanto 'dados objetivos'. Até pouco tempo atrás, o pensamento indígena, de modo geral, não era aceito como dado científico. Os indígenas tratados pelo autor vêm de uma realidade diversa da realidade europeia, constituem os povos da multicultural América Latina. Por esse motivo, para inovar na produção do conhecimento científico, Gauthier (2011, p. 40) entende que os pesquisadores precisam realizar, em si mesmos, uma "forma de limpeza mental, uma forma de iniciação".

O processo de autolimpeza consiste em "desconstruir o que foi enraizado em nós", no sentido de que as mentes científicas estão cheias das crenças filosóficas, a exemplo do materialismo, que sustentam o eurocentrismo há séculos. Essa base, vinda com a colonização, é denominada 'materialismo filosófico'. Suas características principais são os princípios de que a matéria independe do espírito, e que há graus de complexidade nas ciências, ou seja, as ciências humanas e sociais são mais complexas que as ciências da natureza. Para o autor, o eurocentrismo se perde em elucubrações e não proporciona a abertura das mentes para se disponibilizarem a acolher a diferença. "O espírito (humano), nesse caso, vem se opondo à matéria, distanciando-se dela e construindo-a como um objeto separado, independente dele, cognoscível pelas leis da física e da química, complexificadas em ordens superiores quando se trata da biologia, e ainda mais, da sociologia ou da psicologia (GAUTHIER, 2011, p. 40).

Despido da polaridade de que no materialismo os fatos possam ser mais ou menos complexos e hierarquizados, Vieira (1999, p. 357) afirma que "o materialismo é uma tendência, atitude ou sistema que entende que tudo é matéria e que não há substância *imaterial*(sic)". Este e outros princípios adotados durante muito tempo na academia e fora dela "atrasam a vida, o autoconhecimento e a evolução íntima da consciência", pondera ele. Como exemplo desse predomínio materialista, o autor cita o "egoísmo e o materialismo" permeando a atual sociedade, guiados pela industrialização voltada ao comércio.

12 Contribui para a TENEPES, quando é criado um ambiente de doação de energias mediado por amparadores, independente da forma, do pensamento ou da energia que a conscin ou consciex se apresente.

Esse aspecto leva a compreender um Gauthier inquieto intelectualmente, pois "as ideias materialistas são pueris e contraditórias sob muitos aspectos". Nas questões de 'vida' e 'morte', por exemplo, o materialista teme passar por ridículo [catagelofobia] quando pensa na morte, ou em outra vida. "O materialista é uma *conscin* completamente perdida no seu presente *intrafísico*, que busca eliminar o seu passado e o seu futuro". Em decorrência, a ciência materialista elimina tudo aquilo que não pode responder positivamente, esquecendo-se que "[...] a realidade de um fato subjetivo é de natureza igual à de um fato material", explica Vieira (1999, p. 357).

Reforçando essa visão de eliminação do imaterial desencadeada na ciência, Gauthier (2011, p.40) cita que, na modernidade, o materialismo filosófico é conhecido também por 'naturalismo[13]', tendo favorecido muito o desenvolvimento das ciências eurodescendentes e simultaneamente silenciado e desqualificado outras três formas de fazer ciência na espécie humana, quais sejam: (a) o "totemismo", forma do pensamento de povos do Pacífico, onde a sociedade é organizada com regras matrimoniais a partir da crença na filiação dos clãs, e a partir de uma espécie mítica[14] de origem animal ou vegetal; (b) o "analogismo", forma de pensamento encontrada na Ásia, nas montanhas da América Central e do Sul, e em muitas sociedades africanas, onde no ser humano, na natureza, nas artes, na sociedade etc. ressoam características comuns[15]; e (c) "xamanismo" ou animismo, forma de pensamento em que minerais, vegetais e animais se comunicam com o ser humano e é possível a metamorfose entre os seres desses reinos com a espécie humana[16].

O autor[17] enfatiza que estas três formas de pensamento não devem ser 'hierarquizadas', mas devemos respeitar as 'diferenças' entre elas. Para exemplificar cita Claude Lévi-Strauss[18] quando elaborou a 'teoria do estruturalismo' de maneira 'naturalista', ratificando a oposição 'natureza x cultura' como matriz de todos os mitos da humanidade. Lévi-Strauss não quis ouvir o que diziam seus informantes indígenas. Gauthier apresenta seus argumentos sustentando-se na crítica ao materialismo por ser limitante ao entendimento e à aceitação das diferentes premissas dos saberes tradicionais.

13 Termo cunhado por Philippe Descola, em 2005 (GAUTHIER, 2011).

14 O pensamento mítico vem da mitologia e difere do conhecimento científico. Não se trata de hierarquizar, mas distinguir as diferenças tendo em vista que cada conhecimento difere na forma de produção, intenções e consequências.

15 Orixás no candomblé ou o pensamento Taoísta, na China antiga.

16 O correlato do xamanismo na perspectiva conscienciológica seria o parapsiquismo. Trata-se simultaneamente de uma condição fisiológica e uma atividade humana, exercidas de diferentes formas, com diferentes intenções e resultados, em cada uma das abordagens – reflexões a partir das orientações de Luciana Ribeiro.

17 Nesse momento, Gauthier dialoga com Descola (2005).

18 Eminente antropólogo francês idealizador do modo de pensar e do método de análise estruturalista, no início do século XX, com apogeu em 1960.

O posicionamento de Gauthier acerca da cientificidade dos saberes indígenas ou saberes tradicionais requer o acréscimo das reflexões elaboradas por Cunha (2007). A autora argumenta que os 'saberes tradicionais' são diferentes do saber científico, "mais diferentes do que se imagina". Há sim uma incomensurabilidade entre os conhecimentos científicos e os indígenas que não reside nos resultados. O conhecimento científico pode se afirmar como verdade "até que outro paradigma o venha sobrepujar, como mostrou Kuhn". E é o sentido da universalidade do saber científico que não se aplica aos saberes tradicionais. "A pretensão de universalidade da ciência talvez seja herdeira das ideias medievais de uma ciência cuja missão era revelar o plano divino". O fato é que a Ciência moderna, instaurada desde o século XVII, foi "deliberadamente construída como una, através de protocolos de pesquisa acordados por uma comunidade". O que há de semelhança entre o saber científico e o saber tradicional é que ambos são "formas de procurar entender e agir sobre o mundo. E ambas são também obras abertas, inacabadas, sempre se fazendo" (CUNHA, 2007, p. 78).

Não obstante, afirma a autora, o senso comum não vê a questão assim. Os conhecimentos tradicionais são vistos como "um conjunto acabado que se deve preservar, um acervo fechado transmitido por antepassados e a que não vem ao caso acrescentar nada". Há muito equívoco nisso, enfatiza Cunha (2007). Estudos recentes mostram que "o conhecimento tradicional reside tanto ou mais nos seus processos de investigação quanto nos acervos já prontos transmitidos pelas gerações anteriores". Diante desse contexto, vale ressaltar que há, sim, diferenças profundas, quais sejam: (a) "há tantos regimes de conhecimento tradicional quanto existem povos" de modo que o uso da expressão no singular 'conhecimento tradicional' é para contrastar com o 'conhecimento científico'; (b) o conhecimento científico é hegemônico e seu poder se manifesta até na linguagem, de modo que quando se diz 'ciência' está se falando de 'ciência ocidental' (CUNHA, 2007, p.78).

Após o esclarecimento de que os saberes são diferentes, Cunha (2007, p. 79) questiona "quais são as pontes entre eles" e se "as lógicas são as mesmas ou seriam diferentes". A diferença não está na lógica, "o que há são premissas diferentes sobre o que existe no mundo", explicou Evans-Pritchard (1937 citado por CUNHA, 2007, p. 79) no seu estudo sobre a bruxaria e oráculos entre os povos Azande, do Sudão. "Dada uma ontologia e protocolos de verificação, o sistema é de uma lógica impecável a nossos olhos."

A diferença, afirma Cunha (2007, p. 79)[19], provém dos níveis estratégicos distintos a que se aplicam. O conhecimento tradicional opera com "as assim chamadas qualidades segundas, coisas como cheiros, cores, sabores... No conhecimento científico, em contraste, acabaram por imperar definitivamente unidades conceituais." Outra forma de diminuir a ciência tradicional é dizer que "ela não procede por invenção, somente por descoberta e, até, quem sabe, por imitação de

19 Cunha (2007) atribuiu o crédito da reflexão a Lévi-Strauss sem mencionar a fonte, nem no texto e nem nas referências. Entendi que devido ao tempo esse conhecimento foi incorporado pelos antropólogos de modo que há um diálogo direto.

outros primatas, macacos que usam plantas medicinais." Não obstante as dificuldades para transitar pelas pontes que unem, refutam e interculturalizam as ciências, há a etnomedicina, a etnofarmacologia, o etnodesporto e os saberes ecológicos, dentre outros, que atuam na fervura dos novos paradigmas que os saberes tradicionais os submetem.

Por sua vez, Vieira (1999, p. 45; 357) apresenta os fundamentos da nova ciência Conscienciologia e sua especialidade Projeciologia, informando que é ciência humana "com caracterização científica própria a novo modelo", não sendo somente experimental. Há teorias e métodos "adaptados à singularidade do seu objeto que é o ser humano considerado de modo abrangente, globalizante, integral, holossomático, multidimensional, multiexistencial, holomnemônico." O mais complexo é o fato de o paradigma consciencial estar voltado para a evolução coletiva e a autoevolução, enquanto o cientista materialista [naturalista] se mostra como uma consciência "atolada, concentrada e fascinada pela experiência hedonista do aqui e agora do seu corpo de homem ou mulher-animal, que se arrasta na crosta planetária". Sendo assim, nessa visão carnal de mundo não existem o *holossoma*[20] [todos os corpos], a *seriéxis*[21] [várias existências] e outros, pois o *egocarma*[22] ainda predomina na sua *autopensenidade* materialista.

A visão de mundo materialista foi nociva no reconhecimento das formas de epistemologias de diferentes povos. Os xamãs, exemplifica Gauthier (2011) não diferenciam 'natureza e cultura'. Para eles, tanto os animais têm sua cultura e podem se transformar em humanos, quanto os humanos se transformam em animais no mundo imaterial. Os resultados de muitas das visões xamânicas, de plantas e animais, são usufruto de todos, por exemplo: os saberes sobre determinada planta e o fato de que seu uso tradicional prolongado constitui a única forma de detectar sua toxidade, é uma contribuição importante para a farmacologia, afirma Cunha (2007, 80). Considerando este aspecto, Gauthier destaca que ao realizar a pesquisa intercultural, o pajé (xamã) pode afirmar que o universo todo é produzido pelo 'Espírito Universal da Natureza' e dentro desse universo há espíritos particulares para rochas, plantas, animais e humanos.

No caso dos estudos conscienciológicos, o paradigma considera equivocado o retorno da consciência a outras formas animais, após ter vivido na condição humana. Na perspectiva de ampliar esse saber indígena acerca da manifestação de um espírito universal da natureza, tomemos em conta a abordagem de Vieira (1999, p. 575), segundo o qual algo semelhante a esta ideia indígena do espírito universal seria a 'energia imanente'. Observo ao leitor, que não tenho como certo se para os indígenas 'espírito' e 'energia' são similares. Gauthier tampouco parece

20 Conjunto dos veículos de manifestação da conscin: soma, holochacra, psicossoma e *mentalsoma;* e da *consciex:* psicossoma e *mentalsoma.*

21 Seriação existencial evolutiva da consciência; existências sucessivas; renascimentos intrafísicos em série (CONSCIENCIOLOGIA, 2013)

22 Princípio de causa e efeito, atuante na evolução da consciência, quando centrado exclusivamente no ego em si. Estado do livre-arbítrio preso ao egocentrismo infantil (Conscienciologia, 2013).

diferenciar estes conceitos. Em contraposição, para Vieira, são duas realidades bastante diferentes, devendo ser estudadas especificamente.

A delicadeza da questão está nos relatos verbalizados e que são traduzidos, geralmente por um membro da etnia que domina ambas as línguas. Da parte dos pesquisadores[23], esses geralmente não são conhecedores da língua, assim como não são conhecedores dos neologismos do paradigma consciencial. O que pode ocasionar certa dificuldade de compreensão ao abordar essas outras formas de ver o mundo.

Vieira, idealizador da Conscienciologia, qualifica a energia imanente, um tipo de energia primária, invisível, multiforme, totalmente impessoal, dispersa em todos os objetos ou realidades físicas. A essa similaridade, talvez os indígenas chamariam de 'o espírito das coisas'. Interpenetrando tudo no Universo, a energia, segundo Vieira (1999), ainda não foi domada pela consciência humana, é "demasiadamente sutil para ser identificada pelos atuais instrumentos tecnológicos". Conhecida também por 'prana' ou 'energia extrafísica' assemelha-se à referência dada pelo indígena.

A diferença entre a perspectiva indígena e a da Conscienciologia, complexa a meu ver, estaria no fato de apesar de ambas estarem calcadas na percepção, respectivamente, a indígena fundamenta-se na percepção dos diferentes mundos de modo a construir um conhecimento que sustenta as identidades, o modo de ser e as cosmologias; enquanto a Conscienciologia está calcada na percepção que vem da autopesquisa teática e visa à evolução.

Os xamãs, segundo Vieira (1999, p. 877), são os "verdadeiros projetores[24] rústicos, primitivos, precursores dos modernos projetores conscientes da Projeciologia". O autor ressalta que essa qualidade, ou seja, a experiência do fenômeno projeciológico dos/as xamãs integra "a fisiologia natural do homem e da mulher desde que estes surgiram na face da Terra", portanto essa visão de mundo [verdadeira para esse povo e vivenciada por eles], que Gauthier insiste em fazer reconhecida na academia, se aceita, pode contribuir sobremaneira no "reconhecimento de que os paradigmas e práticas de ciências tradicionais são fontes potenciais de inovação da nossa ciência" (CASTRO, 2007, p. 81). Gauthier não é conhecedor do paradigma consciencial, não se pronuncia sobre as projeções xamânicas serem fisiológicas. Recorrendo a Vieira (1999, p. 877), ressalta-se a contribuição do paradigma consciencial para com a academia ao afirmar que a projeção fora do

23 Como pesquisadora vivenciei problemas quanto à língua Kadiwéu. Hoje, no Brasil, são faladas 274 línguas indígenas (IBGE, 2010) mais a língua portuguesa oficial. O tradutor indígena que me acompanhava nas pesquisas com o povo Kadiwéu [os Guaicuru], habitantes na fronteira do Mato Grosso do Sul com a Bolívia utilizava termos específicos do esporte, quando o ancião de 92 anos relatava um tipo de jogo tradicional. Observei que o tradutor usava termos do jargão da Educação Física, como "área", "demarcação" e estes termos não estavam condizentes com o jogo tradicional/ludodiversidade. Foi necessário parar a tradução, conversamos e no final ponderei que poderia não haver vocabulário na língua Kadiwéu para a tradução. O caso do 'empréstimo' linguístico é usual e ocorre também entre os Guarani e Kaiowá da fronteira do Mato Grosso do Sul com o Paraguai.

24 Pessoa que se manifesta com outro corpo, além do físico.

corpo físico "não pode ser classificada como psicopatologia", ocasionando o desafio de pesquisadores virem a conhecer o paradigma consciencial.

Gauthier (2011, p. 41) defende que para haver a pesquisa intercultural, ou seja, "a produção conjunta e respeitosa do conhecimento", a condição é a de abandono da crença materialista pelo pesquisador. Com a autolimpeza das crenças pessoais, incluindo a da visão materialista, o pesquisador conseguirá compreender e acolher "as palavras-com-fundamentação-espiritual pelas quais esse, ou essa pajé expõe seus conhecimentos" acerca dos efeitos da cura por determinada planta e a metodologia utilizada para a colheita daquela planta. Concomitante a este acolher 'o outro' [no caso o pajé é acolhido]; o pajé vai também suspender provisoriamente suas razões espirituais e passar a ouvir "as razões explicativas materialistas", levadas pelo diálogo com o pesquisador acadêmico. Assim, haverá uma troca sensível de realidades.

Enquanto para os xamãs e antropólogos valeria a suspensão temporária das suas crenças, na Conscienciologia o 'princípio da descrença' propõe que além de suspender a crença, a pessoa deve dispor-se e propor-se a aplicar técnicas evolutivas que propiciem vivências parapsíquicas, e a partir dessas vivências analisar a realidade posta em questão.

O transe que acomete o/a xamã e o/a leva à interação entre mundos é compreendido no paradigma consciencial a partir da análise dos estados alterados de consciência, no caso dos indígenas podem ser provocados por meio de danças giratórias, evocações com uso da fumaça do cachimbo, ou a ingestão de alguma planta que conduza "a consciência ao colapso do transe *parapsíquico* com as consequentes visões". O corpo do xamã pode também "permanecer sob o comando de uma *consciex* (possessão) durante o período da exteriorização da consciência", com ou sem o fenômeno da *psicofonia*[25], explica Vieira (1999, p. 482), enfatizando que seria possível obter o mesmo efeito a partir de técnicas específicas, portanto sem uso de substâncias de qualquer tipo.

Os indígenas citados por Gauthier (2011, p. 41) são as etnias que habitam a região amazônica, onde é usual a ingestão da "planta-doutora *ayahuasca*", conhecida como "cipó dos ancestrais" em língua quéchua[26]. Esse pesquisador entendeu que o espírito dessa planta "mostra aos xamãs como curar o mundo dos seus males, materiais e espirituais[27]". Ingerida na forma de chá é capaz de catalisar seus efeitos "permitindo assim ao cérebro ter acesso direto a conhecimentos inconscientes,

25 Ato de uma consciência intrafísica [tem corpo físico] falar incorporado através do corpo humano de uma pessoa.

26 Língua comum falada em Lima, Peru. Seu primeiro dicionário foi publicado em 1604. Obtido em: https://www.wdl.org/pt/item/13770/

27 Segundo a análise bioquímica pela ciência acadêmica, o chá é um composto das seguintes ervas: cipó mariri *(Banisteriopsis caapi)*, plantas da Amazônia, em particular a chacrona *(Psychotria viridis)* e a *chaliponga (Diplopterys cabrerana)*.

normalmente velados em estados normais", explica Gauthier.

Vieira (1999, p. 888) considera desnecessária e contraproducente a ingestão de substâncias para alcançar outros estados conscienciais, pois elas limitam e comprometem a lucidez, durante a vivência do estado alterado de consciência, distorcendo a percepção e compreensão do fenômeno vivenciado. Fato que, no caso da perspectiva conscienciológica, comprometeria a autopesquisa. Observa ser comum em diversas culturas indígenas o uso de substâncias em rituais [fumados em forma de cigarros ou cachimbos], ingeridas em forma de sementes mastigáveis e chás "empregadas para se obter empiricamente a auto-transcendência(sic)".

O pesquisador Gauthier vivenciou a ingestão da bebida por ele considerada enteógena[28] para tentar obter o estado alterado de consciência e conhecer o universo apresentado pelo xamã. Seus relatos confirmam o aumento da percepção, o que lhe proporcionou comprovações para sustentar seus estudos pautados por interpretações transculturais. A bebida *ayahuasca*, cujo nome homenageia um indígena sábio, de origem Inca, resulta do cozimento de um conjunto de ervas e "constitui prática milenar", embora há poucas décadas seja adotada em cerimônias indígenas no Amazonas e alastrando-se por todo o país. O acadêmico ressalta que:

> Experimentei diretamente certos caminhos xamanísticos do saber e me acostumei, nas minhas pesquisas acadêmicas, a cruzar as interpretações teóricas dos dados de pesquisa legitimadas pelas ciências eurodescendentes (a partir dos grandes cientistas) com as interpretações dos mesmos dados, sugeridas pela ayahuasca, doutora legítima no universo científico indígena. (Gauthier, 2011, p. 42)

Ao trazer o posicionamento do pesquisador acadêmico para uma reflexão frente a frente com os estudos *conscienciais*, Vieira (1999, p. 947) é incisivo ao afirmar que "drogas de qualquer tipo, ou as experiências conscienciais extremamente forçadas por produtos farmacológicos, nem sempre favorecem o desenvolvimento das pesquisas projeciológicas, em razão da confusão mental que estabelecem na mente dos que experimentam tais vivências e as analisam posteriormente".

Vale destacar que o estudo realizado por Gauthier não busca a projeção consciente para fins da evolução na *seriéxis*[29]. Tampouco podemos chamar de ação mentalsomática, pois o uso da planta oblitera a lucidez e o discernimento, ainda que possa aguçar certas percepções. Gauthier desconhece a ideia de *holossoma*. Seu experimento está voltado ao respeito e reconhecimento do gênero humano considerando seu valor cultural. Portanto, ao meu ver, o valor atribuído pelo acadêmico restringe-se à revisão epistemológica acadêmica, no sentido de

28 A associação das plantas gera serotonina semelhante à produzida pelo cérebro, que a potencializa (GAUTHIER, 2011, p. 41).

29 Seriação existencial evolutiva da consciência; existências sucessivas; renascimentos intrafísicos em série.

inserção de outra forma de paradigma humano, cuja natureza visa à quebra hegemônica

> [...] da palavra "ciência", tanto no contexto xamanístico como naturalista (ou analógico, ou ainda, totêmico), pois, geralmente, é considerado científico o conhecimento que foi produzido ao obedecer às hipóteses materialistas de constituição do saber e ao seguir os procedimentos metodológicos de uma rigorosa experimentação orientada pela ciência matemática (GAUTHIER, 2011, p. 43).

Dito de outra forma, Gauthier (p. 42) observa que enquanto "o pensamento eurodescendente constrói uma explicação bioquímica e psicanalítica naturalista e materialista", o "pensamento xamanístico elabora uma explicação mítica, espiritual, do mesmo fenômeno, dos mesmos efeitos". Ao pesquisador acadêmico de interculturalidade "não cabe e é impossível preferir uma das explicações a outra". A pesquisa intercultural exige o reconhecimento das diferentes realidades, procurando uma "forma para o conhecimento científico e o conhecimento tradicional viverem juntos. Viverem juntos não significa que devam ser considerados idênticos", enfatiza Castro (2007, p. 84). Corroborando a perspectiva de Gauthier de supressão das crenças do pesquisador, enquanto postura epistemológica, a antropóloga Castro (2007, p. 84) apresenta uma tríplice condição, qual seja: "preservar a vitalidade da produção do conhecimento tradicional"; "reconhecer e valorizar suas contribuições para o conhecimento científico"; e "fazer participar as populações que o originaram nos benefícios que podem decorrer de seus conhecimentos[30].

Foi esta perspectiva que fez e faz de Gauthier uma referência para estudos acadêmicos com indígenas. Há reconhecimento de que o autor enfrenta um grande desafio ao colocar-se frente a frente com a fundamentação histórica da ciência eurocentrada. Gauthier (2011, p. 46) recupera o processo histórico da ciência explicando que ela "foi criada ao pensar contra os conhecimentos anteriores (do heliocentrismo à teoria das bactérias ou à teoria das classes sociais)". Antes havia a "ilusão do sol girando em redor da terra, ou da sociedade como constituída por uma aglomeração de indivíduos", e foi preciso romper com estas 'certezas'. Os pesquisadores precisaram "aprender a questionar; e, sobretudo, aprender *como* questionar e *como* ver além do óbvio". E tal procedimento, que resultou em rupturas, não ficou limitado "à área geográfica europeia". Um exemplo de outro espaço geográfico vem dos "cientistas que criaram a acupuntura", ciência forjada por uma "ruptura epistemológica em relação aos saberes da China da época", e que "foi possível a partir da filosofia taoísta", explica Gauthier (2011, p. 46).

Por isso causa estranheza aos eurodescendentes, "pois as ciências mate-

30 O inverso também é verdadeiro, no sentido de que o conhecimento indígena precisa também enfrentar a ciência ocidental, mostrando sua eficácia.

mático-experimentais precisaram de filosofias materialistas para que dessem as costas às interpretações religiosas já presentes – as quais impediam o pensamento científico, pois já explicavam tudo" (p. 46). De modo semelhante, "podemos igualmente supor que o nascimento da fitofarmácia indígena na bacia do rio Amazonas exigiu uma ruptura epistemológica em relação aos conhecimentos prévios dos povos indígenas". Os eurodescendentes, assim como Gauthier, estranham o universo amazônico onde é possível ocorrer "uma aliança cognitiva inter-reinos", pois, segundo os indígenas, "pedras, plantas e animais *sabem*".

2. ESTHER LANGDON E WALDO VIEIRA

Esther Jean Matteson Langdon possui pós-doutorado da *Indiana University* e *University of Massachusetts, Amherst;* doutorado em Antropologia na *Tulane University of Louisiana,* mestrado em Antropologia na *University of Washington,* e graduação em Antropologia e Sociologia - *Carleton College.* Atualmente é professora titular da Universidade Federal de Santa Catarina (UFSC) e coordena o Instituto Nacional de Pesquisa Brasil Plural[31] (IBP). Tem experiência na área de Antropologia, com ênfase em Cosmologia e Saúde.

O texto selecionado do conjunto da obra de Langdon foi "A tolerância e a política de saúde do índio no Brasil: são compatíveis os saberes biomédicos e os saberes indígenas?", publicado em 2001, como um dos capítulos do livro organizado por Luís Donizete Benzi Grupioni e outros, denominado 'Povos Indígenas e Tolerância', editado pela Editora da USP – EDUSP. Langdon inicia seu texto citando o artigo 1º dos 'Princípios sobre a Tolerância' aprovados pela UNESCO (1995, p.1) – "[...] para a harmonia internacional, torna-se essencial que os indivíduos, as comunidades e as nações aceitem e respeitem o caráter multicultural da família humana".

A mesma obra de Vieira (1999), citada no subtítulo anterior, foi adotada para dialogar com Langdon (2001). Acerca do caráter multicultural da família humana, Vieira (1999) amplia a perspectiva multicultural proposta pela UNESCO para o âmbito multiexistencial e multidimensional, complexificando a existência humana quando pensada no paradigma consciencial. Para tanto, argumenta que, além das diferenças culturais, as quais por si mesmas já são um desafio para a compreensão mútua, existem as relações cármicas[32], ou seja, as relações resultantes das afinizações pensênicas e suas consequências. Os grupos comunitários,

31 Ligado ao Instituto Nacional de Ciência e Tecnologia (INCT), o IBP consiste em um programa federal de pesquisas integradas que visa descrever e retratar, a partir de uma perspectiva antropológica, diferentes realidades brasileiras, contribuir para elaboração de políticas sociais e a formação de profissionais que atuem no âmbito acadêmico e junto às populações estudadas http://brasilplural.paginas.ufsc.br/

32 A lei do Carma, por vezes, é reconhecida por seu caráter fatalista. Contudo, na Conscienciologia a lei do Carma tem causa na cosmoética, ela não castiga, não recompensa, não cria ou designa nada. O foco dessa lei está na pensenidade. O carma é o "relógio de antimatéria, sempre infalível, que marca a hora do contratempo ou do acidente de percurso no destino pessoal", dentro do processo evolutivo (VIEIRA, 2012, p. 97).

os familiares compõem as consciências do 'grupocarma' embora se apresentem em outros corpos (somas), "em outras vestes e outras identidades físicas, com as tendências conhecidas, um pouco melhoradas, às voltas com as consequências do papel que desempenharam [...], subindo cada degrau dentro do ciclo multiexistencial" (p. 915) evolutivo. Essas relações acentuam as singularidades, as afinidades e as dificuldades nas relações humanas.

Nos limites brasileiros, Langdon (2001, p. 158) evoca a Constituição de 1988 acerca do direito indígena de atenção diferenciada, em termos de vulnerabilidade e da especificidade étnica. A pacificação desses povos foi revertida em quase extermínio, "em consequência do contato com as doenças europeias". Chacinas e epidemias foram fatores de diminuição das populações indígenas, destaca citando Ribeiro (1982 apud GAUTHIER, 2001, p.158). Atualmente, a marginalização, a perda do território, as mudanças ambientais, o desuso de "técnicas tradicionais de subsistência e a exploração por parte da sociedade envolvente contribuem para uma situação de saúde muito precária" (p. 158).

Apesar de a legislação brasileira ter aderido aos princípios sobre a tolerância, a saúde indígena está longe de ser solucionada. Esse fracasso é consequência dos serviços que devem ser diferenciados e não o são. A "estrutura burocrático/administrativa confusa e complicada demais, caracteriza-se pela falta de competências e responsabilidades na geração dos projetos e serviços" aos indígenas (p. 159). Sabendo que mesmo não havendo sincronicidade entre os saberes da biomedicina e os dos indígenas, "teoricamente não deve haver falta de respeito ou conflito entre os dois sistemas médicos, o dos índios e o dos profissionais dos serviços de saúde" (p. 159).

A meu ver, o conflito se instala quando observamos que mesmo a biomedicina estando fundamentada em "vultosa massa de fatos seguros e sólidas teorias", "[...] suas múltiplas áreas ou especialidades [a medicina] não podem ser aplicadas com segurança matemática", destaca Vieira (1999, p. 45). Isso porque erros são cometidos e convém ainda "estimar as possibilidades, exercer o julgamento ou juízo crítico, e fazer funcionar a percepção intuitiva, tanto no diagnóstico quanto na terapêutica" (p. 45). O autor enfatiza que com a ampliação dos fatores multidimensionais, poderão ser alteradas no mínimo 4 áreas de pesquisas da biomedicina, a saber: (a) a *anamnese* clínica; (b) a fisiologia; (c) a terapêutica em geral; e (d) a psiquiatria (p. 94-95). Essas perspectivas de mudanças são em decorrência do tratamento do paciente *"para além do organismo físico"*, abordado como entidade completa – perspectiva que já é comum entre os indígenas, considerados os devidos contextos.

Langdon tem destacado nesse e em outros estudos, o fato de que os indígenas "reconhecem a eficácia da biomedicina e geralmente há uma relação de complementaridade entre as duas medicinas na procura de tratamento". A experiência da autora, no entanto, mostra que há obstáculos "para que um verdadeiro respeito ao saber indígena seja uma realidade". O primeiro obstáculo é a diretriz de "respeitar o índio como um ser humano igual, relativizando seus hábitos, costumes e crenças". O segundo obstáculo trata de entender que ele "provêm de uma cultura diferente com valores e conhecimentos diferentes" (p. 159-160). Rememorando DaMatta (1987), Langdon (2001, p. 160) afirma que "a nossa atenção para com as sociedades tribais deve ser fundada na troca igualitária de experiências humanas". Consolidar essa troca requer de nós a tolerância, a humildade, a esperança e a generosidade que fazem parte da capacidade de "enxergar nossa humanidade no 'outro', e o 'outro' dentro de nós mesmos".

Essa perspectiva humanista de ver o outro em si mesmo pode ser refletida, tanto por meio da História quanto da Para-História[33]. Segundo Vieira (1999, p. 30), a vida humana é cheia de percalços e diante deles há "a necessidade de se conhecer a natureza humana e as estruturas da consciência". As pessoas "tendem a ter esperanças excessivas, ou *fé* (sic) na Ciência convencional, mecanicista e incompleta [...]". E é fato que as sociedades e a ciência de modo geral, pouco consideram as sociedades étnicas. No entanto, consideram as colônias alemãs, russas, italianas e japonesas que migraram para o Brasil e ainda mantém costumes, festejos, alimentação, escolas bilíngues para manterem suas raízes. Enquanto isso, a cultura indígena e os próprios indígenas são vistos como sujos, ignorantes quanto às noções de saúde e higiene, incapazes de compreender os tratamentos da biomedicina, dentre outros estereótipos, explica Langdon (2001, p. 160). Limitada, a ciência não pode resolver "*todos* (sic) os problemas enfrentados pelo Homem", pondera Vieira (1999).

O fato é que ao estudar a consciência humana há pouca ênfase no estudo da 'inteligência evolutiva' (IE), marcada pela cognição, a qual "[...] constitui a complexa mistura formada pela percepção, a análise e a compreensão das informações recebidas" (VIEIRA, 1999, p. 31 e 845). No corpo emocional, ou *psicossoma*, está a base menos evoluída do humano, de modo que a emocionalidade, o dogmatismo, a verdade deformada [*sub*informação ou *des*informação] pode estar "a fim de manipular consciências ou seres sociais". O emprego do princípio da inteligência evolutiva (IE) faz com que a pessoa entenda como é a estrutura da evolução no cosmos e como funciona esse processo em sua vida. No exemplo citado por Vieira, ele explica da seguinte forma: você é uma consciência e sabe que está aqui temporariamente e que não é apenas esse corpo; sabe também que tem um *holossoma*, com quatro veículos de manifestação e que quando descartar esse corpo físico [soma] e o *energossoma* [corpo das energias] vai ficar com os outros dois (psicossoma e mentalsoma), e quando evoluir mais vai ficar com apenas um corpo (o mentalsoma). Esse processo leva milhares de anos e seu ritmo depende

33 Uma das especialidades da Conscienciologia que estuda a História da Consciência, do Cosmos, a autobiografia da conscin dessa vida e a História humana de modo muldimensional, através do extrafísico, das retrocognições e da projeção lúcida (VIEIRA, 1999, p. 41).

do nível de engajamento e compreensão da própria consciência quanto ao seu desenvolvimento evolutivo. Dessa forma, nesta vida não se deve lograr os outros, ou viver em auto e heterocorrupção, seja ela passiva ou ativa, dentre outros comportamentos afins. Seria um desperdício de oportunidade e extensão do tempo (em vidas) despendido em passar pelas mesmas lições evolutivas.

Frente ao contexto, a meu ver, a dificuldade de os profissionais de saúde reconhecerem os saberes indígenas pode estar na falta de conhecimento sobre o cosmos e sua influência na vida de cada um. Langdon, enquanto acadêmica, reconhece que falta a estes profissionais compreenderem (a) o conceito de relativismo e o conceito de cultura, e (b) na academia falta o reconhecimento de que o 'sistema indígena de saúde' faz parte de um 'sistema simbólico' composto de "valores, representações e significados inter-relacionados". A autora ressalta que os indígenas têm também definido "o que é doença e saúde, o que causa doenças e o que as cura, e o que é cura". As respostas culturais a estes conceitos são diferentes das respostas da biomedicina, portanto, "não há superstições ou fragmentos de um pensamento menos evoluído", como reiteram vários acadêmicos, argumenta Langdon (2001, p. 160).

Sistemas indígenas de saúde são mais holísticos e podem ser caracterizados como "sistemas xamânicos", no qual tanto a saúde quanto a doença compõem o sistema cosmológico. "Os fatores físicos, sociais e espirituais interagem no processo de saúde/doença e cura". São "princípios epistemológicos bastante diferentes dos da biomedicina", com diferenças do mundo e dos saberes, explica Langdon (p. 161). O Quadro 2 apresenta uma síntese das principais diferenças entre os dois sistemas, cujas argumentações estão explicitadas nos parágrafos seguintes.

Quadro 2. Síntese dos Princípios Epistemológicos comparando a Biomedicina e o Sistema Xamânico.

Biomedicina	**Sistemas Médicos Xamânicos**
Biológica	Social, ecológico e cosmológico
Cura: sintomática	Cura: restauração do bem-estar
Sintomas Corporais	Sintomas corporais e externos ao corpo
Curativa	Preventivo
Escrita	Oral
Formal	Informal

Fonte: Langdon (2001, p. 161)

Certamente, há os riscos de "caracterizar os dois sistemas como opostos", assim como o de "reforçar as velhas noções de que a medicina indígena é basicamente mágica", enfatiza a antropóloga. Caracterizar assim a medicina indígena já é um "erro etnocêntrico que faz parte da história da antropologia". Certamente que a Antropologia, como ciência, já reviu tal erro como indicam os relatos do médico holandês Guilherme Piso, que esteve no Brasil no século XVII, em 1653, permanecendo por um período de sete anos. A publicação do seu livro, escrito em latim, foi em 1658 e foi traduzido no Rio de Janeiro pelo Ministério de Educação e Cultura, em 1957.

Piso, médico em um tempo em que a Antropologia estava apenas delineada enquanto ciência, afirma que:

> Consta da experiência e testemunhos dos autores que todos os íncolas da Índias exercem a medicina e pesquisam os conhecimentos das doenças pelos sintomas e, negligenciando as causas por um certo senso comum, deduzem indicações da doenças e ocorrem a elas opondo remédio contrário [...] de toda essa medicina brasileira, por mim observada durante sete anos e sucintamente transmitida como pude [...]. De sorte que aqui se pode ver a uniformidade com que povos, embora ignorantes e de nenhumas letras, exercem a medicina conosco. [...] restabeleceram com êxito os membros dos soldados feridos por balas de espingarda, que estavam para ser amputados pelos cirurgiões europeus, lusitanos e batavos (PISO, 1957, p. 75-76).

As observações de Piso, realizadas em meados do século XVII corroboram as pesquisas atuais realizadas por Langdon, dentre outros estudos não mencionados no presente ensaio. Os estudos antropológicos permitiram compreender melhor o significado do mito[34], da cosmologia, de modo que a academia pode argumentar serem os processos terapêuticos dos indígenas mais *holistas,* em que "doença e saúde fazem parte de um sistema cosmológico e os fatores físicos, sociais e espirituais interagem no processo saúde/doença/cura", explica Langdon (2001, p. 162).

Com os argumentos acima, fica mais explicitada a síntese do Quadro 2, com o acréscimo dado por Langdon (2001, p. 161) de que para atender, no sistema médico xamânico, os indígenas seguem o seguinte protocolo: identificam os sintomas no início de uma doença; dão um diagnóstico temporário para fazer a indicação de terapia; e avaliam o acerto ou não do tratamento escolhido[35] (LANGDON, 2001, p. 161).

Para sustentarem seus sistemas de saúde, os indígenas desenvolveram uma ciência de fitoterapia e técnicas de parto. O conceito de cura para estes povos está "mais próximo do conceito inglês de *heal* que vem do grego e implica totalidade". Assim, *heal* devolve o bem-estar; e nos casos de doenças sérias, com risco de morte, o bem-estar requer "a restauração das relações ameaçadas pela doença e não só a ausência da doença", ou seja, a cura vem com a restauração do bem-estar.

34 O pensamento mítico encerra categorias de pensamento, expressa a realidade 'sobrenatural' da natureza e a dimensão profunda dos acontecimentos. O mito é dinâmico e muda conforme os tempos, sempre decodificando a experiência religiosa e da sabedoria prática, explica João Ribeiro Jr. (1992).

35 Langdon cita um outro artigo seu, publicado em 1995, mas não o registra nas referências.

Xamanismo é a busca da "causa última da doença e explicação do seu significado". Conforme o Quadro 2, este sistema pode ter elementos secretos, preventivos, ecológicos e cosmológicos, com terapêuticas sem analogia com a biomedicina. Inteligentemente, os indígenas buscam a complementariedade das medicinas: "a biomedicina pela eficácia técnica nos processos biológicos do corpo e o sistema xamânico por explicar o porquê da doença", conforme detalhamento das características da biomedicina expostos no Quadro 2 (LANGDON, 2001, p. 162).

Vieira (1999, p. 27) afirma que os conhecimentos *conscienciais*, assim como os científicos tradicionais, não são definitivos, são "*aproximadamente exatos* (sic)". Da mesma forma, o xamanismo e a biomedicina têm suas incongruências, fundamentadas nos diferentes paradigmas.

É preciso enfatizar, ressalta a antropóloga (p.162) citando Foster & Anderson (1978), que é tarefa comum na sua profissão junto aos projetos de saúde, "avaliar as práticas nativas à luz de suas consequências para a saúde identificando as que são danosas, neutras ou possíveis". As práticas consideradas prejudiciais são orientadas para não mais realizarem, enquanto as neutras e as possíveis são acompanhadas para que "não causem danos". O fato é que estas situações são julgadas pela biomedicina, com a postura de quem detém uma 'verdade superior', detém o poder de juiz final, julga a eficácia das práticas indígenas segundo a compreensão de saúde 'ocidental' [eurocêntrica]. Langdon reconhece a alta tecnologia e o êxito no tratamento de doenças e sintomas físicos, no entanto, refuta a medida de eficácia utilizada, e afirma que este comportamento é uma atitude etnocêntrica.

Verdades são ignoradas, quando "as pesquisas demonstram a eficácia de cura ritual e o papel de relações sociais no processo de saúde e doença", lamenta Langdon (p. 162). A postura é etnocêntrica porque "há três conceitos principais que marcam a diferença entre a biomedicina e a medicina indígena que precisam ser relativizados pela biomedicina". São eles: (a) noções de cura, (b) noções de eficácia, e (c) a noção de realidade biológica da doença.

Mesmo que apenas no plano físico, mas já configurando uma perspectiva mais ampla, Langdon (2001, p. 163) informa que há anos a antropologia tem contribuído na discussão sobre as "causas psíquicas e socioculturais das doenças" e da eficácia dos sistemas de cura levantando a possibilidade de criar uma abordagem interdisciplinar que avançaria o conhecimento sobre a doença. Não obstante, a expectativa da pesquisadora é outra – "seria melhor se fosse uma abordagem intercultural, na qual a biomedicina fosse relativizada e os saberes da medicina indígena fossem tratados como ciência, para redefinir os conceitos de eficácia e cura" (p. 163).

Para se transformar em realidade, a autora (p. 163) propõe que os profissionais da saúde reconheçam as limitações da biomedicina, admitam que existem

36 Diálogos da autora com O'Nell & Selby (1978) citados na página 163.

37 Idem (2001, p. 163) com Csordas 1983; Kiev, 1964; Lévy-Strauss 1975; Laughlin, Mcmanus, & D'Aquili, 1990.

outros sistemas de medicina cujas diferenças epistemológicas devem ser respeitadas e compreendidas como "capazes de dar uma contribuição ao conhecimento". Enquanto Langdon clama pela relativização dos saberes, Vieira (1999, p. 330) argumenta acerca da relatividade da própria vida e as imaturidades humanas. Em que pesem todas as relativizações, uma delas, a decomposição do corpo físico, após a morte biológica, é um fato que atinge o mais orgulhoso dos seres humanos. Tal fato estando consciente tornaria a vida algo valioso, tanto a sua quanto a do outro.

3. NOTAS REFLEXIVAS

Os autores citados neste estudo, assim como quem o escreve e os indígenas, não objetivam depreciar uma medicina pela outra. Gauthier (2011, p. 47), por exemplo, quer ser entendido sem parcialidades e argumenta que ao valorizar "o aporte singular das ciências eurodescendentes não significa desvalorizar as ciências indígenas". Para tanto, o pesquisador acadêmico reforça a necessidade de despir-se tanto dos saberes e dogmas pessoais quanto dos vindos da colonização, pelo fato de que a "ciência" estaria monopolizada na sua forma de pensar. No caso indígena, o paradigma que sustenta o xamanismo "expressa a postura de quem está inserido dentro de um sistema complexo de troca de energias", tendo no 'mito' o elemento norteador dos seus sistemas étnicos. E acrescenta que até hoje a ciência eurocêntrica pouco respeita estes conhecimentos, desconsidera as possibilidades de contribuição destas sociedades para uma convivência profícua e recíproca entre os povos, inclusive para fazer jus à questão da 'universalização dos conhecimentos' refutando a máxima dos 'conhecimentos universais'. O autor reitera, enquanto causa da confusão, "a pretensão da Europa e dos eurodescendentes de serem os únicos criadores da ciência universal". Ao agir como colonizadores sobrepuseram seu poder "frente a outros povos que possuiriam somente saberes locais, convalidáveis apenas na sua área cultural" (GAUTIER, 2011, p. 45).

Langdon (2001) argumenta acerca do paradigma xamânico reconhecendo-o enquanto 'sistema', cuja complexidade busca o bem-estar na sua totalidade, ou seja, pessoal, social, ecológico e cosmológico. No entanto, a estrutura burocrática brasileira na atenção à saúde, associada à falta de estudos que contribuam para que os profissionais da medicina ampliem suas visões de saúde impedem que o sistema xamânico se mantenha em diálogo com a biomedicina. Cunha (2007, p. 82) enfatiza que o Brasil foi o primeiro a assinar a Convenção de 1992, ratificada em 1994, cujo teor legaliza o respeito, a preservação e manutenção dos conhecimentos das comunidades locais[38].

38 "O Brasil se encontra em uma situação muito especial: se por um lado é um país megadiversificado em recursos genéticos e conhecimentos tradicionais, é também, contrariamente a vários outros países, suficientemente equipado cientificamente para desenvolver e valorizar esses recursos internamente. [...] Mas está perdendo uma oportunidade histórica, a de instaurar um regime de colaboração e intercâmbio respeitoso com suas populações tradicionais" (CUNHA, 2007, p. 83).

Ambos os pesquisadores (Langdon e Gauthier) mostram inquietação e indignação diante do contexto acadêmico que ainda exclui as diferentes formas de ser e estar na intrafisicalidade. Nesse sentido, Vieira (p. 330-331) argumenta que o não atendimento à relativização e ao respeito às diferenças, por parte dos humanos, pode ser compreendido no paradigma consciencial como algo ainda não elaborado, pois falta maturidade consciencial, assim como falta conhecimento e autoconhecimento acerca da *evolução*, da *cosmoética*, do *paradireito*, do *holocarma*, dentre vários outros temas que constituem os estudos conscienciais na contemporaneidade, que poderiam contribuir para desenvolver tal maturidade. Concomitantemente, há também consciências clamando por um mundo melhor do que este da dimensão intrafísica, de forma que já são perceptíveis, em algum nível interno/pessoal, um aprimoramento do viver, das responsabilidades e dos compromissos assumidos.

De modo singular, o percurso científico proposto por Vieira (1999) considera o conhecimento da multidimensionalidade, dentre outros fatores, como fator de aprimoramento humano, visando à autoevolução e à evolução coletiva, a qual se dá por meio das múltiplas existências. A correlação entre o conhecimento indígena e a Conscienciologia pode ser explicitada da seguinte maneira: se do ponto de vista antropológico o que faltaria é considerar o mito como sistema de conhecimento válido, o que faltaria na perspectiva conscienciológica é considerar o parapsiquismo como fonte de conhecimento.

As múltiplas dimensões estão reduzidamente contempladas no sistema indígena de saúde, segundo Langdon (2001), e estão também valorizadas em Gauthier (2011, p. 47) quando este argumenta que a ciência indígena já indica "certa superioridade (no sentido de maior amplitude) [...] em relação às ciências de origem cartesiana, por inserirem o pensador no seu objeto de estudo".

Neste ensaio, Gauthier, Langdon e Vieira dialogaram estabelecendo seus percursos científicos, de forma a me possibilitar entrecruzar paradigmas de abrangências e objetivos diferenciados. No dizer de Vieira (1999, p.31), "a ciência mostra-se melhor porque se assenta nas bases do evoluído corpo mental (consciência)". E o objeto de estudo 'consciência' é um "trans-saber inarredável à nossa frente" (VIEIRA, 1999, p. 27). A ressalva indicada pelo paradigma consciencial tem uma máxima que é o 'princípio da descrença', o que a exime das forças dogmáticas ainda presentes em alguns estudos científicos. A meu ver, os diferentes percursos científicos podem ser complementados como o binômio conscienciológico 'admiração-discordância', o qual contribui para que possamos aprender com os contrários. O binômio favorece as relações interpessoais na medida em que se torna natural discordar de alguém e ainda assim cooperar, em prol do trabalho em curso, separando a ideia da pessoa, quer tenhamos ou não afinidade com ela (VIEIRA, 1999, p. 84).

Incontestável, porém, é o fato de que os diferentes paradigmas acadêmicos ampliam nossa visão das *socins* e consequentemente a compreensão dos seres humanos *ressomados* em tribos urbanas, nas etnias, nos quilombos, nos grandes centros, nas periferias e nos ambientes rurais do planeta Terra. Juntos, no 'planeta-hospital' ou 'planeta-escola', nos constituímos enquanto grupo intrafísico em processo de evolução. A intrafisicalidade[39] nos dá essa oportunidade de conviver com a diversidade. Somos consciências em evolução, o que nos coloca em condições de igualdade apesar da diversidade. Ao oportunizar o convívio com a diversidade consciencial, a intrafisicalidade nos convoca à 'tarefa do esclarecimento' no sentido de desvincular dogmas e verdades absolutas acerca do viver humano e das múltiplas existências, objetivando a evolução consciencial.

REFERÊNCIAS

ALQUIMIANDO O MEIO AMBIENTE. Os Direitos da Natureza, "La Pacha Mama", na Constituição do Equador. In: **Alquimiando o Meio Ambiente.** Publicado em 20 jan. de 2012. Obtido em: http://alquimiandoomeioambiente.blogspot.com.br/2012/01/os-direitos-da-natureza-la-pacha-mama.html Acesso em: 29 set. 2017.

ASSIS, Wendell F. Teixeira. **Do colonialismo à colonialidade: expropriação territorial na periferia do capitalismo.** In: Caderno CRH, Salvador, v. 27, n. 72, p. 613-627, 2014. Obtido em: http://www.scielo.br/pdf/ccrh/v27n72/11.pdf Acesso em: 11 mar. 2017.

CUNHA, Manuela Carneiro da. **Relações e Dissensões entre saberes tradicionais e saber científico.** Conferência realizada na Reunião da SBPC em Belém, Pará, em 2007. In: Revista USP, São Paulo, n. 75, p. 76-84, setembro/novembro 2007. Obtido em: 29 set. 2017.

FREIRE, José Ribamar Bessa. Médicos, Pajés e Rezadeiras. **Crônicas - Blog Taquiprati.** Publicado em 25 de janeiro de 2009. Obtido em: <http://www.taquiprati.com.br/cronica/35-medicos-pajes-e-rezadeiras > Acesso em: 16 set. 2017.

GAUTHIER, Jacques. Demorei tanto para chegar ... - ou: nos vales da epistemologia transcultural da vacuidade. In: **Revista *Tellus*,** ano 11, n. 20, p. 39-67, jan./jun. 2011

GAUTHIER, Jacques. **Uma Pesquisa Sociopoética: o índio, o negro e o branco no imaginário de pesquisadores da área da educação.** Jackes Gauthier, Reinaldo M. Fleuri, Beleni S. Grando (Orgs) – Florianópolis: UFSC/NUP/CED, 2001.

ISA. Instituto Socioambiental. **Povos Indígenas no Brasil-Guarani Kaiowá.** Contribuições prestadas pelos Antropólogos Rubem Ferreira Thomaz de Almeida e Fábio Mura, atualizadas em 2018. Obtido em: https://pib.socioambiental.org/pt/Povo:Guarani_Kaiowa Acesso em: 05 out. 2018.

ISA. Instituto Socioambiental. **Povos Indígenas no Brasil – Kadiwéu.** Contribuições prestadas pela Antropóloga Mônica Pechincha, atualizadas em 2018. Obtido em: https://pib.socioambiental.org/pt/Povo:Kadiweu#A_sociedade_ancestral. Acesso em: 05 out. 2018.

39 O intrafísico nos dá a oportunidade de conviver com a diversidade, pois todos estamos com o corpo físico. E por essa condição de igualdade, apesar das diferenças culturais e cármicas, a convivência na mesma dimensão contribui para a evolução. No extrafísico, como não temos o corpo físico, os holopensenes produzem a realidade, portanto, o que é pensado instantaneamente acontece.

LANGDON, Esther Jean. A tolerância e a política de saúde do índio no Brasil: são compatíveis os saberes biomédicos e os saberes indígenas? In: GRUPIONI, Luís Donisete Benzi (Org. et. al). **Povos Indígenas e Tolerância.** São Paulo: EDUSP, 2001.

MINAYO, Maria Cecilia de Souza. **O desafio do conhecimento - pesquisa qualitativa em saúde.** Editora Hucitec, 1996.

PISO, Guilherme. **História Natural e Médica da Índia Ocidental - em cinco livros.** Traduzida por Mário Lôbo Leal. Publicado pelo Instituto Nacional do Livro – Ministério da Educação e Cultura [coleção Obras Raras], Rio de Janeiro, 1957.

RENSON, Roland. Ludodiversity: Extinction, Survival and Invention of Movement Culture. In: **ABSTRACTS - ISHPES Seminar, TAFISA Symposium.** Games of the Past – Sports for the Future. Duderstadt, 2000, p. 29.

RIBEIRO, Luciana. Escrever no Paradigma Consciencial. In: **Revista *Scriptor***, ano 1, N. 1, 2010, p. 16-28. Foz do Iguaçu – Paraná, Brasil. Obtido em: www.uniescon.org. Acesso em: 7 set 2017.

UNESCO. Declaração de Princípios sobre a Tolerância. In: **Biblioteca Virtual de Direitos Humanos - USP**, 1995. Obtido em: http://www.direitoshumanos.usp.br/index.php/UNESCO Acesso em: 20 jan. 2017.

VIEIRA, Waldo. **O que é a Conscienciologia.** Instituto Internacional de Projeciologia. Rio de Janeiro - Brasil, 1994.

VIEIRA, Waldo. **Projeciologia - Panorama das Experiências da Consciência Fora do Corpo Humano**. Rio de Janeiro: Instituto Internacional de Projeciologia e Conscienciologia, 4ª Edição, 1999.

VIEIRA, Waldo. **Manual de Redação da Conscienciologia.** 2.ed.rev. – Foz do Iguaçu, PR: Centro de Altos Estudos da Consciência, 2002.

VINHA, Marina. Verbete *Conscin* indígena. **Enciclopédia da Conscienciologia.** Foz do Iguaçu, PR, 2016.

Marina Vinha, professora universitária, doutora e mestra em Educação Física (UNICAMP), com Especialização em Educação Física Não Formal e graduação em Educação Física (UFMS). Atuou na formação de indígenas professores guarani e kaiowá e na formação de licenciandos em Educação Física, na Universidade Federal da Grande Dourados (UFGD), no Mato Grosso do Sul. Conheceu a Conscienciologia em 1994. Aposentou-se em abril de 2018, enquanto escrevia este artigo.

INDIGENOUS CONSCIOUSNESS IN ACADEMIC SPACE AND IN CONSCIENTIAL PERSPECTIVE

Marina Vinha

ABSTRACT. The purpose of this study was to establish an *interparadigmatic* dialogue showing academy researchers' intention of breaking the monopoly of the Eurocentric paradigm, regarding the study of indigenous societies. Simultaneously, there is a contrast between these new data and the consciential paradigm. Academy scientists, governed by ethics, innovate by addressing themes that contribute to respecting different cultures, protecting the indigenous health system and challenging Eurocentric reductionism. The consciential scientist, governed by cosmoethics, presents arguments based on their self-research and studies under the consciential paradigm. Despite their differing positions, the authors present common characteristics: they seek to broaden the scientific universe wherein they are inserted; are rigorous about reliability in research; are assertive and concerned with paradigmatic limits; besides they discuss with the aim of transposing established paradigms.
Keywords: paradigm, health system, native.

INTRODUCTION

The theme of this issue of the *Interparadigmas* journal has motivated me to this dialogue between the consciential paradigm and academic assessments seeking to strongly deconstruct materialistic 'scientific certainties'. Because academy, as far as I understand it, has been in a general manner ignoring *intraphysicality's* different epistemologies, this essay presents two researchers who seek to understand the 'native *conscin*'[1] by registering the different ways of being in the *intraphysical*. In this case, natives consider mineral, vegetal and animal realms (including the human being) as constituents of their ethnic universes. 102

My scientific bond originates from the Physical Education area, which led me to theoretically adopt researchers that discuss 'being in the world as a native', and 'native health system'[2]. In my studies I proceeded through the characterization of the ethnicity under assessment, searching the theme 'identity' and the sub-theme ludodiversity[3], a world-wide neologism aiming to recuperate and

1 Vinha (2015)

2 Expression adopted by Langdom (2001)

3 Roland Renson (2000), Belgian scientist and researcher of the theme argues that ludodiversity expresses a political tendency that all human manifestation in the form of game, play and toy construction is under an intense international movement of revival of values and register of those cultural expressions.

strengthen the playfulness of games and child-plays in different cultures and societies, presently vulnerable and nearly forgotten in face of the monopoly of today's impersonal sport, strengthened by globalization (RENSON, 2000). Another motivating factor for me was the Brazilian Constitution, which in its 217th Amendment (BRASIL, 1988) attributes to the State the duty of recording and recuperating national-identity games and sports. I research therefore interculturality concerning two Native-Brazilian societies in the state of Mato Grosso do Sul: Kadiwéu[4] and Guarani[5]/Kaiowá[6].

The purpose of this study was to start an *interparadigmatic* dialogue showing the researchers' intention to break the monopoly of the Eurocentric paradigm, concerning the assessment of indigenous societies. This theoretical-reflexive essay presents psychic phenomena filed by means of researches with natives and some conscientiology concepts.

Conscientiology's study object is the consciousness and the multiple dimensions of its manifestations. Brazilian M.D. Waldo Vieira, its proposer, a self-taught scholar, residing until 2015 in Iguassu Falls, PR, Brazil, proposes the consciential paradigm, based on self-study, that is to say, the study-object is the very researcher, out of a multidimensional, multiexistential, bioenergetic and cosmoethic perspective, with a pro-evolutionary aim. For Ribeiro (2010, p. 19), Vieira's proposition of researching under the consciential paradigm 'demands an effort to construct a new thosenic structure'. Thus, the self-researcher observes their own predispositions of thought, sentiment and energy, along with '*indicators* along their multiexistential trajectory'. 'Current tendencies do certainly mirror prevailing or deeper past experiences', explains Ribeiro (2010, p. 22). Given the complexity of self-research, Vieira proposes different methods and techniques, among which the *projection* outside the physical body and the clarification task – *claritask,* in order to solve man's millenary subjugation to gods, myths, with punishment and guilt accompanying human beings in intraphysicality. Such proposition aims as well to amplify human perception about the Universe and the consciousness' evolution, under the foundations of cosmic ethics[7]. Conscientiology

4 Linguistic branch – they belong to the Guaikuru linguistic family, in which are included other peoples of the Chaco region [Gran Chaco] such as: Toba (Paraguay and Argentina), Emók or Toba-Miri (Paraguay), Mocovi (Argentina), Abicón (extinct) (ISA, 1999; 2018).

5 Linguistic branch – they belong to the Tupi linguistic family, in which are included Tupi-Guarani. It is soken by different peoples and in different ways by the Ñandeva, Kaiowa and Mbya who speak dialects of the Guarani language.

6 There is an anthropological convention of not pluralizing ethnicity names, because the origin of the names is linked to each group's language, and it is not academy knowledge if the plural of the words should add an 's', or even if there is a plural in each one of the indigenous languages.

7 Specialty of conscientiology which studies ethics or reflection on the cosmic, multidimensional, which defines consciential *holomaturity,* placed beyond social or *intraphysical* moral.

as science 'uses the scientific posture, only, much more comprehensively, since in this case science is approached under the multidimensional axis, thus deserving the denomination of *parascience*', argues Ribeiro (2010, p. 23). Therefore, conscientiology follows the idea model named 'consciential paradigm'; there is the creation of neologisms whether to name freshly discovered, specific phenomena, or to emphasize the approach of some aspect/phenomenon/condition assessed, or still to re-signify old concepts, impregnated by dogmatic values.

Two academy authors – Jacques Gauthier and Esther Langdon – have been selected for the dialogue with the consciential paradigm through their studies with natives. Those academy people are acknowledged for opening a new space within the scientific world, positioning themselves assertively in academy, showing the diversity of views and seeking to understand different forms of being and staying in the world. Both authors, a Frenchman and a German woman, live in Brazil. Orienting themselves by science ethics, they are innovative academy researchers. Langdon describes, registers and contrasts themes contributing to the elaboration of native health protection policies; and Gauthier challenges the Eurocentric paradigm for being reductionist and unsupportive to inter and transcultural studies.

Although each one has his or her own scientific universe, the three authors share the following: (i) They seek to enlarge the science world they belong to; (ii) research reliability strictness; (iii) they are assertive, reckless about paradigmatic limits; and (iv) they argue seeking to transpose settled paradigms.

Langdon and Gauthier approach *multidimensionality* issues under natives' perspective and Gauthier has experienced *ayahuasca* with the aim of getting closer to shamanic universe. Vieira, in turn, conceptualizes multidimensionality based on his own experience (as well as on those of other researchers) using his parapsychism, developed out of his will, with the support of an extraphysical[8] helpers team.

Along the text, each one at their time, the researchers' trio shows something else to be considered in human research which has been much *over*looked under the materialistic paradigm. In order to situate the reader, Table 1 compares the range of materialistic paradigm with that of consciential paradigm, according to the studies of Vieira (1999) and Minayo (1996). Those data are unknown to both academy researchers under study. They are presented here for the reader to understand the purpose of this study.

8 Consciousnesses who have not a physical body, but have a lucidity level that allows to assist other beings, *conscins* [consciousnesses with a physical body] and *consciexes* [consciousnesses without a physical body].

Table 1. Materialistic Paradigm Range x Consciential Paradigm Range

Materialistic **Paradigm**	*Consciential* **Paradigm**
Positivism's roots would go as far back as the Enlightenment Century with encyclopedist Condorcet's formula of society science as a Social Mathematics. In his time, he was considered a critic and a revolutionary, confronting the power of Church, the feudal power and the oligarchic State, controllers of scientific thought. Materialistic paradigm proposed that both social and natural sciences shared the same logical and methodological fundament. Distinctive would remain only the study object, since reality, matter, is about whatever can be realized through five senses. Grounded on positivism, materialistic paradigm still today exerts some intellectual domination within natural and health sciences.	In the consciential paradigm, the study object is the consciousness. The consciousness is the source of thoughts, sentiments, and energies. There is some rejected knowledge, which today becomes advanced knowledge, out of multidimensional experiences and their consequences through an integrated approach. Some phenomena with extra-material causes provide findings which evolutionarily renew and liberate consciousnesses. Consciential paradigm assesses the consciousness in an integral, multidimensional, multiexistential way and according to its reactions before immanent and consciential energies.

Sources: Minayo (1996); Vieira (1994; 2002).

Table 1 compares the range of materialistic paradigm with that of consciential paradigm. The gap between both is due to the central position of the consciousness for the consciential paradigm, acknowledging multiple lives, dimensions and energies. The academy researchers considered in this study do not belong to any of the afore-mentioned paradigms. Their studies [Gauthier's and Langdon's] refute the materialistic proposition, thus approaching to the consciential paradigm, since they recognize and value already multidimensional inter-relations. Academy, in a general manner, hardly acknowledges indigenous universes, in the same way that non-indigenous society hardly considers different forms of envisioning and staying in the world.

In the final notes of this paper I indicate some *multidimensionality* aspects, whenever adopted both by the academy researchers and the conscientiologist, everyone seeking to understand knowledge transculturality and the refinement of the *resomated* man on Earth.

JACQUES GAUTHIER AND WALDO VIEIRA

Jacques Gauthier, Education Sciences Professor at the University of Paris VIII, Education, Socialization and Collectivities Team researcher in the same institution, has a CNPq bond in Brazil and is professionally rooted in Bahia. Fellow

Professor in the Nurse School PhD Program /UFRJ, creator of the 'Sociopoetic'[9] methodology, Professor in the Law Course of the Centro Universitário Jorge Amado, in Salvador-BA.

From Gauthier's academic production, the text "Demorei tanto para chegar ... - ou: nos vales da epistemologia transcultural da vacuidade", issued in 2011 in the journal *Tellus* of the Mastership and PhD Education Program of the Universidade Católica Dom Bosco (UCDB), in Campo Grande-MS was selected. The author opens the text with the following statement: '[...] if we want to practice intercultural research, we must suspend our beliefs about the foundations of reality and knowledge' (2011, p. 40).

By its turn, out of Vieira's extensive production, the treatise 'Projeciologia – panorama das experiências da consciência fora do corpo humano' ('Projectiology: A Panorama of the Experiences outside the Human Body') issued in 1999 by the International Institute of Projectiology and Conscientiology in Rio de Janeiro was selected. In this book the author presents the consciential paradigm and stresses that 'in science, each ancient, abandoned viewpoint means a new step forward for the scientific view' (1999, p. 40).

Seeking to abandon a politically incrusted viewpoint, like eurocentrism, Gauthier (2011, p.40) argues that as soon as the intercultural researcher suspends their beliefs, the choice shall be made for agnosticism. Beliefs suspension does not mean the researcher claiming his to be the 'truth', because intercultural research is characterized by 'respecting epistemological beliefs and the other's methodological pathways'. By emitting his scientific position, Gauthier re-affirms himself as one of the 'knowledge *de*-coloniality thought' thinkers. That expression translates a scientific stream that aims to de-construct the strong colonial way, imposed over Latin America peoples' knowledge. Coloniality thus 'transcends historic colonialism's particularities' and does not disappear with national independence, states Quijano (1997, *apud* ASSIS, 2014, p. 614). *De*coloniality, in the case of ethnic knowledge kinds, is a political position that 'values indigenous knowledge as scientific and studies similarities and differences between Euro-descending and indigenous sciences, under a dialogical and intercultural perspective, explains Gauthier (2011, p. 43).

The scientificity perspective for indigenous knowledge kinds, proposed by Gauthier, is acknowledged by me. Only, multidimensional and energy factors interpreted by academicians may not correspond to the concepts I obtained in conscientiologic studies; and, I think, indigenous knowledge as valid knowledge has ethical and epistemological impact.

9 "Methodologic-theoretic perspective in the field of popular education. It proposes a group process of knowledge production in which all members are co-participants". It values categories and concepts produced by resisting and dominated cultures – Fleuri (2001) explains when presenting the book "Sociopoetic research" by Gauthier, published by the UFSC.

For Vieira (1999, p. 238), knowledge constitutes human being, who [ourselves] is not limited to 'know something', the humanoid 'knows that he or she knows', furthermore, 'seeks to know herself' whenever he so wishes. Dialoguing with Walsh (2009, *apud* GAUTHIER, 2011, p. 43), I understand Gauthier's knowledge de-coloniality proposition as a perspective centered on the political factor permeating man's knowledge production. In the ethnic case, Bolivia and Ecuador[10] have empowered natives during the elaboration of their new constitutions. Thus, 'for the first time in history, they proclaimed the equal dignity of all knowledge forms, that is, indigenous, Afro-descending and Euro-descending sciences.'

Consequences of this political positioning have been: (a) The right to incorporate *Pacha Mama*, Mother Earth, as an element of indigenous cosmovisions; and (b) deconstruction of the view of man as the center and master of nature. Both are much valuable consequences for our planetary life, since they potentiate 'our ecology understanding so that we can respond to the global warming challenge', argues Gauthier (2011, p. 43). Under the consciential perspective, I understand that the consequences of that vision make possible for us to amplify our understanding about the different *resomating* consciousnesses [consciousnesses having physical body again], to practice more clarification task [*claritask*] and *interconsciential rapport* with different human beings. I understand that both the perspective of accepting indigenous cosmovisions and of de-mystifying human centrality dominating nature contribute to our acceptance of the resomated consciousness in different cultures. Cosmoethics in claritask is to start from where and how the person is, in order to not aggressing them, and, simultaneously, to open up to interactions with all human types[11].

Changes conquered by Latin-American people are concrete and full of subjectivity. According to Vieira (1999, p. 15), in order to be recognized, subjectivity requires its acceptance by the person, always by means of objective proof. 'The subjective may know both the subjective and the objective', so that the observer/researcher takes part in the experiment they observe. 'Strictly speaking no science whatsoever is completely objective, considering that the same data obtained by a machine will only then be considered data when someone subjectively determines their importance.' Afterwards, 'those data do not tell anything as long as they are not *subjectively interpreted* (*sic*)', considers Vieira.

10 The Rights of Nature, or *"Los Derechos de la Pacha Mama"* are in the Constitution of Ecuador (2008). Article 71 says: "Nature or *Pacha Mama,* who produces and reproduces life, has the right to integral respect to its existence and the maintenance and regeneration of its vital cycles, structure, function and evolutionary processes. All persons, communities, people or nation will be able to demand from public authority the abiding to nature's rights. The state will stimulate civilian and juridical agents, as well as communities to protect nature and will promote respect to all elements that form an ecosystem". In Articles 41 and 42 there is the recognition of "nature's intrinsic rights", a fact that is causing discussions in law doctrine for it configures "a starting point for a change in the anthropocentric paradigm which guides humanity's acts", in a confrontation in face of anthropocentrism, who understands being nature's owner, thus being authorized to do whatever they want with it (ALQUIMIANDO O MEIO AMBIENTE, 2012).

11 It contributes to PENTA when an environment of energy donation is created mediated by helpers, regardless of the form, thought or energy the consciex presents.

Under my viewpoint, in this consists Gauthier's boldness before European-born science, that is, to empower indigenous knowledge as 'objective data' in academy. Until a few time ago, native thought, in a general manner, was not accepted as scientific datum. Natives addressed by the author come from a reality unlike Europe, they constitute the peoples of Latin-America. Therefore, in order to innovate in the production of scientific knowledge, Gauthier (2011, p. 40) understands that the researchers must undertake within themselves 'some mental cleansing, some initiation form'.

Such self-cleansing consists in: (i) 'deconstructing what had been enrooted within us', in the sense that scientific minds are full of philosophical beliefs, like materialism, keeping eurocentrism alive for centuries. That foundation, originated from the colonization, is called 'philosophical materialism'. Its main characteristics are the principles that matter does not depend from spirit, and that there are complexity grades in science, that is, human and social sciences are more complex than nature sciences. For the author, eurocentrism gets astray reasoning, lacking mind opening enough to welcome the different. '(Human) spirit, in this case, has been opposing matter, enlarging the gap from one another and constructing the later as a separated object, independent from the former, known only through physical and chemical laws, becoming more complex in biology and even more so in sociology or psychology (GAUTHIER, 2011, p. 40).

Free from materialism's polarity where facts could be less or more complex and hierarchic, Vieira (1999, p. 357) states that 'materialism is a tendency, attitude or system that understands that everything is matter, and there is no *immaterial* (sic) substance'. This and other principles adopted a long time both in and outside academy 'retard life, self-knowledge, and the consciousness' inner evolution', ponders Vieira. As an example of that materialistic prevalence, the author cites 'selfishness and materialism' permeating the present society, pulled by a commerce-oriented industrialization.

This aspect makes us understand Gauthier's intellectual recklessness, since 'materialistic ideas are puerile and contradictory under many aspects'. About the issues of 'life' and 'death', for example, the materialistic person fears the ridicule whenever he thinks about death [catagelophobia], or the hereafter. 'The materialist is a *conscin* completely lost in her intraphysical present seeking to eliminate his past and future.' Consequently, materialistic science eliminates everything it cannot answer positively, forgetting that '[...] the reality of a subjective fact is of the same nature as that of a natural fact', explains Vieira (1999, p. 357).[111]

Stressing this view of elimination of the immaterial triggered in science, Gauthier (2011, p.40) states that, in modern days, philosophical materialism is also known as 'naturalism[12]', having much favored the development of Euro-descending sciences and simultaneously silenced and unqualified the other three

12 Term coined by Philippe Descola, in 2005 (GAUTHIER, 2011).

forms of making science: (i) 'totemism', thinking form of Pacific peoples, where society is organized after matrimonial rules out of the belief on clans affiliation, and out of a mythical species[13] with animal or vegetal origin; (ii) 'analogism', thinking form found in Asia, in the mountains of Central and South America, as well as in many African societies, where common characteristics[14] resonate in human being, in nature, in arts, in society, and so onwards; and (iii) 'shamanism' or animism, thinking mode where minerals, plants and animals communicate with human being, and where metamorphose between beings of those realms and human species[15] is possible.

The author[16] stresses that those three thinking forms shall not be 'stratified in a hierarchy', instead we must respect the 'differences' between them. He cites as an example Claude Lévi-Strauss[17], who elaborated the 'structuralism theory' in a 'naturalist' manner, thus ratifying the 'nature x nurture' opposition as a matrix for all humanity myths. Lévi-Strauss would not listen to what his indigenous informers said. Gauthier argues criticizing materialism, since materialism limits both understanding and acceptance of traditional-knowledge different premises.

Gauthier's positioning on behalf of indigenous or traditional knowledge's scientificity requires the addition of Cunha's (2007) reflections. The author argues that 'traditional-knowledge kinds' differ from scientific knowledge, 'more than people imagine'. There is in fact an incommensurability beyond results between scientific and native knowledge kinds. Scientific knowledge may be considered true 'until another paradigm beats it, like Kuhn shows', considering scientific knowledge's universality, which does not apply to traditional knowledge. 'Science universality pretension may have inherited the medieval ideas of a science whose mission was to reveal the divine design.' The fact is that modern science, established since the 17th century, has been 'deliberately constructed as a unified knowledge form, following research protocols agreed within a community'. Similar between scientific knowledge and traditional knowledge is the fact that both are 'tentative forms to understand and act upon the world. And both are as well open, unfinished works, always in the making'. (CUNHA, 2007, p. 78).

13 Mythic thought comes from Mythology and differs from scientific knowledge. It is not to hierarchize, but to distinguish between the differences having in sight that each knowledge differs in the form of production, intentions and consequences.

14 *Orixás* in Candomblé or Taoist thought in China.

15 The correlate of shamanism in conscientiological research would be the parapsychism. It is simultaneously a physiological condition and human activity, exerted in different ways, with different intentions and results, in each one of the approaches – reflections from Luciana Ribeiro's orientation.

16 In this moment, Gauthier dialogues with Descola (2005).

17 Famous French anthropologist creator of the way of thinking and of the method of structuralist analysis, at the beginning of the 20th century, with its apogee in 1960.

Notwithstanding, states the author, common sense does not see it that way. Traditional knowledge is seen as an 'unfinished set, to be preserved, a closed archive transmitted by ancestors that should not be increased'. There is a big misunderstanding here, stresses Cunha (2007). Recent studies show that 'traditional knowledge lays as well as, or rather in investigation processes than in ready archives transmitted by previous generations'. In fact, differences are deep: (a) 'there are as much traditional-knowledge regimes as peoples; therefore, the expression 'traditional knowledge' is used in contrast with 'scientific knowledge'; (b) scientific knowledge is hegemonic, and its power manifests itself even in language, so much so that when someone says 'science' he is talking about 'Western science' (CUNHA, 2007, p.78).

After the clarification that knowledge kinds differ, Cunha (2007, p. 79) asks 'what are the bridges between them' and whether 'the logics remains the same'. The difference lays not in logics, 'there are different premises about what exists in the world', explained Evans-Pritchard (1937, cited by CUNHA, 2007, p. 79) in a study on witchcraft and oracles among the Azande people in Sudan. 'Given an ontology and verification protocols, the system has an impeccable logic before our eyes.'

The difference, states Cunha (2007, p. 79)[18], comes from the distinct strategic levels in which they are applied. Traditional knowledge operates with 'the so-called secondary qualities, things like smells, colors, tastes... In scientific knowledge, instead, conceptual units eventually settle in'. Another way of belittle traditional science is to say that 'it does not proceed through invention, only through discovery, even, who knows, through imitation of other primates, apes that use medicinal plants'. Notwithstanding the difficulties to walk the bridges that unite, refute and interculturalize sciences, there are the ethnomedicine, the ethnopharmacology, the ethnosport, and the ecological knowledge, among others, brooding up new paradigms within traditional knowledge.

Vieira (1999, p. 45; 357), in turn, presents the foundations of the new science conscientiology and its specialty projectiology, informing the reader that it is about a human science 'with a scientific characterization proper to a new model', and not only experimental. There are methods and theories 'adapted to the uniqueness of its object, the human being, considered in a comprehensive, global, integral, holosomatic, multidimensional, multiexistential, holomnemonic way'. The most complex is the consciential paradigm, turned to both collective and self-evolution, whereas the materialistic [naturalistic] scientist appears to be a consciousness 'drenched, saturated and fascinated by the hedonistic, now-and-here experience of her or his animal-woman or animal-man body, crawling on the

18 Cunha (2007) attributes the credit of reflection to Lévi-Strauss, without mentioning the source, neither in the text nor in the references. I understood that due to this knowledge it was incorporated by anthropologist so there is a direct dialogue.

planetary'. Therefore, that fleshy worldview allows no *holosoma*[19] [all bodies], *seriexis*[20] [several existences], among other parafacts, because *egocarma*[21] still prevails in their materialistic *self-thosenity.*

Materialistic worldview was harmful in the recognition of different peoples' epistemologies. Shamans, exemplifies Gauthier (2011), do not differentiate 'nurture and nature'. For them, animals also have culture, and can transform themselves into humans, whereas humans transform themselves in animals in the immaterial world. Outcomes of many shamanic visions concerning plants and animals can be enjoyed by all. For instance, the knowledge about some plant, and the fact that its prolonged, traditional use is the only way of detecting its toxicity is an important contribution to pharmacology, states Cunha (2007, 80). Considering that aspect, Gauthier stresses that the shaman, as he does intercultural research, can state that the whole universe is produced by 'Nature's Universal Spirit', and that within this universe there are particular spirits for rocks, plants, animals, and humans.

In conscientiological studies, the consciential paradigm considers a mistake the conception about a returning consciousness to other animal forms after having lived as human. In order to enlarge this native knowledge around the manifestation of a nature's universal spirit, let us consider Vieira's (1999, p. 575) approach, that something similar to that native idea of universal spirit would be the 'immanent energy'. I remark that I do not know for sure if 'spirit' and 'energy' are similar for natives. Gauthier neither seems to differentiate those concepts. For Vieira, on the other hand, those are quite different realities, which must be assessed specifically.[121]

The sensitivity of this issue appears in translated accounts, mostly by a bilingual native interpreter. As for the researchers[22], they generally ignore the indigenous language, as well as conscientiology's neologisms. That can cause some understand-difficulty in the approach of those other forms of seeing the world.

19 Set of the *conscin's* manifestation vehicles: soma, holochakra, psychosoma and *mentalsoma;* and the consciex's: psychosoma and *mentalsoma.*

20 The consciousness' evolutionary existential series; consecutive existences; intraphysical rebirths in series (Conscientiology, 2013).

21 Principle of cause and effect, acting on consciousness' evolution, when centered exclusively on the ego itself. State of free will prisoner to infantile egocentrism (Conscientiology, 2013).

22 As a researcher I experienced some problem regarding the Kadiwéu language. Currently in Brazil 274 native languages are spoken (IBGE, 2010) plus the official Portuguese language. The indigenous translator who accompanied me in research with the Kadiwéu [Guaikuru] people, inhabitants of the border of Mato Grosso do Sul state with Bolivia used specific terms of sport, when the 92 year-old old man reported a type of traditional game. I observed that the translator used terms from Physical Education area, such as "area, "mark", and those terms were not coherent with the traditional game/ludodiversity. It was necessary to stop the translation, we talked and at the end I pondered that could there not be vocabulary in Kadiwéu language for translation. The case of "linguistic loan" is usual and also occurs between the Guarani and Kaiowá in the border of Mato Grosso do Sul and Paraguay.

Vieira, the conscientiology's idealizer, qualify immanent energy as a primitive energy kind, invisible, multiform, totally impersonal, dispersed over all objects or physical realities. That similarity, natives would possibly call 'the spirit of things'. Energy, interpenetrating everything in the universe, has not been harnessed by the human consciousness yet, according to Vieira (1999), it is 'overly subtle to be identified through the present technological instruments'. Also known as 'prana' or 'extraphysical energy', it resembles the indigenous reference.

The difference between indigenous and conscientiology's perspective is a complex one, as I see it, and that would lay on the fact that although both grounds on perception, indigenous perspective is grounded on different worlds' perception, so as to construct a knowledge kind supporting identities, way of being and cosmologies; whereas conscientiology is grounded on perception coming from theoricical self-research aiming at evolution.

Shamans, for Vieira (1999, p. 877), 'are the true rustic, primitive projectors[23], forerunners of projectiology's modern, lucid projectors'. The author stresses that this quality, that is, the experimentation of the projectiologic phenomenon, from shamans, composes 'man's and woman's natural physiology ever since their appearance on the face of Earth'; therefore, that worldview [true for that people and experienced by them], which Gauthier insists to recognize within academy, whenever accepted, can overly contribute to the 'acknowledgement of traditional-knowledge paradigms and practices as potential innovation sources for our science' (CASTRO, 2007, p. 81). Gauthier ignores the consciential paradigm, does not pronounce himself about the shamanic projections being physiologic. Recurring to Vieira (1999, p. 877), it is stressed here the contribution of consciential paradigm for academy by stating that the projection outside the physical body 'cannot be classified as 'psychopathology', thus challenging researchers to learn about the consciential paradigm.

Gauthier (2011, p. 41) sustains that for intercultural research to exist, that is, 'the joint, respectful knowledge production', the condition is renunciation of the materialistic belief by the researcher. With the self-cleansing of personal beliefs, including the materialistic view, the researcher will be able to understand and welcome 'the words-with-spiritual-basis through which some shaman exposes her or his knowledge' around the cure effect of some plant, as well as around its collection method. Concomitantly to this welcoming 'the other' [in this case, the shaman is welcome], the shaman will also temporarily suspend his spiritual reason and listen to 'the materialistic explanatory reasoning' brought in the dialogue by the academic researcher. This will allow some sensitive exchange about realities.

Whereas for both shamans and anthropologists temporary beliefs suspension rules, in conscientiology the 'disbelief principle' proposes that, besides suspending his belief, the person shall apply some evolutionary techniques providing parapsychic experience, and, out of those experiences, analyze the issue.

23 A person who manifests with other body, beyond the physical.

The trance that befalls the shaman and leads her or him to the interaction between worlds is understood in the consciential paradigm through the analysis of the altered states of consciousness. Among natives, trances can be provoked by whirling dances, evocations with the use of pipe smoke, or ingestion of some plant conducting 'the consciousness to the *parapsychic* collapse, with the following visions'. The shaman's body can as well 'remain under the command of a *consciex* (possession) during the consciousness exteriorization period', with or without the *psychophony*[24] phenomenon, explains Vieira (1999, p. 482), stressing that it would be possible to obtain the same effect using specific techniques, therefore without the use of any kind of drug.

The natives mentioned by Gauthier (2011, p. 41) inhabit the Amazon region, where the ingestion of the 'doctor-plant *ayahuasca*', also known as ancestors' liane' in Quéchua[25], is usual. That researcher understood that the spirit of this plant 'shows the shamans how to cure the world from its evils, whether these are material or spiritual[26]'. Ingested in the form of tea, its effects are catalyzed, 'thus allowing the brain direct access to unconscious, normally veiled knowledge', explains Gauthier.

Vieira (1999, p. 888) considers unnecessary and counterproductive the intake of drugs to reach other consciential states, because they limit and compromise lucidity during the altered state of consciousness, distorting that way perception and understanding of the experienced phenomenon. A fact which, under the conscientiologic perspective, would compromise self-research. He observes habitual drugs intake among several indigenous cultures in rituals [drugs smoked in cigarettes or pipes], ingested in the form of chewable seeds and teas, empirically used to reach self-transcendence".

Researcher Gauthier experienced the intake of a so considered enteogenous[27] beverage to try to reach an altered state of consciousness and explore the universe presented by the shaman. His accounts confirm perception enhancement, providing him corroboration to his studies, oriented by transcultural interpretation. The *ayahuasca* beverage, a name that honors a wise Inca, results from decoction of a weeds blend and 'constitutes a millenary practice', although it had been adopted a few decades ago in indigenous ceremonies in the state of Amazonas and spreading afterwards all over the country. The academy man stresses that:

> I experienced directly some shamanistic ways and got used, in my academic researches, to cross theoretical interpretations of research

24 Act of an intraphysical consciousness to speak incorporated by the human body of a person.

25 Common language spoken in Lima, Peru. Its first dictionary was published in 1604. Obtained at: https://www.wdl.org/pt/item/13770/

26 In a biochemical analysis of academic Science, the tea is composite of the following herbs: *Banisteriopsis caapi*, amazon plants *(Psychotria viridis)* and *Dyplopetris cabrerana*.

27 The association of plants generates serotonin similar to the one produced by the brain, which potentiates it (GAUTHIER, 2011, p. 41).

> data legitimated by the Euro-descending sciences (following the great scientists) with the interpretations of the same data suggested by the ayahuasca, a legitimate doctor within the indigenous scientific universe. (Gauthier, 2011, p. 42)

Bringing the academic researcher to a face-to-face reflection with the *consciential* studies, Vieira (1999, p. 947) firmly states that 'drugs of any kind, or consciential experiments forced by pharmacological products, not always favor the development of projectiological inquiries, due to the mental confusion they introduce in the mind of those who experience such conditions and analyze them afterwards'.

It is worth noting that Gauthier's assessment does not seek evolution in lucid projection in this *seriexis*[28]. Nor can we call mentalsomatic that action, since the use of that plant obliterates lucidity and discernment, even if it may sharpen one's perceptions. Gauthier ignores the idea of *holosoma.* His experiment seeks acknowledgement and respect for human kind, recognizing their cultural value. Therefore, I think that the value attributed by the academician restricts itself to academic epistemological revision, seeking insertion of another human paradigm form, whose nature aims at the paradigmatic break

> [...] of the word 'science' both in shamanistic and naturalistic (or analogical, or, still, totemic) context, since scientific is, generally considered, knowledge produced by obeying the materialistic hypotheses for knowledge constitution, and by following the methodological proceedings for a strict experimentation, oriented by mathematical science (GAUTHIER, 2011, p. 43).

In other words, Gauthier (p. 42) observes that whereas 'Euro-descending thought constructs a biochemical and naturalistic-materialistic psychoanalitical explanation', 'shamanistic thought elaborates mythical, spiritual explanation for the same phenomenon, the same effects'. For the academic interculturality researcher 'it fits not and is impossible to prefer one explanation over the other'. Intercultural research demands acknowledgement of both realities, looking for a 'way for scientific and traditional knowledge to co-exist, not meaning that they must be considered identical', stresses Castro (2007, p. 84). Corroborating with Gauthier's perspective of suppressing the researcher's beliefs as an epistemological posture, anthropologist Castro (2007, p. 84) presents a triple condition: 'preserve traditional-knowledge production's vitality; acknowledge and values its contributions to scientific knowledge'; and 'make the populations who originated it take part in the benefits that may derive from their knowledge.

28 Consciousness' evolutionary existential series; consecutive existences; intraphysical rebirths in series.

29 The opposite is also true, in the sense that indigenous knowledge also needs to face Western science, showing its efficiency.

That perspective made and makes Gauthier a reference for academic assessments with natives. There is the recognition that the author faces a big challenge before Euro-centered science's historic fundament. Gauthier (2011, p. 46) recalls science's historic process, explaining that 'science was created by thinking against previous knowledge (from heliocentrism to the theory of bacteria or the social classes theory)'. Before that, there was the 'illusion of the Sun orbiting Earth, or of society as agglomeration of individuals', and it was necessary to break with those 'certitudes'. Researchers had 'to learn to question; and, above all, to learn *how* to question and *how* to see beyond the obvious'. And such proceeding, which generated ruptures, did not remain confined to 'the European geographic area'. An example of another geographic space comes from the 'acupuncture scientists' a science forged out of an 'epistemological rupture in China', 'made possible from the Taoist philosophy', explains Gauthier (2011, p. 46).

This seems weird to Euro-descendants, 'because mathematical-experimental sciences needed materialistic philosophies to dismiss already present religious interpretations – which thwarted scientific thought, since those religious interpretations explained everything already' (p. 46). Similarly, 'we can equally suppose that the birth of Amazon indigenous phytopharmacy demanded an epistemological rupture with previous indigenous knowledge'. Euro-descendants, likewise Gauthier, find the Amazon universe weird, considering that 'an inter-realms cognitive alliance' may occur, because natives believe that 'stones, plants and animals *know*'.

ESTHER LANGDON AND WALDO VIEIRA

Esther Jean Matteson Langdon, post-doctor with the *Indiana University* and the *University of Massachusetts, Amherst;* Anthropology PhD with the *Tulane University of Louisiana,* Anthropology M.A. with the *Washington University*, graduation major in Anthropology and Sociology – *Carleton College.* Currently Professor at the Universidade Federal de Santa Catarina (UFSC), coordinates the Instituto Nacional de Pesquisa Brasil Plural[30] (IBP). She has experience in Anthropology, with emphasis on Cosmology and Health.

The text selected from Langdon's work was 'Tolerance and indian's health policy in Brazil: are biomedical and indigenous knowledge compatible?', issued in 2001 as a chapter in the book edited by Luís Donizete Benzi Grupioni and others, 'Indigenous Peoples and Tolerance', issued by EDUSP. Langdon starts her text with the citation of article 2.3 of the 'Declaration of Principles on Tolerance' approved by UNESCO (1995, p.1) – 'It is essential for international harmony that

30 Linked to the National Institute of Science and Technology (INCT), IBP consists of a federal program of integrated research which aims at describing and portraying, from an anthropological perspective, different Brazilian realities, contributing to the elaboration of social policies and the training of professionals that act in the academic ambit along studied populations http://brasilplural.paginas.ufsc.br/

individuals, communities and nations accept and respect the multicultural character of the human family.'

The same work of Vieira's (1999) was adopted to dialog with Langdon (2001). About the human family's multicultural character, Vieira (1999, p. 915) enlarges UNESCO's multicultural perspective toward the multiexistential and multidimensional ambit, thus making human existence even more complex whenever thought under the consciential paradigm. He argues that, besides cultural differences, which in themselves are already a challenge for mutual understanding, there are karmic relations[31], that is, relationships resulting from thosenic affinities and their consequences. Community groups, family groups, compose the 'group-karma' consciousnesses, only, in other bodies (somas), 'in other clothing and physical identities, with known tendencies, a little bettered, handling with the consequences from the role they performed [...], ascending each step along the multiexistential cycle' of evolution. Those relationships sharpen singularities, affinities and difficulties in human relations.

Within Brazilian limits, Langdon (2001, p. 158) cites the 1988 Constitution about the indigenous right to differentiated attention, in terms of vulnerability and ethnic specificity. The pacification of those peoples has been nearly reverted into extermination, 'due to contact with European diseases'. Slaughters and epidemics have decreased indigenous populations, stresses Ribeiro (1982, *apud* GAUTHIER, 2001, p.158). Presently, marginalization, territory loss, environment changes, declining 'traditional subsistence techniques and exploitation from the surrounding society contribute for a highly precarious health situation'.

Despite Brazilian law's adherence to the tolerance principles, indigenous health is far from solution. This failure is because services had to differentiated, but are not. The 'bureaucratic/administrative structure, confused and utterly complicated, is characterized by lacking competencies and responsibilities in the generation of projects and services' for the natives (p. 159). Even if there is knowingly no synchronicity between biomedicine knowledge and indigenous knowledge, 'theoretically there must be neither disrespect nor conflict between the two medical systems, that of the Indians and that of health services professionals'. (p. 159).

As I see it, the conflict starts whenever we observe that even if biomedicine is grounded on a 'bulky mass of safe facts and solid theories', it happens that '[...] its multiple areas or specialties [medicine's] cannot be applied with mathematical assurance', stresses Vieira (1999, p. 45; 94-95). That is because errors are committed, and it suits 'to estimate possibilities, exert judgment or critical appreciation, and making function intuitive perception, both in diagnostic and in therapeutics'. The author stresses that with the amplification of multidimensional factors, at

31 The Law of Karma, sometimes, is recognized by its fatalist character. However, in conscientiology, the law of Karma has cause in cosmoethics, it does not punish, it does not reward, it does not create nor designate anything. The focus of this law is on thosenity. Karma is the "antimatter clock, always infallible, which marks the time of the setback or personal en route accident", inside the evolutionary process (VIEIRA, 2012, p. 97)

least 4 biomedicine research areas could be modified: (1) clinical *anamnesis*; (2) physiology; (3) general therapeutics; and (4) psychiatry. Those change perspectives follow treatment 'beyond physical body'. The patient is approached as a complete entity – a perspective already common among the natives, considering the proper contexts.

Langdon has been stressing, in this and other studies, the fact that natives 'acknowledge biomedicine efficacy, and there is generally a complementary relation between both medicine kinds in quest of treatment'. The author's experience, however, shows obstacles 'for a true respect to indigenous knowledge to become reality'. The first obstacle is the orientation to 'respect the native as an equal human being, relativizing his habits, customs and beliefs'. The obstacle is about understanding that she 'comes from a different culture, with differing knowledge and values' (p. 159-160). Recalling Da Matta (1987), Langdon (2001, p. 160) states that 'our attention to tribal societies must be grounded on equal human experiences exchange'. For us to consolidate this exchange requires humility, hope and generosity belonging to the capacity of 'seeing our humanity in the 'other', and the 'other' inside ourselves'.

That humanistic perspective of seeing the 'other' within oneself can be reflected upon, through both history and para-history[32]. For Vieira (1999, p.30), human life is full of setbacks, requiring 'knowing human nature and consciousness structures'. People 'tend to have exceeding hope, or *faith* (sic) in mainstream, mechanist and incomplete science [...]'. And it is a general fact that societies and science hardly consider ethical societies. Nonetheless they consider German, Russian, Italian and Japanese colonies in Brazil, who still conserve their customs, festivities, food, bilingual schools to maintain their roots. Meanwhile, indigenous culture, even natives, are seen as dirty, ignorant about health and hygiene notions, incapable of understanding biomedicine treatments, besides other stereotypes, explains Langdon (2001, p. 160). Limited as it is, science cannot solve '*all* problems faced by man, ponders Vieira (1999).[131]

The fact is, that the study of the consciousness hardly emphasizes 'evolutionary intelligence' (EI), marked by cognition, '[...] the complex blend between perception, analysis and understanding of the received information' (VIEIRA, 1999, p. 31 e 845). In the emotional body, or *psychosoma,* lays the less evolved basis of human being, so that emotionality, dogmatism, deformed truth [*sub or mis-*information] can be 'on to manipulate consciousnesses or human beings'. The use of the evolutionary intelligence principle makes the person understands how the structure of cosmos evolution is, and how that process works on her life. In the example cited by Vieira, he explains the following: you are a consciousness and

32 One of conscientiology specialties which study the History of Consciousness, Cosmos and the conscin's autobiography of this life and Human History in multidimensional way, through the extraphysical, retrocognitions and lucid projection (VIEIRA, 1999, p. 41).

know that you are temporally here, and that you are not this body; you also know that you have a *holosoma,* with four manifestation vehicles, and that whenever you discard this physical body [soma] and the *energosoma* [energy body], you will maintain the two other (psychosoma and mentalsoma); and when you evolve more, you will conserve just one body (the mentalsoma). This process takes thousands of years, and its rhythm depends on the very consciousness' commitment and understanding about consciential evolution. That way, in this life one shall not deceive others, nor living with self- and hetero-corruption, whether passive or active, among other behaviors alike. It would be a waste of opportunity and time (in lives), spent with the same evolutionary lessons.

Considering the context, I think that lack of knowledge about the cosmos and its influence on everyone's life entails the difficulty for health professionals to recognize indigenous knowledge. Langdon, as an academy person, admits that those professionals fail to understand (i) relativism and culture concepts, and (ii) the academy lacks the recognition that 'the indigenous health system' belongs to a 'symbolic system' composed by inter-related values, representations and meanings. The author stresses that natives have been defining as well "what health and disease are, what causes diseases and what cures them, and what is cure'. The cultural responses to those concepts differ to those of biomedicine's, thus 'there are neither superstitions nor fragments from a less evolved thought', as several academy people stress, argues Langdon (p. 160).

Indigenous health systems are more holistic and can be characterized as 'shamanic systems', where both health and disease compose the cosmologic system. 'Physical, social and spiritual factors interact in health-disease and cure process'. They are epistemological principles, quite different from those of biomedicine's, with world and knowledge differences, explains Langdon (p. 161). Table 2 summarizes the main differences between the two systems; argumentation follows in the next paragraphs.

Table 2. Synthesis of Episthemologic Principles comparing Biomedicine and Shamanic System.

Biomedicine	**Shamanic Medical Systems**
Biologic	Social, ecologic and cosmologic
Cure: symptomatic	Cure: re-establishment of well-being
Corporeal symptoms	Corporeal symptoms and symptoms outside the body
Curative	Preventive
Writing	Oral
Formal	Informal

Source: Langdon (2001, p. 161)

There are certainly risks of 'characterizing both systems as opposed systems', as well as that of 'reinforcing old notions that indigenous medicine is basically magic', stresses the anthropologist. Characterizing indigenous medicine that way is already 'an ethnocentric error belonging to history of anthropology'. Of course anthropology as science has already revised such error, like indicate the accounts from 1653 of Dutch physician William Piso, who has been in Brazil for seven years in the 17th century. The publication of his book in 1658, written in Latin, has been translated in Rio de Janeiro by the Ministry of Education and Culture in 1957.

Piso, physician in a time when anthropology was barely delineated as science, states:

> Authors' experience and accounts tell that all Indies natives practice medicine and research knowledge about diseases after the symptoms and, neglecting the causes because of some common sense, they deduct disease signs and oppose them a contrary remedy [...] from all that Brazilian medicine, by me observed during seven years and shortly transmitted as I could [...]. This way one can see the uniformity with which the peoples, although ignorant and illiterate, practice medicine with us. [...] restored successfully soldiers' members, injured with gunshot bullets, which were to be amputated by European surgeons – Lusitans and Batavians (PISO, 1957, p. 75-76).

Piso's observations, made around the middle of 17th century, corroborate present researches by Langdon, among other studies not mentioned in the present essay. Anthropological assessments allowed for a better understanding of the meaning of myth[33], cosmology, so that academy can argue that indigenous therapeutics are rather *holistic,* where 'disease and health belong to a cosmologic system, and physical, social and spiritual factors interact in the health/disease/cure process, explains Langdon (2001, p. 162).

With those afore-mentioned arguments, the synthesis in Table 2 becomes more explicit, with Langdon's (2001, p. 161) addition that to assist, in the shamanic medical system, natives follow this protocol: they identify symptoms at the beginning of a disease; they present a temporary diagnostic to make therapy indication; and they check treatment correctness[34] (LANGDON, 2001, p. 161).

To support their health systems, natives have developed a phytotherapy science and birth techniques. The cure concept for those peoples stays 'closer to the English concept *heal,* from Greek, implicating wholeness'. Therefore, *heal* brings

33 Mythical thought embraces categories of thought, expresses 'supernatural' reality of nature and the deep dimension of events. Myth is dynamic and changes according time, always decoding religious experience and practical experience, explains João Ribeiro Jr. (1992).

34 Langdom cites another article of hers, published in 1995, but does not register it in the references.

well-being back; and, in serious diseases, with death risk, well-being requires recuperating 'relationships threatened by illness, beyond mere absence of disease', that is, cure happens with the recovered well-being. Shamanism is the search for 'the ultimate disease and explanation of its meaning'. According to Table 2, this system may contain secret, preventive, ecologic and cosmologic elements; its therapeutics bears no analogy with biomedicine. Intelligently, natives look for medicines complementariness: 'biomedicine, for its technical efficacy over corporeal-biological processes, and shamanistic system for explaining reason of disease, according to biomedicine characteristics detail in Table 2 (LANGDON, 2001, p. 162).

Vieira (1999, p. 27) states that '*consciential,* as well as mainstream-science knowledge, are not definitive, they are *approximately accurate* (sic)'. In the same way, shamanism and biomedicine have their incoherencies, grounded on different paradigms.

The anthropologist stresses (p.162), citing Foster & Anderson (1978), that a common task in her profession is to evaluate, together with health projects, 'native practices considering health consequences, discerning damaging, neutral or possible ones'. Practices considered harmful are oriented not to be repeated, whereas the neutral and possible ones are watched 'to prevent damage'. As a matter of fact, those situations are judged by biomedicine, with the posture of someone who holds some 'supreme truth', with the power of the final judge, judging indigenous practices' efficacy according to 'occidental' [Euro-centric] health understanding. Langdon acknowledges high technology and biomedical successes in treating diseases and physical symptoms, but refutes the efficacy metrics employed, considering this an etnocentric attitude.

Truths are ignored, whereas 'research prove ritual-cure efficacy and the role of social relations in the health/disease process', laments Langdon (p. 162). The posture is Eurocentric because 'there are three main concepts marking the difference between biomedicine and indigenous medicine that need to be relativized by biomedicine': (a) cure notions, (b) efficacy notions, and (c) the notion of the biological reality of disease.

Even though only in the physical level, but already configuring a wider perspective, Langdon[35] (2001, p. 163) informs that for years anthropology has been contributing in the discussion about the 'psychological and sociocultural causes of diseases', as well as the efficacy of cure systems[36], suggesting an interdisciplinary approach advancing toward the knowledge over the disease. Notwithstanding, the researcher's expectation is another – 'it would be better an intercultural approach, relativizing biomedicine and treating indigenous medicine as science, in order to redefine efficacy and cure concepts' (p. 163).

35 Author's dialogues with O'Nell & Selby (1978) cited on page 163.

36 Idem, (2001, p. 163), with Csordas 1983, Kiev, 1964; Lévy-Strauss, 1975; Laughlin, Mcmanus & D'Aquili, 1990.

To make this a reality, the author proposes (p. 163) that health professionals recognize biomedicine's limitation, admitting the existence of other medicine systems whose epistemological differences must be respected and understood as 'able to contribute to human knowledge'. Whereas Langdon appeals for knowledge relativization, Vieira (1999, p. 330) argues around relativity of life itself and human immaturities. Considering all relativizations, one of them, the physical body's decomposition after biological death, affects even the most proud of the human beings. The realization of this fact would make life, both one's own and the other's, valuable.

REFLEXIVE NOTES

The authors cited in this study, as well as the person who writes it, and the natives, do not intend to depreciate one medicine against another. Gauthier (2011, p. 47), for instance, wants to be understood impartially, arguing that valuing 'the singular contribution of Euro-descending sciences does not mean devalue indigenous sciences'. Therefore, that academic researcher stresses the necessity of leaving both personal knowledge and personal dogmas and those originated from colonization, considering that 'science' would be monopolized in its way of thinking. In the case of natives, the paradigm supporting shamanism 'expresses the posture of those who find themselves within a complex system of energy exchange' around 'myth', which orients its ethnical systems. And adds that Eurocentric science today hardly respects that knowledge, dismissing contribution possibilities for a profitable and reciprocal co-existence between peoples, inclusively to honor 'knowledge universalization', thus refuting the maxim 'universal knowledge kinds'. The author stresses, as a cause of confusion, 'Europe and Euro-descendants pretension of being the only creators of universal science'. Behaving as colonizers, they put their power above 'other peoples who supposedly had only local knowledge, which could be validated only within its cultural area' (GAUTIER, 2011, p. 45).

Langdon (2001) argues around the shamanic paradigm, acknowledging it as a 'system', whose complexity seeks well-being in its totality, that is, personal, social, ecologic and cosmologic. Nonetheless, Brazilian health assistance's bureaucracy, plus lack of assessments contributing for medicine professionals to enlarge their health views, hinder dialogue continuity between shamanic system and biomedicine. Cunha (2007, p. 82) stresses that Brazil was the first country to sign the 1992 Convention, confirmed in 1994, enforcing preservation and maintenance of local communities' knowledge[37].

37 "Brazil is in a very special situation: if on one hand is a megadiversified country in genetic resources and traditional knowledge, it is also, contrary to many countries, sufficiently equipped scientifically to develop and value those resources internally. [...] But it is losing a historical opportunity to establish an environment of cooperation and respectful interchange with traditional populations (CUNHA, 2007, p. 83).

Both researchers (Langdon and Gauthier) show recklessness and indignation before academy, which still excludes the different forms of being and staying in intraphysicality. Vieira (p. 330-331) argues here that non-fulfillment of relativization and of respect for differences between humans can be understood, under the consciential paradigm, as something not elaborated yet, since consciential maturity is wanting, as well as knowledge and self-knowledge around *evolution, cosmoethics, paralaw, holokarma,* beside several other themes belonging to contemporary consciential studies, which could contribute to develop such maturity kind. Concomitantly, there are also consciousnesses asking for a world better than this in the intraphysical dimension, making thus perceptible, at some inner/personal level, a betterment in way of life, responsibilities, and commitments engaged.

Peculiarly, the scientific pathway proposed by Vieira (1999) considers multidimensionality knowledge as a factor, among others, for human improvement envisaging self-evolution and collective evolution along multiple existences. The correlation between indigenous knowledge and conscientiology can be made explicit as follows: if, from the anthropologic viewpoint, what would be missing were to consider myth a valid knowledge system, what would be missing under the conscientiologic perspective were to consider parapsychism as a knowledge source.

Multiple dimensions are briefly contemplated in the indigenous health system, according to Langdon (2001), and are also valued in Gauthier (2011, p. 47) when he argues that indigenous science already indicates 'some superiority (in the sense of wider amplitude) [...] with regard to Cartesian-origin sciences, since the former comprehends the thinker within its study object'".

In this essay, Gauthier, Langdon and Vieira have dialoged, through their scientific trajectory, thus making for me possible to cross over paradigms with differing range and aim. For Vieira (1999, p.31) 'science appears to be better because it grounds on the evolved mental body (consciousness)'. And the investigation object 'consciousness' is a 'an irremovable trans-knowledge ahead' (VIEIRA, 1999, p. 27). The safe-guard indicated by the consciential paradigm has a maxim, the 'principle of disbelief', exempting conscientiology from dogmatic forces, still present in some scientific assessments. As I see it, the differing scientific trajectories can be complemented by the conscientiological 'admiration-disagreement' binomial, which contributes to our apprenticeship with the contraries. This binomial favors interpersonal relations as long as it becomes natural to disagree from someone, and yet, to cooperate, for the benefit of the ongoing work, thus separating idea from person, whether we have affinity to him or not' (VIEIRA, 1999, p. 84).

Incontestable, however, is the fact that the different academic paradigms enlarge our view about the *socins,* and, consequently, the understanding of human beings *resomated* in urban tribes, ethnic groups, quilombos, in the big urban centers, in poor and rich suburbs, and rural environments on planet Earth. Together, on the 'hospital-planet', or on the 'school-planet', we constitute ourselves as an evolving intraphysical group. Intraphysicality[38] gives us the opportunity of co-existing with diversity. We are consciousnesses in evolution, putting us under equal conditions despite diversity. By making co-existence with consciential diversity possible, intraphysicality summons us to the 'clarifying task', in order to dismiss dogmas and absolute truths around human life and multiple existences, aiming at consciential evolution. [137]

REFERENCES

ALQUIMIANDO O MEIO AMBIENTE. Os Direitos da Natureza, "La Pacha Mama", in the Constitution of Ecuador. In: **Alquimiando o Meio Ambiente.** Issued in January 20th, 2012. Obtained in: http://alquimiandoomeioambiente.blogspot.com.br/2012/01/os-direitos-da-natureza-la-pacha-mama.html Access in: September 29th, 2017.

ASSIS, Wendell F. Teixeira. **Do colonialismo à colonialidade: expropriação territorial na periferia do capitalismo.** In: Caderno CRH, Salvador, v. 27, n. 72, p. 613-627, 2014. Obtained in: http://www.scielo.br/pdf/ccrh/v27n72/11.pdf Access in: March 11th, 2017.

CUNHA, Manuela Carneiro da. **Relações e Dissenções entre saberes tradicionais e saber científico.** Conference held in the SBPC Reunion in Belém, PA, Brazil, in 2007. In: Revista USP, São Paulo, n. 75, p. 76-84, September/November, 2007. Obtained in: September, 29th, 2017.

FREIRE, José Ribamar Bessa. Médicos, Pajés e Rezadeiras. **Crônicas - Blog Taquiprati**. Issued in January 25th, 2009. Obtained in: <http://www.taquiprati.com.br/cronica/35-medicos-pajes-e-rezadeiras > Access in: September, 16th, 2017.

GAUTHIER, Jacques. Demorei tanto para chegar ... - ou: nos vales da epistemologia transcultural da vacuidade. In: **Revista *Tellus***, year 11, n. 20, p. 39-67, January/June, 2011

GAUTHIER, Jacques. **Uma Pesquisa Sociopoética: o índio, o negro e o branco no imaginário de pesquisadores da área da educação.** Jacques Gauthier, Reinaldo M. Fleuri, Beleni S. Grando (Orgs) – Florianópolis: UFSC/NUP/CED, 2001.

ISA. Instituto Socioambiental. **Povos Indígenas no Brasil-Guarani Kaiowá.** Contributions by anthropologists Rubem Ferreira Thomaz de Almeida and Fábio Mura, updated in 2018. Obtained in: https://pib.socioambiental.org/pt/Povo:Guarani_Kaiowa Access in: October 5th, 2018.

ISA. Instituto Socioambiental. **Povos Indígenas no Brasil – Kadiwéu.** Contributions by anthropologist Mônica Pechincha, updated in 2018. Obtained in: https://pib.socioambiental.org/pt/Povo:Kadiweu#A_sociedade_ancestral. Access in: October 5th, 2018. LANGDON, Esther Jean. A tolerância e a política de saúde do índio no Brasil: são compatíveis os saberes

38 The intraphysical gives us the opportunity to coexist with diversity, because all of us are with the physical body. And because of this condition of equality, despite cultural and karmic differences, the coexistence in the same dimension contributes to evolution. In the extraphysical, as we do not have a physical body, holothosenes produce reality, therefore, what is thought happens immediately.

biomédicos e os saberes indígenas? In: GRUPIONI, Luís Donisete Benzi (Ed.). **Povos Indígenas e Tolerância.** São Paulo: EDUSP, 2001.

MINAYO, Maria Cecilia de Souza. **O desafio do conhecimento - pesquisa qualitativa em saúde.** Hucitec, 1996.

PISO, Guilherme. **História Natural e Médica da Índia Ocidental - em cinco livros.** Tr. by Mário Lôbo Leal. Issued by Instituto Nacional do Livro - Ministério da Educação e Cultura [col. Obras Raras], Rio de Janeiro, 1957.

RENSON, Roland. Ludodiversity: Extinction, Survival and Invention of Movement Culture. In: **ABSTRACTS - ISHPES Seminar, TAFISA Symposium.** Games of the Past - Sports for the Future. Duderstadt, 2000, p. 29.

RIBEIRO, Luciana. Escrever no Paradigma Consciencial. In: **Revista *Scriptor***, year 1, n. 1, 2010, p. 16-28. Foz do Iguaçu, PR, Brazil. Obtained in: www.uniescon.org Accesso in: September 7th, 2017.

UNESCO. Declaração de Princípios sobre a Tolerância. In: **Biblioteca Virtual de Direitos Humanos - USP**, 1995. Obtained in: http://www.direitoshumanos.usp.br/index.php/UNESCO Access in: January 20th, 2017.

VIEIRA, Waldo. **O que é a Conscienciologia.** Instituto Internacional de Projeciologia. Rio de Janeiro, Brazil, 1994.

VIEIRA, Waldo. **Projeciologia - Panorama das Experiências da Consciência Fora do Corpo Humano.** Rio de Janeiro: Instituto Internacional de Projeciologia e Conscienciologia, 4ª Edição, 1999.

VIEIRA, Waldo. **Manual de Redação da Conscienciologia.** 2. ed. rev. - Foz do Iguaçu, PR: Centro de Altos Estudos da Consciência, 2002.

VINHA, Marina. Verbete *Conscin* indígena. **Enciclopédia da Conscienciologia.** Foz do Iguaçu, PR, 2016.

Marina Vinha, PhD Professor and Master in Physical Education (UNICAMP), with Specialization in Non-formal Physical Education, Graduation in Physical Education (UFMS). Works in the formation of Guarani and Kaiowá indigenous teachers, and in the formation of Physical Education undergraduates in the Universidade Federal da Grande Dourados (UFGD), in Mato Grosso do Sul, Brazil. Has known conscientiology in 1994. Retired in April 2018, while writing this paper.

Translation: Marcelo Rouanet.
Revision: Sergio Fernandes (ISIC).

ENTREVISTA COM ANTONIO PITAGUARI

Intercâmbio Conscienciologia-Parapsicologia – Década de 1990

Alexandre Zaslavsky

Antonio Pitaguari é administrador e professor universitário, com formação específica em Logística Empresarial, pós-graduado em Gestão da Aprendizagem e em Metodologias Ativas de Aprendizagem e atualmente também formando em nutrição. Tradutor de *Scientific Exploration of Consciousness – Toward a New Epistemology* (1994), de Willis Harman e Christian de Quincey, pioneiro da Conscienciologia na Europa, implantando centros educacionais em Lisboa (1994) e Londres (1997), editor da revista *Conscientia* (2003-2016), professor junto com Laênio Loche do curso Heterocrítica de Obra Útil desde 2004, editor e prefaciador de *A Filosofia do Meio* (2004 e 2ª edição, 2017) de Zi-Si (neto de Confúcio), coordenador da Prova Geral de Conscienciologia desde 2006, pioneiro junto com Adriana Lopes, na revisão dos verbetes da Enciclopédia da Conscienciologia (2007-2013), coautor, com Marina Thomaz, da obra *Redação e Estilística Conscienciológica* (2010), coorganizador, também com Marina Thomaz, da obra *Tenepes: Assistência Interdimensional Lúcida* (2015) e atualmente à frente do projeto Autonomia em Saúde. Antonio gentilmente concedeu essa entrevista no dia 18 de abril de 2018, na Cognópolis Foz do Iguaçu.

Você pode contar como foi sua experiência com a Projeciologia e Conscienciologia no exterior do Brasil? Para onde foi? Com que intenção?

Em 1990, cheguei ao Instituto [Internacional de Projeciologia – IIP], conheci o professor Waldo e fiquei encantado com o conteúdo, o conhecimento, a explicação mais lógica para as experiências que eu buscava entender. Morava em Teresópolis, RJ, na época e comecei a ir com frequência para o Instituto, que se localizava no bairro da Glória, na cidade do Rio de Janeiro. Meus pais moravam em Ipanema, bem próximo de onde vivia o professor Waldo. Acabei vendendo a empresa que eu tinha e voltei a morar no Rio, dedicando-me integralmente ao Instituto. Comecei a fazer Psicologia. Tornei-me professor itinerante, viajava por todo o Brasil, bastante envolvido e interessado na Projeciologia e Conscienciologia. Sou muito grato ao Waldo, por todo o apoio que me deu desde o início, por exemplo oferecendo-me a oportunidade de trabalhar com a revisão do 700 [Experimentos da Conscienciologia] e com a digitação das suas fichas manuscritas pessoais de pesquisa contendo as 5116 referências dessa obra, tarefa realizada em conjunto com a Cristiane Ferraro e a Neide Figueiredo. Logo em seguida à publicação do 700, teve início o movimento de internacionalização do Instituto. A Málu [Balona] foi para Buenos Aires, o Wagner [Allegretti] e Simone [de la Tour] foram respectivamente para Miami e New York, nos Estados Unidos. Naquele momento descobri, no Jornal Folha de São Paulo, que a Feira Internacional de Livros de Frankfurt, o principal evento livreiro internacional, que iria ocorrer em outubro de 1994, tinha o Brasil como tema central. Além disso, para ajudar a ida dos editores brasileiros à Europa, a Câmara Brasileira do Livro (CBL) estava também organizando, na semana anterior, uma Feira de Livros Brasileiros em Lisboa. Estimulado pelo recente lançamento, senti que seria excelente oportunidade de apresentar o 700 nestes dois eventos. Na época, o Diretor Administrativo do Instituto era Homero Torres que, depois de considerar e concordar com a participação do IIP nos dois eventos, me questionou: por que você não fica lá? E assim foi, adquirimos um Stand na Feira em Lisboa e uma prateleira no Stand da CBL em Frankfurt. Em 1994, seguindo à participação nas duas feiras, começamos as atividades em Lisboa, Portugal, com uma série de palestras, dois P1 e um P2, além de uma conferência realizada pelo professor Waldo Vieira, no Instituto de Espanha, salvo engano em 04 de novembro de 1994. Para começar essas atividades, levamos do Rio de Janeiro, além dos livros, talvez uma ou duas centenas de contatos de amigos e da base de dados internacional que o Instituto possuía naquela época. Vale ressaltar que gostei demais de Lisboa. Foi muito interessante mesmo viver e interagir com o povo português. Enquanto estive em Lisboa, talvez não tenha me dado conta do quanto gostei de passar quase 3 anos lá. Achava Lisboa pequena e provinciana. Eu queria de todo modo estar mais perto dos meandros da ciência. Sonhava com a ideia da produção científica e a possibilidade de interagir com os pesquisadores da consciência. Enquanto estive em Lisboa, cheguei a fazer duas ou três viagens a Londres, Inglaterra. Em nossa lista de contatos, tínhamos um simpático e jovem casal, o Marcelo e a Tiane, que trabalhava em um pequeno e confortável Hotel na capital inglesa e onde fiquei hospedado nessas visitas. Uma delas me marcou muito, foi quando visitei a Royal Geographical Society para uma palestra do **Oliver Sacks**[1]. Eu havia lido um livro dele no curso de Psicologia, *O Homem que Confundiu sua Mulher com um Chapéu*. Lembro de ficar intrigado com aquela obra. Seria muito interessante conversar com ele. Será que ele conhecia e como encarava a experiência fora do corpo? Peguei um 700 e fui para Londres encontrar o homem.

1 **Oliver Wolf Sacks** (1933-2015) foi um neurologista inglês, notabilizado pelos diversos livros permitindo o acesso do grande público a temas técnicos da Neurologia.

Você já morava em Londres?

Não, ainda não. Como disse, fui morar em Lisboa, no segundo semestre de 1994. Parei o curso de Psicologia, aluguei o apartamento que tinha no Rio, vendi meu jipe Toyota e investi na estruturação do IIP em Portugal. Nesse período, viajei para Londres algumas vezes antes de conseguir me estabelecer lá. Começamos a trabalhar no escritório de um parente do Mário Oliveira. O Mário e a Adriana [Lopes] passaram o ano de 1995 conosco em Lisboa, trabalhando comigo na estruturação da Unidade de Portugal. Eles voltaram ao Brasil no final do ano, para terminar o curso de psicologia que eles faziam.

Você ficou quanto tempo em Lisboa?

Fiquei mais ou menos dois anos e meio, do segundo semestre de 1994 até 1996.

94/95 até 97?

É isso, fiquei em Lisboa até o final de 96. Em 1996, depois que o Mário e a Adriana voltaram, ficamos em dois professores, a Angélica Guidini, que havia chegado a Lisboa, ainda em 1995, e eu. A Angélica, de Curitiba, PR, foi para Lisboa para trabalhar conosco na unidade que a gente abriu lá. Embora eu fosse muito ligado em começar logo uma unidade em Londres, era importante ter mais um professor em Lisboa antes de seguir para a Inglaterra. Até que no final de 1996, a Mônica Rezende se juntou a nós em Portugal. Assim, com Angélica e Mônica em Portugal, comecei 1997 responsável pela nova unidade do IIP em Londres, na Inglaterra.

Não tinha ainda unidade lá. Tinha algum voluntário por lá?

Havia pessoas interessadas. Pessoas do cadastro do Instituto. Era o caso, por exemplo do Marcelo, a Tiane e a Veruska, que acabou chegando em seguida. Logo depois, o Rodrigo, namorado dela, também ficou um tempo por lá. Alugamos uma casa bem legal, em Catford, sudeste de Londres, onde morávamos nós cinco e onde chegamos até a fazer algumas palestras e cursos. Então, foi durante o período de Lisboa que fui assistir a palestra do Oliver Sacks. O homem era muito bom, bem-humorado e irreverente. Usava terno e tênis.

E você conseguiu dar o livro para ele?

Sim, dei o 700 para ele.

Como foi o contato com ele?

A reação dele...

Era um livro em português...

Sim, a primeira edição do 700 Experimentos da Conscienciologia, recém-lançada, em português. Lembro do Sacks dizer: como é que eu vou ler isso? Não leio português! Eu falei: trata-se de uma obra inovadora que vale o esforço. Veja os títulos dos capítulos, os neologismos latinos, as referências. Olha bem... é um livro importante para quem se interessa pelo tema...

Consciência...

Eu esperava alguém curioso, aberto para o novo, mesmo que em um livro em português. Assim, acabou sendo decepcionante porque, por exemplo, eu pedi para tirarmos uma foto com o livro e ele não aceitou. Outra coisa, a despeito da excelente palestra, quando abriu para perguntas, uma típica senhora londrina perguntou: na sua prática clínica, qual a sua visão de experiências de vidas passadas?

Perguntaram direto...

Primeira pergunta! Ele respondeu em uma palavra, e pior, de baixo calão, já pedindo a próxima pergunta. Uma dissonância em um ambiente erudito e tradicional como aquele, a Royal Geographical Society. Achei meio constrangedor, mas, ainda assim, fui falar com ele no final da apresentação. Nos poucos minutos que estivemos juntos, antes de lhe pedir a foto com o livro, perguntei-lhe o que pensava sobre a experiência de quase morte, mas também reagiu mal, como se fosse algo ridículo e impossível. Resumindo, ele desprezou a pergunta da mulher diante de todos, e depois comigo reagiu do mesmo modo. Pode ser ingenuidade minha, mas eu pensava que um pesquisador-escritor daquela envergadura seria uma pessoa aberta a coisas novas e não foi o que ocorreu, não apenas nesta oportunidade com o Sacks, mas, também, em outros contatos com outros pesquisadores de primeiro escalão com quem tive oportunidade de interagir.

Ele passava a ideia de abertura a esse tipo de fenômeno, digamos. Porque ele escreveu os livros dele sobre coisas tão estranhas, diferentes.

Exato! Eu esperava outro comportamento do Oliver Sacks. Entretanto, pelo contrário, ele se mostrou materialista convicto e reativo. Um médico renomado internacionalmente, mas para quem consciência é subproduto do cérebro físico.

Interessante...

A próxima vez que estive na Inglaterra, foi bem melhor. Então, o evento ocorreu em Cambridge, na Saint John's College, uma das mais de 30 universidades dessa tradicional cidade e centro universitário inglês desde o Século XIII. Em Cambridge passaram vultos como Isaac Newton e Francis Bacon, além de seus pesquisadores terem recebido 68 prêmios Nobel. E o evento era dedicado à pesquisa da consciência. Somente figurão tinha ali. Por exemplo o **Charles Tart**[2].

Qual evento foi?

Beyond the Brain, New Avenues for Consciousness Research (Além do cérebro, novos rumos na pesquisa da consciência), que ocorreu de 24 a 27 de agosto de 1995, tendo sido organizado por **David Lorimer**[3], do *Scientific and Medical Network (SMN)* e também pelo *Institute of Noetic Sciences (IONS)*. Participaram também o **Stanislav Grof**[4], o **Willis Harman**[5], o **Peter Fenwick**[6], o astronauta que teve expansão de consciência e fundador do IONS **Edgar Mitchell**[7], entre diversos outros renomados autores e pesquisadores. Muito legal ter tido a oportunidade naquela época de conhecer e interagir com esse povo com um paradigma bem mais aberto.

Estava lá o John Beloff?

Sim, **John Beloff**[8], conversei com ele, ficamos amigos.

Eu quero saber disso.

O John Beloff conhecia o Waldo. Tomamos o café da manhã juntos naqueles dias.

2 **Charles Theodore Tart** (1937-) é um psicólogo e parapsicólogo estadunidense. Ele realizou pesquisas laboratoriais pioneiras sobre experiência fora do corpo ou projeção da consciência, bem como introduziu o conceito de estado alterado de consciência.

3 **David Lorimer** (1967-) é um médico inglês, autor e ativista associado aos temas da consciência e espiritualidade.

4 **Stanislav Grof** (1931-) é um psiquiatra tcheco, fundador da Psicologia Transpessoal.

5 **Willis W. Harman** (1918-1997) foi um engenheiro estadunidense, autor de livros e artigos visando ao desenvolvimento do potencial humano e à transformação da consciência.

6 **Peter Brooke Cadogan Fenwick** (1935-) é um psiquiatra inglês, referência mundial na pesquisa do fenômeno da Experiência de Quase Morte (EQM).

7 **Edgar Dean Mitchell** (1930-2016) foi um astronauta estadunidense, o sexto homem a pisar na Lua, que teve uma expansão de consciência quando em missão e dedicou-se a promover o tema da transformação da consciência.

8 **John Belloff** (1920-2006) foi um psicólogo, filósofo e parapsicólogo inglês, autor de diversos livros e artigos, professor da Koestler Chair of Parapsychology na Universidade de Edinburgh.

E aquele pesquisador que virou projetor? Aquele parapsicólogo que dessomou em 2000?

Arthur Ellison[9]. Também ficamos amigos. Estive na casa dele, ele esteve em nossa casa, em alguns de nossos eventos, algumas vezes. Ele chegou a estar em mais de uma das minhas palestras em Londres. Uma delas na *Golden Square Book Shop*. Eu o trouxe à palestra do Wagner [Allegretti], eu o apresentei ao Waldo, ele veio por dois anos consecutivos participar das palestras que organizamos para o Waldo em Londres, uma delas no mesmo auditório utilizado pela *Society for Psychical Research (SPR).*

Ele era projetor, desenvolveu projetabilidade. Eu tenho o livro dele.

É, mas o principal interesse dele era fazer um projetor conseguir ver seu alvo mental, os números que tinha lá. Diversas vezes ele me questionou se em nossos cursos tínhamos algum projetor que ele pudesse convidar para tais experimentos. Tipo as pesquisas do Charles Tart.

Ele queria seguir o método da ciência.

Isso, mas ao mesmo tempo que a gente ficou amigos, por outro lado, ele evitava reconhecer oficialmente a Conscienciologia. Quando era pessoalmente a gente se dava superbem. Como disse, fui à casa dele. Ele foi lá em casa. A gente se encontrou muitas vezes. Uma vez ele me confidenciou: *"you're a member of the club". Member of the club.*

Um clube dele, entre os amigos dele. Seleto grupo de amigos.

"Member of the club", ele se referia ao seleto grupo daqueles que aceitavam a multidimensionalidade. Ele foi duas vezes presidente da SPR. Então, eu tinha grande apreço por aquele senhor! O velhinho era gente boa demais, muito bem-humorado. Conversamos sobre Conscienciologia. A única ressalva que posso tecer é que embora nos conhecesse bem, nunca chegou a escrever, reconhecer ou recomendar nosso trabalho.

Ele sabia tudo o que era [a Conscienciologia]. Os livros.

Sabia o suficiente, mas não sei se entendeu. Chegou a ler o livro *Projections of Consciousness* (Projeções da Consciência), teve "n" oportunidades. Mas sempre se manteve no lado do paradigma da comprovação científica, sem ser capaz de se envolver com a autoexperimentação do paradigma da consciência.

9 **Arthur James Ellison** (1920-2000) foi um engenheiro e parapsicólogo inglês.

Ele nunca disse o porquê não falava disso em público, você não conseguiu abordar esse assunto com ele?

Não. Ele era idoso, dessomou alguns poucos anos depois.

Ele morreu em 2000 [06.09.2000]. Eu tenho o livro dele, chama Altered States of Reality. É um livro póstumo em que fala que ele acha que o ideal seria o parapsicólogo desenvolver a projetabilidade para poder... Será que ele pegou essa ideia da Conscienciologia, de uma certa forma?

Não sei dizer com certeza. Teve um texto que ele escreveu, quando menciona algo assim, já depois que nos conhecíamos, em um jornal informativo da SPR ou do SMN. Ele era muito produtivo, escrevia bastante. Nos encontros e eventos, ele sempre se manifestava. Então, por exemplo, no congresso *Beyond the Brain*, primeiro contato que tivemos, sempre que havia oportunidade, ele entrava para falar. O Ellison falava muito bem. Ele foi duas vezes presidente da SPR. A SPR tinha um encontro mensal naquela época. Sempre que podia, eu ia. Muito oportuno para conhecer as pessoas, a secretária até me conhecia como um representante do associado Waldo Vieira. Cheguei a conhecer e conversar com algumas pessoas ali, mas eu era tipo um *outsider.*

Sim, sim, como outros que deviam ter lá, visitantes.

É isso. Um caso curioso ocorreu comigo na Sociedade Teosófica, fui pedir para dar uma palestra lá. A Sociedade Teosófica que lembro de ter sempre admirado. A Teosofia...

Aquela lá deve ser a primeira do mundo. Na Inglaterra.

É. Figuras históricas ao modo de Annie Besant, Charles Leadbeater e aquela russa, como se chamava mesmo?

A própria [Helena] Blavatsky.

Isso, e mais tarde o Krishnamurti. Mas, nos tempos que eu andava por lá, eles realizavam muitos eventos, de diferentes linhas, na Sociedade Teosófica. Havia palestra para todos os gostos, grande variedade de temas, correntes e palestrantes. Tratava-se de um local de encontro. O caso foi o seguinte... Estive lá algumas vezes. Em determinada oportunidade consegui falar com a vice-presidente, a senhora responsável pela seleção e organização dos eventos. Sugeri que nos convidassem para ministrar uma palestra lá a respeito da experiência fora do corpo. A senhora me respondeu: *We don't need foreigners. We have very good people here,* traduzindo: "Não precisamos de estrangeiros para falar sobre projeção. Temos muita gente que domina esse assunto por aqui". Isso ocorreu comigo na Sociedade Teosófica de Londres. Talvez devido ao sotaque... Na Inglaterra, particularmente, a pronúncia do idioma inglês é um dos critérios para a avaliação das pessoas.

O tipo de sotaque inglês que elas têm. Se é inglês ou se é estrangeiro. Você falava bem inglês.

Ministrei palestras e cursos em inglês. Eu falava bem, me expressava bem, mas veja: sou e tenho acento de estrangeiro.

É lógico.

Quando morei na Califórnia, onde eu aprendi a falar inglês, eu cheguei lá com 17 anos. Em Los Angeles, na época, havia uma comunidade de brasileiros funcionários da Varig. Meu pai era aviador da Varig que precisava de diversas tripulações, além de pessoal de terra, para receber e despachar os voos que iam do Brasil para o Japão. Era preciso trocar a tripulação em Los Angeles. Afinal o voo Rio / São Paulo para Tokyo durava algo em torno de 24 horas.

Em vez de ficar em hotel eles ficavam em uma vila da Varig?

Não exatamente, cada família alugava casa ou apartamento em pequenos condomínios. De qualquer modo, alguns pequenos grupos moravam próximos, além das crianças e jovens estudarem juntos, ou seja, estávamos sempre próximos uns dos outros. Lembro que fiz lá o 12º ano do ensino médio *[high school]*.

Entendi.

Cada um alugava sua casa. Nossa família morou primeiramente em Hollywood, depois moramos em Torrance. E tinha alguns condomínios que realmente as pessoas interagiam mais. Foi muito interessante, pois pude perceber que a criança quando ia para os Estados Unidos até os 12 anos de idade, ela conseguia aprender inglês sem sotaque. Depois dos 12, eu vi isso na prática, embora fosse possível aprender excelente inglês, mas guardaria algum nível de acento de estrangeiro.

Pode ser ótimo...

Isso, aprende, mas vai ter sotaque depois da consolidação do aparelho fonativo. Você não vai conseguir falar igual ao nativo.

Então para não ter erro gramatical. Erro de inglês não vai ter.

Você pode falar perfeito, mas com sotaque. Um sotaque que não é o de um nativo. Qualquer um vai perceber...

Vão perguntar de onde você é.

É isso. Vão perguntar: de onde você é? Você fala inglês muito bem e tal, mas você é de algum outro país. Pelo tipo de sotaque é possível já perceber se é latino de língua espanhola, ou do português, ou mesmo francês, por exemplo. O mesmo ocorre com os diferentes tipos de sotaques do inglês americano, da Inglaterra, sem contar os fortes e característicos acentos da Escócia, Irlanda, Austrália, Nova Zelândia e por aí vai...

Não se esperaria da Sociedade Teosófica. Não se esperaria uma coisa dessas, afinal é um lugar, digamos, a própria Teosofia é uma mistura de coisas.

É a lembrança que tenho, talvez eu tenha confundido alguma coisa... Por outro lado, os próprios indianos. A Teosofia descobriu o Krishnamurti na Índia... E o Krishnamurti...

Depois deixou eles. Era para ele ser o príncipe da Teosofia.

...em 1936, preparado para ser o "professor do mundo" dissolveu naquele ano a Ordem Estrela do Oriente, preparada especialmente para ele. Praticamente desfez a Teosofia. Desde então ele sempre enfatizou a autonomia individual. A história dele me influenciou muito. Sempre lembro de uma citação do Krishnamurti que diz mais ou menos assim: "uma teoria, quando se trata da vida interior, baseada na experiência de outra pessoa não faz nenhum sentido. É preciso deixá-la completamente, pois precisamos nos apoiar em nós mesmos".

De quem mais você lembra?

Penso que vale mencionar o contato com o organizador do evento *Beyond the Brain*, o David Lorimer, presidente do *Scientific and Medical Network (SMN)* que junto com o *Institute of Noetic Sciences (IONS)* promoveram o evento.

Essa era a instituição ou entidade que fez o evento?

Sim, como o evento ocorreu na Inglaterra, o SMN foi o principal organizador do evento. O IONS, embora com bastante gente presente não teve participação tão efetiva na produção do evento. O SMN é uma instituição inglesa, com grupos de trabalho em diversas cidades e países. Tive oportunidade de interagir tanto com o Lorimer quanto com o Peter Fenwick. O Lorimer me convidou para passar um dia em sua casa nos arredores de Londres, onde conheci sua esposa. Também, em uma das vindas do professor Waldo a Londres, pudemos organizar uma reunião, no Hotel onde estava hospedado, dele com o Lorimer. Ainda, o Lorimer me convidou para diversas atividades do SMN em diferentes localidades e eventos. Fui a algumas delas.

Ele deu abertura também para as ideias da Conscienciologia? Ele escutou sobre isso?

Sim, escutou.

Ganhou os livros?

Sim, ele se interessou bastante. Tanto que o Lorimer fez questão de conhecer o Waldo. Conversamos umas boas horas. Não me recordo se veio à palestra do Waldo [em Londres], mas acho que não. Lembro bem da presença do Ellison.

O Ellison foi na palestra? Você sentou junto com ele?

O Ellison foi. Tivemos casa cheia, era muita gente para dar atenção.

Ele chegou bem perto disso tudo.

Sim, sim. Apresentei os dois antes da palestra. Inclusive durante a palestra do Waldo...

Ele fez intervenção?

Não exatamente, ele assistiu toda a palestra, mas em uma determinada altura sua cabeça chegou a tombar, compreensível até pela idade que tinha. O Waldo viu e depois ficou implicando...

Porque ele deve ter ficado de olho. Como é que vai ser? Até a questão de aura, essas coisas assim.

Ellison era 12 anos mais velho que o Waldo.

Ele já era bem mais velho. E o Waldo fez algum comentário sobre ele? O que ele achou do Ellison?

Pelo que lembro o professor Waldo referiu-se ao Ellison como se fosse materialista. Um cara de ciência que quer provar os fatos, quando na verdade, para a Conscienciologia o importante não é provar, o importante é ter a experiência e ajudar as pessoas com um paradigma que habilita, que favorece, que estimula o desenvolvimento pessoal. Convencer é impor. Então, o Ellison estava submetido a este condicionamento, esse patamar científico da SPR que é o de provar, de convencer, de tornar científico algo que não pode ser científico, mas é paracientífico.

Então, mas o Lorimer, como é que foi a tua relação com ele, as conversas? Como é que você vê ele em relação aos temas da consciência. Você falou já do Ellison bastante. E o David Lorimer?

Olha, se puder sintetizar não sei se há tanta diferença. Talvez pela idade e menor quantidade de itens na agenda, tive bem mais tempo com o Ellison. O Lorimer era diretor atuante da SMN (de 1986 a 2000). Um homem muito mais ocupado. Vale também lembrar que com esse contato que eu tive com o Lorimer, também pude ter algum contato com o Peter Fenwick que era um dos fundadores e grande expoente do SMN.

Ainda é. Ele é uma sumidade na área da EQM.

Exato. Lembro que o CEAEC (ou o IIPC?) organizou um evento de EQM. Passei o contato dele para o pessoal da organização que entrou em contato e conseguiram trazer o Fenwick para palestrar aqui no Brasil. Lembro do Fenwick, uma pessoa bem curiosa. Uma vez, em um dos eventos do SMN, ele veio conversar comigo e perguntou como eram os amparadores. Ele queria saber como era encontrar ou ser encontrado pelos amparadores. Um outro contato muito interessante foi com o Charles Tart.

Que é um cara que está na ponta dessa discussão hoje em dia. Dos principais, digamos, que tenta desconstruir o paradigma fisicalista.

Na época ele já era um ícone. Dedicou sua vida a isso. Ele nasceu em 1937, sendo, assim, cinco anos mais novo que o Waldo. Daí você vê, 1966, Universidade de Davis, ele teve a iniciativa de colocar uns números como alvo mental para o projetor consciente. Antes mesmo da Miss Z confirmar os números, o Tart, na década de 1950, já conduzia esse tipo de experimento com os colegas universitários no porão da casa onde morava.

E como foram as conversas com ele?

Muito bem-humorado, pessoa agradabilíssima. O contato em Cambridge foi breve, porém intenso. Lembro de mais tarde, ter trocado alguns e-mails para convidá-lo para o evento de Barcelona, no segundo semestre de 1999. Já estava tudo combinado. Ele nos fez uma cortesia, cobrando apenas 2000 dólares pela participação, o pessoal do Instituto já tinha concordado em pagar o valor para podermos contar com sua presença no evento. Mas aí, quando chegou em julho, o evento era em outubro, ele mandou um e-mail falando de sua preocupação com um possível bug nos computadores e que para evitar isso ele não ia querer viajar naquela época. Ele estava antecipando o tal do bug do milênio. Assim, declinou nosso convite. Uma pena, pois esse era um sonho que eu tinha e que não consegui cumprir, ver o Tart e o Waldo juntos.

Você falou do Waldo para ele?

Sim. Ele já conhecia o Waldo de suas leituras. Possivelmente da revisão do livro Projeciologia publicado no Journal da ASPR.

Do Carlos Alvarado.

Isso mesmo. Ele tinha lido, conhecia o trabalho do Waldo.

Ele ganhou o Projeciologia? Será que ele tem? O tratado traduzido?

A edição traduzida, certamente não, pois ainda não estava disponível àquela época. Apenas quando lhe perguntei se conhecia o livro, ele respondeu: *ah the blue book*! Ele lembrou rapidamente da existência do livro. Ele me deu a entender que tinha o livro. Isso quando a gente conversou em Londres a primeira vez.

Além da Projeciologia eles conheciam a Conscienciologia? Já era conhecida nessa época? Nessa época que você teve por lá, nos anos 90?

No evento *Beyond the Brain*, apresentei um poster intitulado "*The new sciences of Conscientiology and Projectiology*" cujo resumo estava inserido no programa do evento. Em todos os contatos que fizemos sempre considerava importante chamar atenção para a Conscienciologia. Assim, pelo menos individualmente, eles conheceram a Conscienciologia. Sinto que eles nos veem, pelo menos nos viam na época, como algo intrigante, mas meio alternativo, meio nebuloso, meio estranho... Algo novo, diferente e sem embasamento, o que para um pesquisador pode ser perigoso. Quando digo para você que o Ellison não chegou a mencionar ou escrever nada sobre Conscienciologia, a mesma coisa talvez ocorresse em relação aos outros pesquisadores. Então, eles nos viam assim como algo paracientífico, como algo fora do contexto... *outstream*, sabe? Fora da corrente, o que é compreensível que não fosse algo que valorizassem.

Você acha que era colocado junto com outras coisas, mais da linha da pseudociência?

Mais ou menos isso. Eles nos veem como algo pseudocientífico. Fora da tradição científica para as questões não físicas estabelecida desde os fundadores da SPR, por exemplo.

Mesmo que o conteúdo tenha substância, digamos assim? Os textos, etc. É uma coisa que não é mística. Há um diferencial no conteúdo.

Eu sei, você sabe. Mas tem o condicionamento da metodologia científica. E eles querem ver esse conteúdo através de uma literatura científica. Eles não querem ver isso vindo de fora. Quando o Waldo dizia: eu não quero saber de ir lá, eles que venham aqui. O Waldo já havia percebido que esse tipo de contato é muito difícil.

E o Waldo, no Brasil, ele teve em vários lugares. UNICAMP, ele teve no INPE.

Mas isso nos primórdios, quando ele ainda...

Em [19]86, quando ele fez o Projeciologia.

... talvez quando ele ainda tentava dialogar.

Você chegou a ir com ele em alguma dessas universidades?

Sim. Por exemplo, no Rio de Janeiro nós estivemos na Gama Filho, a gente teve em Botafogo ali onde existe um prédio da Medicina oficial, onde ocorreu o lançamento do livro 700 Experimentos da Conscienciologia.

Foi ali? Não sabia.

Foi, um lançamento oficial, na verdade um dos lançamentos.

Foi no Conselho de Medicina?

Foi, se não estou enganado, na Rua Visconde Silva, em Botafogo. Não lembro exatamente o que era aquilo, mas era um ambiente de Medicina, um ambiente oficial de Medicina [Colégio Brasileiro de Cirurgiões].

E ele deu a palestra para esse público?

Sim, mas na prática, grande parte da audiência era formada por conhecidos.

Sim. Você chegou em 90, não foi? Você chegou a ir naquele curso sobre Serenões na UNICAMP?

Não, não. Esse curso antecede minha chegada ao grupo.

Isso foi também famoso, ele defendeu as quatro teses sobre a Teoria dos Serenões. É uma coisa que eu ainda queria ir atrás, parece que isso foi filmado.

Naquela época, parece que o Samuel [de Souza], o Wagner, eram os principais assessores do Waldo. Também, o Cláudio Paredes, que dessomou recentemente. A Marina Thomaz... Então você vê como é que o tempo passa. Mas penso que é importante enfatizar o posicionamento do Waldo, quando ele diz "eu não quero saber de ir lá, eles que venham aqui". O que eu entendo é que o Waldo chegou à conclusão, que respeito e concordo, com minha experiência, penso que dependendo da situação é perder tempo. Lembro de uma frase interessante do Epicteto, quando diz que é impossível uma pessoa aprender aquilo que ela pensa que já sabe. Você não vai conseguir falar para esse povo nos termos deles. É importante aos interessados, primeiro, duvidar de seus posicionamentos e ter o abertismo consciencial para novos conteúdos, o que convenhamos não é fácil para quem se considera detentor de conteúdo científico.

Quando o Waldo convidou, propôs a Interparadigmas, que ele viu que tinha gente com o diploma, digamos, e poderia talvez conseguir fazer o diálogo...

Sensibilizar de algum modo. Perfeito!

... por uma linguagem parecida, alguma coisa.

Concordo. Sensibilizar por meio do esclarecimento é o nosso trabalho. Mas veja, é uma revista, é um trabalho que você edita a partir de contexto conscienciológico.

É. A gente vai atrás desse povo. A gente tem publicado material de pessoas que são do mundo acadêmico, assim uma ou outra coisa. Tem alguma coisa.

Sensibilizar aqueles que forem mais sensíveis. Certamente existem muitos pesquisadores predispostos.

São os que estão no limiar do paradigma, digamos, os que estão já querendo outro paradigma ou ampliar o paradigma, nesse sentido. É pouquíssima gente, mas tem.

Tem, todavia, existe lá um paradigma rígido, estabelecido, fincado, estruturado, e pode até ser, tomara que sim, que no futuro se abra. Mas, se a gente for ver o [Max] Planck, ele diz que tem que desaparecer uma geração para vir uma nova ideia. Vamos ver, as gerações estão passando...

Sim, mudar um paradigma. E me fala do teu contato com o John Beloff, como é que foi.

Então, o Beloff, era bem aberto.

Ele era filósofo. O John Beloff não era médico, era um filósofo.

É. Ele tinha textos importantes, ele tinha conteúdos publicados sobre a consciência. Ele já tinha estado com o professor Waldo anteriormente, talvez em alguma das viagens do Waldo à Europa.

Ele conheceu o Waldo.

Ele me deu a entender que sim, que conheceu o Waldo pessoalmente.

O Beloff está na bibliografia do Projeciologia.

Cheguei a convidar o Beloff para palestrar para nosso grupo, quando fazíamos palestra toda semana em Londres, no *Golden Square Book Shop*, uma excelente localização no centro da cidade. Cheguei a morar um período na casa do Peter Harrison, o dono da livraria. Ele alugava uns quartos. Tinha boa amizade com o Harrison. Eu tinha até a chave da livraria. Eventualmente convidava pessoas para dar palestras, para interagir. E o Beloff veio uma vez e deu essa palestra lá para nós.

Ele morava em Londres?

Não, se não me engano ele morava na Escócia.

Claro, ele morava em Edinburgh, sim. Você esteve lá?

Não, não tive oportunidade, mas é isso mesmo, ele morava em Edinburgh. Ele era professor lá na Universidade de Edinburgh. E aí, uma das vezes...

Acho que tinha lá uma cátedra de Parapsicologia.

Exatamente. E ele era um dos responsáveis. Como já disse, eu o convidei e ele veio a Londres, quando aproveitou e fez a palestra para nós. Esse, de todos eles, era um dos mais predispostos. Ele esteve conosco, veio e falou de sua experiência, como desenvolveu essa cátedra em Edinburgh, de Parapsicologia e coisas assim. Foi bem legal, mas uma vez só.

Você não chegou a ter mais contato com ele?

Não, pessoalmente não.

Você não falava por e-mail com ele?

Talvez umas poucas vezes.

Mas ele conheceu, então. Ele tinha noção da Conscienciologia. Nessa ocasião você saiu com ele, conversou com ele.

Sim, no *Beyond the Brain* a gente se encontrou algumas vezes. A gente tomava café da manhã juntos, me lembro disso. Nos dias do evento a gente se encontrava e ele me contava a história dele e o contato que ele teve com o Waldo, sobre o livro do Waldo, e coisas assim. Então foram nessas duas oportunidades que estivemos juntos com o Beloff. Mas eu me lembro, é muito positiva a memória que eu tenho desse contato com ele. Então como estou te dizendo, lembro de ele ter manifestado abertura, embora tenham sido apenas duas vezes e eu não tenha ficado tão amigo dele como eu do Ellison, por exemplo.

Ele morava em Londres? Era mais fácil de encontrar?

É, então. Muito mais fácil de encontrar. Era pegar o metrô. E havia sempre algum tipo de encontro mensal, que eles tinham. Eventualmente eu ia e encontrava com o Elisson e os demais pesquisadores.

Ele e o grupo de amigos?

É, tinha o grupo do SMN e o grupo da SPR. Quando não tinha palestras ou cursos da unidade de Londres eu ia. Foi uma experiência muito rica de ter podido interagir com essas ilustres figuras.

Sim, da história da parapsicologia.

Como dissemos, o Arthur Ellison foi presidente da SPR em duas gestões. Para quem conhece o histórico da SPR, não é pouca coisa. Teve dois outros pesquisadores, que eu estou lembrando agora, o **David Fontana**[10], também presidente da SPR e **Guy Claxton**[11]. Esse segundo, renomado autor, também conhecia o trabalho do Waldo e seus livros. Ele palestrou no Beyond the Brain, mas eu o conheci pessoalmente numa tarde que estive na SPR, e ele lá se encontrava. Havia uma sala com biblioteca e as pessoas iam e ficavam conversando. Na verdade, a Biblioteca oficial, bem grande, ficava em outro local. A conversa foi bem interessante. Também tinham outros eventos, eu sempre que podia fazia questão de ir para conhecer as pessoas, para ver os debates desse povo de perto. Outro de quem lembro é **Rupert Sheldrake**[12], não foi na SPR, foi em um local alternativo, St. James, onde sempre havia palestras interessantes. Lembro de ter também assistido palestra do **Paulo Coelho**[13], com quem também conversei, nesse local. Tive oportunidade de assistir a palestra do Sheldrake, outro por quem eu tinha grande admiração, afinal a importância, por exemplo da ideia de ressonância mórfica.

Ele também está trabalhando para desconstruir o paradigma fisicalista.

Fui conversar com ele ao final da palestra. Mas a reação dele foi como a de se deparar com outra pseudociência.

Tipo um descrédito a priori, sem querer nem saber direito o que é.

É. Ele olha para você com certo desdém, enquanto você fala.

Mostra o material...

É. Não quer saber. Até entendo a situação de tais pessoas, assediadas com perguntas e pedidos muitas vezes inconvenientes.

O Harman você não falou ainda, do livro que você traduziu.

O Willis Harman era um homem deveras conceituado. A história dele é bem marcante. Ele tinha um curso aberto em Stanford, tipo curso transdisciplinar,

10 **David G. J. Fontana** (1934-2010) foi um psicólogo e parapsicólogo inglês, dedicado ao tema da espiritualidade.

11 **Guy Claxton** (1947-) é um psicólogo inglês, especialista em aprendizagem.

12 **Alfred Rupert Sheldrake** (1942-) é um biólogo inglês, propositor da teoria da ressonância mórfica.

13 **Paulo Coelho de Souza** (1947-) é um escritor brasileiro de obras literárias de cunho espiritualista, traduzido para dezenas de idiomas e mundialmente famoso.

chamado de Potencial Humano, muito concorrido e que ajudava as pessoas a se organizarem e a se desenvolverem. Harman foi um dos fundadores e presidente por duas décadas do *Institute of Noetic Sciences.*

Nós enviamos o material [Interparadigmas] para lá, para o Dean Radin.

Dean Radin[14], sim importante personalidade. Na época já participava do IONS.

Ele recebeu as Interparadigmas. Ele fez uma entrevista com a gente, por e-mail. Nós vamos publicar a entrevista com ele. Uma pessoa bem aberta.

Muito bom. Então o Charles Tart, o Willis Harman, e tem também um outro grupo de pessoas, **Marilyn Schlitz**[15], a diretora de pesquisa do IONS que também conheci nesse evento lá na Inglaterra, ela estava lá junto com esse pessoal, quando teve oportunidade de falar sobre a produção científica do IONS. O trabalho desse Instituto é forte e impactante.

Qual está falando? Noetic Sciences?

Sim, o *Institute of Noetic Sciences* (IONS), no caso, americano.

Sim, é na Califórnia.

O *Noetic Sciences* foi coorganizador desse evento em Cambridge junto com o *Scientific and Medical Network.* Os dois organizaram juntos, a parte americana foi o *Noetic Sciences.* Tem muita gente boa lá. Mesmo depois de todos esses anos, ainda lembro do impacto que exerceram em mim, as palestras do Tart, a última, uma das mais brilhantes que já assisti; mas também, e principalmente a primeira, do Willis Harman, que tratou da exploração científica da consciência, ou seja, epistemologia, que já era meu interesse de pesquisa desde aquela época. A palestra do Harman tinha tudo a ver com meu tema e interesse de pesquisa.

Exploração no sentido de investigação?

É. Mesmo agora, depois de todos esses anos, quando releio este pequeno grande livro que traduzi, alguns conceitos ainda me chamam atenção. Coisas que ainda quero estudar e conhecer melhor. O livro é bastante interessante.

14 **Dean Radin** (1952-) é um engenheiro elétrico e parapsicólogo estadunidense, pesquisador-chefe do *Institute of Noetic Sciences (IONS).*

15 **Marilyn Schlitz** (1957-) é uma antropóloga e autora estadunidense, dedicada ao tema da saúde integral.

O livro é bem interessante mesmo, eu achei também.

O livro oferece uma visão geral, uma visão de conjunto do conhecimento sobre o tema consciência. Ele faz uma viagem em conteúdos e conceitos fundamentais para a exploração científica da consciência.

Qual foi o livro mesmo? O título do livro, quando é que foi escrito? Para registrar.

O título é *Exploração Científica da Consciência – Em Direção à Epistemologia Adequada*. Tinha acabado de ser publicado no Congresso em Cambridge. Foi custeado pelo Instituto de Ciências Noéticas. Foi escrito em coautoria com **Christian de Quincey**[16]. O Harman também chegou a escrever livros em parceria com **Howard Rheingold**[17] e **Joseph Campbell**[18].

Quando você publicou?

Comecei e terminei logo a tradução. Mas faltava a revisão final. Os anos passaram. Um dia, acho que em 2007 ou 2008, lendo a Folha de São Paulo, encontrei a Casa Willis Harman, em São Paulo. Que coisa interessante! Quando fui a São Paulo, estive lá e conheci a **Simone Ramounoulou**[19], uma brasileira que faz parte da diretoria do Instituto de Ciências Noéticas. Ela representa no Brasil, além de outras instituições interessantes, o Willis Harman e o IONS.

É uma casa aberta à visitação? Um local em que eles dão cursos, atividades?

Sim, consultorias, cursos, atividades e publicações. Eu a trouxe a Foz, acho que em 2017, para a palestra "O que é ser humano".

Você se ofereceu para traduzir o livro? Como é que foi?

Quando eu assisti a palestra dele, Exploração Científica da Consciência - Em Direção a uma Nova Epistemologia, fiquei impressionado com o Harman. Em um dos intervalos do evento, ao encontrá-lo, me ofereci para traduzir algum de seus livros para o Português; ele sem pensar duas vezes, a despeito das suas outras obras disponíveis, me indicou, me oferecendo um exemplar, a Exploração Científica da Consciência, como se fosse sua obra-prima, dizendo que queria ver esse conteúdo debatido em outros idiomas, além do Inglês.

16 **Christian de Quincey** é um filósofo e autor especializado no tema da consciência.

17 **Howard Rheingold** (1947-) é um autor estadunidense especializado em tecnologia e expansão da cognição humana.

18 **Joseph Campbell** (1904-1987) foi um pesquisador estadunidense especializado em mitologia e religião.

19 **Simone Ramounoulou** é uma administradora de empresas e humanista brasileira.

E você gosta de Filosofia, não é?

Exatamente! Meu tema de pesquisa desde 1992 (salvo engano), quando o prof. Waldo pediu que cada um no Instituto àquela época apontasse o interesse de pesquisa pessoal.

É muito raro alguém falar epistemologicamente dessas coisas.

Sem dúvida!

Você ficou com o contato dele.

Ele ficou com o meu. Duas semanas depois, me mandou para Lisboa uma carta com a autorização para fazer a tradução.

A que saiu no livro? Está lá uma cópia dessa carta.

Sim, isso mesmo... Menos de dois anos depois ele dessomou.

Já faz tempo. Foi 97.

Dia 30 de janeiro de 1997, dessoma do Willis Harman. Um homem extraordinário.

Você chegou a fazer uma correspondência com ele, contatos, ou foi só aquela vez mesmo?

Apenas nossa conversa em Cambridge e a carta que ele me mandou. Sorte que temos uma foto dele, do Lorimer e eu.

E aí você fez essa tradução agora ou foi...

Não, eu comecei a fazer a tradução imediatamente. Mas, foi um caso complexo. Então eu fiz uma primeira versão, mas quando eu relia, não achava que estava bom.

Não estava satisfeito.

Acho que eu precisava amadurecer.

Mas nunca deixou de lado.

Até que quando eu conheci a Simone Ramounoulou, tive o impulso que faltava para concluir a tradução.

E o que ela achou disso?

Ela pareceu bem interessada. Para mim foi um sincronismo bem legal. Outro brasileiro que teria conhecido o Harman e ter sua autorização para traduzir uma de suas principais obras. Tanto que quando eu conversei com ele de traduzir alguma coisa, ele falou: é isso aqui, quero ver essa temática debatida no maior número de idiomas possível. Você vê, precisei de ter essa experiência. A experiência pessoal de redação é uma coisa muito interessante. Escrever não é uma coisa simples. E quando se é tradutor, você também está escrevendo. A ideia não é sua, mas você está colocando naquele idioma a ideia do autor, acaba que está colocando suas ideias, porque é uma expressão idiomática.

Você não consegue traduzir, não tem como traduzir.

Então você tem que expor, de certo modo você é escritor. A ideia não é sua, mas você está escolhendo as melhores palavras, expressões e inflexões.

O tradutor, ele acaba ficando muito vinculado com o autor, consciencialmente falando.

E veja, acho que no meu caso, esses anos de experiência que tive na condição de revisor dos textos do professor Waldo e na Revista Conscientia foram importantes para que eu amadurecesse. Por exemplo, lembro de uma vez ter mostrado um texto meu em inglês para o professor Arthur Ellison e ele me retornou com uma frase de quem não havia entendido a mensagem do texto.

Ah, porque é um inglês...

Não, penso que é porque ele não conseguiu entender mesmo. Escrever requer maturidade da autonomia, caso contrário é repetição. Ainda mais em outro idioma como o inglês.

Problema do inglês ou os neologismos da Conscienciologia?

Os dois fatores. Tanto na escrita em inglês, quanto na autorredação, a capacidade de você escrever. Assim, penso que esse período foi necessário para finalizar a tradução. Não vou dizer que o texto esteja excelente, porque possivelmente se formos olhar agora vamos encontrar o que melhorar.

Ele fala essa questão da pesquisa em primeira pessoa do estado alterado. Isso aí é o que a Conscienciologia propõe, é a base da Conscienciologia.

É verdade. O livro valoriza bastante a experiência pessoal.

Ele é o que chegou mais perto, mais aproximação teve. Ele fala do nó górdio.

O livro apresenta uma interessante analogia com um grupo de escoteiros que se lançou à frente e na exploração vislumbrou as novas dimensões de um outro paradigma e, nesse sentido, propõe uma epistemologia provisória com nove atributos capazes de embasar uma nova epistemologia da consciência. A primeira delas é ser radicalmente empírica, devendo abranger a totalidade da experiência humana. Consciência não seria uma coisa a ser estudada por um observador externo, mas precisa envolver a observação do sujeito que vivencia a experiência. Essa epistemologia provisória foi formulada para que as pessoas discutam e, a partir de um consenso maior, possam formular uma epistemologia sólida e sistematizada.

O que seria uma epistemologia de uma nova ciência, propriamente.

É, exatamente.

Na história, sempre que surge uma nova ciência, ela não tem ainda uma epistemologia no início. Ela tem certos resultados, que são diferentes das outras ciências.

Isso.

Depois é que vão surgir essas elaborações.

Exatamente isso. A ideia é que se exponham as experiências conscienciais, projeções por exemplo, em primeira pessoa, que se discutam as possibilidades e que a partir daí se estabeleça um paradigma mais completo. Existe aí uma área de intercessão muito interessante com a Conscienciologia.

Tem. Eu queria tirar mais proveito disso. Citar, enfim, trazer para a discussão.

No contexto da megaproéxis cada um deve definir sua responsabilidade. No meu caso, vejo a Autonomia em Saúde, em suas variáveis básicas, enquanto etapa essencial para a compreensão e vivência de uma epistemologia da consciência ou do paradigma consciencial. Assim, estou dedicado a contribuir para a educação e qualificação da identidade pessoal e do nível evolutivo. Em síntese, a etimologia da palavra saúde, quando aponta para completude, sugere ajudar a pessoa interessada a ser capaz de ampliar a capacidade de integrar o que ela resiste. Temos trabalho a ser feito. Vamos nessa!

INTERVIEW WITH ANTONIO PITAGUARI

Interchange Conscientiology-Parapsychology – 1990s

Alexandre Zaslavsky

Antonio Pitaguari is an administrator and university professor, with specific orientation towards Business Logistics, postgraduate in Learning Management and Active Learning Methodologies, currently graduating in Nutrition. Translator of the *Scientific Exploration of Consciousness - Toward a New Epistemology* (1994), of Willis Harman and Christian de Quincey, a pioneer of Conscientiology in Europe, establishing educational centers in Lisbon (1994) and London (1997), editor of the scientific periodic *Conscientia* (2003-2016), professor along with Laênio Loche in the course Heterocriticism of Useful Work since 2004, editor and preacher of The Doctrine of the Mean (2004 and the Second Edition in 2017) of Zi-Si (Confucius' grandson), general coordinator of the General Test of Conscientiology since 2006, pioneer along with Adriana Lopes in the review of the entries of the Encyclopaedia of Conscientiology (2007-2013), co-author with Marina Thomaz of the book Conscientiological Writing and Stylistics (2010), co-organizer, also with Marina Thomaz, of the work Penta Practice: Interdimensional Lucid Assistance (2015) and currently front of the Autonomy in Health Project. Antonio kindly granted this interview on April 18th, 2018, at Cognopolis, Foz do Iguaçu, State of Parana, Brazil.

Can you tell us about your experience with Projectiology and Conscientiology outside Brazil? Where did you go? With what intention?

In 1990, I came to the Institute [International Institute of Projectiology – IIP], I met Professor Waldo and was delighted with the contente, the knowledge, the most logical explanation for the experiences I was trying to understand. I lived in Teresopolis, Rio de Janeiro, at the time, and began to go frequently to the Institute, which was located in the neighborhood of Gloria, in the city of Rio de Janeiro. My parents lived in Ipanema, very close to where Professor Waldo lived. I ended up selling the company I had and moved back to Rio, dedicating myself to the Institute. I started to study Psychology. I became an itinerant teacher, I traveled all over Brazil, very involved and interested in Projectiology and Conscientiology. I am very grateful to Waldo for all the support he has given me from the start, for example by offering me the opportunity to work on the revision of the 700 [Conscientiology Experiments] and typing his personal search handwritten records containing the 5116 references of this work, carried out jointly with Cristiane Ferraro and Neide Figueiredo. Soon after the publication of the 700, the internationalization movement of the Institute began. Málu [Balona] went to Buenos Aires,

Wagner [Allegretti] and Simone [de la Tour] went respectively to Miami and New York in the United States. At that moment I discovered in the newspaper Folha of Sao Paulo that the Frankfurt International Book Fair, the main international book event, which was to take place in October 1994, had Brazil as its central theme. In addition, in order to help Brazilian editors go to Europe, the Brazilian Chamber of Books (CBL) was also organizing a Brazilian Book Fair in Lisbon the previous week. Stimulated by the recent launch, I felt it would be an excellent opportunity to present the 700 in these two events. At the time, the Administrative Director of the Institute was Homero Torres, who, after considering and agreeing with IIP's participation in the two events, asked me: why don't you stay there? And so it was, we acquired a stand at the Fair in Lisbon and a shelf at the CBL Stand in Frankfurt. In 1994, following the participation in the two fairs, we began our activities in Lisbon, Portugal, with a series of lectures, two P1 and one P2, in addition to a lecture by Professor Waldo Vieira at the Institute of Spain in November 1994. To begin these activities, we took from Rio de Janeiro, in addition to the books, perhaps one or two hundred contacts of friends and the international database that the Institute possessed at that time. It is worth mentioning that I liked Lisbon very much. It was very interesting to live and interact with Portuguese people. While I was in Lisbon, I may not have realized how much I enjoyed spending almost 3 years there. I found Lisbon small and provincial. I wanted anyway to be closer to the intricacies of science. I dreamed of the idea of scientific production and the possibility of interacting with the researchers of consciousness. While I was in Lisbon, I made two or three trips to London, England. In our list of contacts, we had a nice young couple, Marcelo and Tiane, who worked in a small and comfortable Hotel in the English capital and where I stayed in those visits. One of them marked me a lot, that's when I visited the Royal Geographical Society for a lecture by **Oliver Sacks**[1]. I had read a book from him in Psychology, The Man Who Mistook His Woman for a Hat. I remember being intrigued by that book. It would be very interesting to talk to him. Did he know and how did he face experiences outside the body? I got a 700 and went to London to find the man.

Did you already live in London?

No, not yet. As I said, I came to live in Lisbon in the second half of 1994. I stopped my Psychology course, rented the apartment I had in Rio, sold my Toyota jeep and invested in IIP's structuring in Portugal. During this period, I traveled to London a few times before I could settle down there. We started working in the office of a relative of Mario Oliveira. Mario and Adriana [Lopes] spent the year 1995 with us in Lisbon, working with me in structuring the Unity of Portugal. They returned to Brazil at the end of the year to finish the psychology course they did.

1 **Oliver Wolf Sacks** (1933-2015) was an English neurologist, noted for the various books allowing the general public access to technical subjects of Neurology.

How long were you in Lisbon?

I was there about two and a half years from the second half of 1994 until 1996.

94/95 to 97?

That's right, I stayed in Lisbon until the end of 96. In 1996, after Mario and Adriana returned, we stayed in two teachers, Angélica Guidini, who had arrived in Lisbon in 1995 and myself. Angélica, from Curitiba, State of Parana, went to Lisbon to work with us in Portugal. Although I was very close to starting an Office in London, it was important to have one more teacher in Lisbon before moving on to England. Until the end of 1996, Monica Rezende joined us in Portugal. Thus, with Angelica and Monica in Portugal, I started 1997 responsible for the new IIP Office in London, England.

There wasn't an Office there yet. Was there any volunteer there?

There were people interested. People from the Institute's registrations. Which was the case, for example, of Marcelo, Tiane and Veruska, who came next. Soon after, Rodrigo, her boyfriend, also stayed there for a while. We rented a very nice house in Catford, South East London, where we all lived and where we even had some lectures and courses. So it was during the Lisbon period that I attended Oliver Sacks' lecture. The man was very good, humorous and irreverent. He wore suits and sneakers.

And you managed to give the book to him?

Yeah, I gave him the 700 Experiments.

How was the contact with him?

His reaction ...

It was a book in Portuguese ...

Yes, the first edition of the 700 Experiments of Conscientiology, recently launched, in Portuguese. I remember Sacks saying: how am I going to read this? I do not read Portuguese! I said: this is an innovative work worth the effort. See chapter headings, Latin neologisms, references. Look well... it's an important book for anyone interested in the subject...

Consciousness...

I expected someone curious, open to the new, even in a book in Portuguese. So it turned out to be disappointing because, for example, I asked to take a picture with the book and he did not accept it. Another thing, in spite of the excellent lecture, when asked for questions, a typical London lady asked: In your clinical practice, what is your view of past life experiences?

They asked direct ...

First question! He answered in a single word, and worse one of low slang, already asking the next question. A dissonance in a scholarly and traditional environment like that, the Royal Geographical Society. I found it somewhat embarrassing, but I nonetheless went to talk to him at the end of the presentation. In the few minutes we were together, before I asked for the photo with the book, I asked him what he thought about the near-death experience, but also reacted badly, as if it were something ridiculous and impossible. In short, he dismissed the woman's question in front of everyone, and then with me, he reacted in the same way. It may be my naivety, but I thought that such a researcher-writer would be a person open to new things but it's not what happened, not only in this opportunity with Sacks, but also in other contacts with other first-level researchers with whom I had the opportunity to interact.

He passed on the idea of openness to this kind of phenomenon, say. Because he wrote his books about things so strange, different.

Exactly! I expected other behavior from Oliver Sacks. However, on the contrary, he revealed himself to be a convinced and reactive materialist. A doctor renowned internationally, but for whom conscience is a by-product of the physical brain.

Interesting...

The next time I was in England, it was a lot better. Then the event took place in Cambridge at Saint John's College, one of more than 30 universities in this traditional English university town and center since the 13th century. In Cambridge came figures such as Isaac Newton and Francis Bacon, in addition to their researchers have received 68 Nobel Prizes. And the event was dedicated to the research of consciousness. Only big figures were there. For example **Charles Tart**[2].

2 **Charles Theodore Tart** (1937-) is an American psychologist and parapsychologist. He conducted groundbreaking laboratory research on out-of-body experience or projection of the consciousness, as well as introduced the concept of altered states of consciousness.

What event was it?

Beyond the Brain, New Avenues in Consciousness Research, which took place from August 24 to 27th, 1995, was organized by **David Lorimer**[3] of the Scientific and Medical Network (SMN) and by the Institute of Noetic Sciences (IONS). Also participating were **Stanislav Grof**[4], **Willis Harman**[5], **Peter Fenwick**[6], the astronaut and IONS founder **Edgar Mitchell**[7], among many other renowned authors and researchers. Very nice to have had the opportunity at that time to meet and interact with these people with a much more open paradigm.

Was John Beloff there?

Yes, **John Beloff**[8], I talked to him, we became friends.

I want to know that.

John Beloff knew Waldo. We ate breakfast together in those days.

And that researcher that turned to be a projector? That parapsychologist who passed away in 2000?

Arthur Ellison[9]. We also became friends. I was at his house, he was at our house, he was at some of our events, sometimes. He came to be in more than one of my lectures in London. One of them was in the Golden Square Book Shop. I brought him to Wagner's lecture [Allegretti], I introduced him to Waldo, he came for two consecutive years to participate in the lectures we organized for Waldo in London, one of them in the same auditorium used by the Society for Psychical Research (SPR).

3 **David Lorimer** (1967-) is an English physician, author and activist associated with the themes of consciousness and spirituality.

4 **Stanislav Grof** (1931-) is a Czech psychiatrist, founder of Transpersonal Psychology.

5 **Willis W. Harman** (1918-1997) was an American engineer, author of books and articles aimed at developing human potential and transforming consciousness.

6 **Peter Brooke Cadogan Fenwick** (1935-) is an English psychiatrist, a world reference in the research of the Near Death Experience (NDE) phenomenon.

7 **Edgar Dean Mitchell** (1930-2016) was an American astronaut, the sixth man to set foot on the moon, who had an expansion of consciousness while on a mission and dedicated himself to promoting the theme of consciousness transformation.

8 **John Belloff** (1920-2006) was an English psychologist, philosopher and parapsychologist, author of several books and articles, professor of the Koestler Chair of Parapsychology at the University of Edinburgh.

9 **Arthur James Ellison** (1920-2000) was an English engineer and parapsychologist.

He was a projector, he developed projectability. I have his book.

Yeah, but his main interest was to make a projector see his target, the numbers he had there. Several times he asked me if we had any projector in our courses that he could invite for such experiments. Something like the experiments done by Charles Tart.

He wanted to follow the method of science.

Yes, but at the same time that we became friends, on the other hand, he avoided officially assuming Conscientiology. When we were in person, we would be great. Like I said, I went to his house. He went to my house. We met a lot of times. Once he confided to me: "You're a member of the club." Member of the club.

His club, among his friends. Select group of friends.

"Member of the club," he was referring to the select group of those who accepted multidimensionality. He was twice president of the SPR. So I had great appreciation for that gentleman! The old man was too good, too good-humored. We talked about Conscientiology. The only thing I can weave is that although he knew us well, he never wrote, recognized or recommended our work.

He knew all that was [Conscientiology]. The books.

I knew enough, but I do not know if he understood. He came to read the book Projections of Consciousness, he mentioned it in several opportunities. But it has always remained on the side of the paradigm of scientific proof, without being able to engage with the self-experimentation of the paradigm of consciousness.

He never told you why he did not talk about it in public, could not you bring it up with him?

No. He was na old man, he passed away a few years later.

He died in 2000 [06.09.2000]. I have his book called Altered States of Reality. It is a posthumous book in which he says that he thinks the ideal would be for the parapsychologist to develop the projectability to be able to... Did he get this idea of Conscientiology in a certain way?

I cannot say for sure. He had a text that he wrote, when he mentions something like that, even after we met in an SPR or SMN news paper. He was very productive, he wrote a lot. In encounters and events he always manifested himself.

So, for example, at the Beyond the Brain conference, the first contact we had, whenever there was opportunity during the talks, he would come in to contribute and speak. Ellison spoke very well. He was twice president of the SPR. SPR had a monthly meeting at the time. Whenever I could, I would come not only to events but also to the office. Very timely to meet people, the secretary even knew me as a representative of associate Waldo Vieira. I got to know and talk to some people there, but I was like an outsider.

Yes, yes, like others who should have been there, visitors.

That is it. A curious case occurred to me in the Theosophical Society, I asked to give a lecture there. The Theosophical Society I remember always having admired.

That one there must be the first one in the world. In England.

Yes. Historical figures in the style of Annie Besant. Charles Leadbeater and that Russian woman, what was her name again?

The very [Helena] Blavatsky.

That is it, and later Krishnamurti. But in the times I went there, they held many events, of different lines, in the Theosophical Society. There were lectures for all tastes, great variety of themes, currents and speakers. It was a meeting place. The case was as follows... I've been there a few times. At one point I was able to speak with the vice president, the lady responsible for selecting and organizing events. I suggested that we be invited to give a lecture there on out-of-body experience. She said, "*We do not need foreigners to talk about projection.*" *We have very good people here*". This happened to me at the Theosophical Society of London. Perhaps because of my personal english accent... In England, in particular, English pronunciation is one of the criteria for evaluating people.

The kind of English accent they have. If you are English or if you are a foreigner. You spoke good English.

I taught lectures and courses in English. I spoke well, expressed myself well, but see: I am and have a foreigner accent.

It is logical.

When I lived in California, where I learned to speak English, I got there at the age of 17. In Los Angeles, then, there was a community of Brazilian Varig Airlines employees. My father was a Varig aviator and this company needed several crews, as well as ground personnel, to receive and dispatch the flights not only to this city but also that went from Brazil to Japan. It was necessary to change the crew in Los Angeles. After all, the Rio / São Paulo flight to Tokyo lasted around 24 hours.

Instead of staying in a hotel they were in a Varig village?

Not exactly, each family rented house or apartment in small condominiums. In any case, some small groups lived nearby, besides the children and young people studying together, that is, we were always close to each other. I remember doing the 12th year of high school there.

Got it.

Each one rented a house. Our family first lived in Hollywood, after that we lived in Torrance. And there were some condos were people really interacted more. It was very interesting because I could see that when the child went to the United States before the age of 12, he/she could learn English without foreigner accent. After 12, I saw this in practice, although it was possible to learn excellent English, the adolescent would inevitably keep some level of foreign accent.

It can be great...

Yes, he/she learns, but will have an accent after the consolidation of the phonetic apparatus. They would not be able to speak like a native.

So not to have grammatical error. English error will not have.

You can speak perfect, but with an accent. An accent that is not that of a native. Anyone would notice...

They would ask where you are from.

Yes. They would ask: where are you from? You speak English very well and such, but you are from some other country. By the type of accent it is possible to already perceive if you're a latin from a Spanish-speaking language or from Portuguese, or even French, for example. The same is true with different types of accents of American English and of English from England, not to mention the strong characteristics of accents from Scotland, Ireland, Australia, New Zealand and so on...

One would not expect the Theosophical Society. One would not expect such a thing, after all it is a place, say, Theosophy itself is a mixture of things.

It is the memory I have, maybe I have mistaken something... On the other hand, the Indians themselves. Theosophy discovered Krishnamurti in India... And Krishnamurti ...

Then he left them. It was for him to be the prince of Theosophy.

... in 1929, prepared to be the "teacher of the world" dissolved the Order of the Star in the East, prepared especially for him. He practically undid Theosophy. Since then he has always emphasized individual autonomy. His story influenced me a lot. I always remember a quotation from Krishnamurti which goes something like this: "A theory, when it comes to the inner life, based on the experience of another person, does not make any sense. We have to leave it completely because we need to lean on ourselves. "

Who else do you remember?

I think it is worth mentioning the contact with the organizer of the event Beyond the Brain, David Lorimer, president of the Scientific and Medical Network (SMN), which together with the Institute of Noetic Sciences (IONS) promoted the event.

Was this the institution or entity that made the event?

Yes, as the event took place in England, the SMN was the main organizer of the event. The IONS, although with many people present, did not have such effective participation in the production of the event. The SMN is an English institution with working groups in several cities and countries. I had the opportunity to interact with both Lorimer and Peter Fenwick. Lorimer invited me to spend a day at his house on the outskirts of London, where I met his wife. Also, on one of Professor Waldo's visits to London, we were able to arrange a meeting at his hotel with Lorimer. Still, Lorimer invited me to various SMN activities in different locations and events. I went to some of them.

Did he also open up to the ideas of Conscientiology? Did he overhear it?

Yes, he listened.

Did he get the books?

Yes, he was very interested. So much that Lorimer insisted on meeting Waldo. We talked for some good hours. I do not remember if he came to Waldo's speech, but I do not think so. I remember Ellison's presence well.

Was Ellison on the lecture? Did you sit with him?

Ellison came. We had a full house, lots of people to pay attention to.

He got very close to it all.

Yes, yes. I introduced the two before the lecture. Even during Waldo's lecture...

Did he intervene?

Not exactly, he attended the whole lecture, but at a certain point his head came tumbling down, understandable even by his age. Waldo saw it and then got involved...

Because he must have been watching. How's it going to be? Even the question of aura, these things like that.

Ellison was 12 years older than Waldo.

He was much older. And did Waldo make any comments about him? What did he think of Ellison?

From what I remember Professor Waldo referred to Ellison as kind of being materialistic. A face of science that wants to prove the facts, when in fact, for Conscientiology the important thing is not to prove, but to have the experience and to help people with a paradigm that enables, favors and stimulates personal development. Convincing is imposing. So Ellison was subjected to this conditioning, that scientific level of SPR that is to prove, to convince, in other words to make scientific something that can not be scientific, but it is para-scientific.

So, but Lorimer, how was your relationship with him, the conversations? How do you see it in relation to the themes of consciousness. You've already spoken to Ellison enough. What about David Lorimer?

Look, if I can synthesize, I do not know if there is such a difference. Perhaps because of the age and fewer items on the agenda, I had a lot more time with Ellison. Lorimer was acting director of the SMN (from 1986 to 2000). A much busier man. It is also worth remembering that with this contact I had with Lorimer,

I could also have some contact with Peter Fenwick who was one of the founders and great figure of SMN.

And still is. He is a top in the Near-Death Experiences area.

Exactly. I remember that CEAEC (or IIPC?) Organized an NDE event. I passed on his contact to the staff of the organization who came in contact and managed to bring Fenwick to speak here in Brazil. I remember Fenwick, a very curious person. Once, at one of the SMN events, he came to talk to me and asked how the helpers were. He wanted to know what it was like to find or be found by the helpers. Another very interesting contact was with Charles Tart.

That's a guy who's at the cutting edge of this discussion nowadays. Of the main ones, say, that tries to deconstruct the physicalist paradigm.

At the time he was already an icon with several published books and papers. He dedicated his life to it. He was born in 1937, being thus five years younger than Waldo. Hence you see, 1966, Davis University, he had the initiative to put numbers as mental targets for the lucid projector. Even before Miss Z confirmed the numbers, Tart in the 1950s had already conducted this type of experiments with his college colleagues in the basement of the house where he lived.

And how were the conversations with him?

Very humorous, very nice person. The contact at Cambridge was brief but intense. I remember later, having exchanged some emails to invite him to the IIPC´s Barcelona event in the second semester of 1999. It was all agreed. He courtesy us, charging only $ 2,000 for participation, and the staff of the Institute had already agreed to pay the amount so that we could count on his attendance at the event. But then when it arrived in July, the event was in October, he emailed his concern about a possible bug in the computers and that to avoid that he would not want to travel at that time. He was anticipating such a millennium bug. So he declined our invitation. A pity, because this was a dream I had and that I could not keep, to have Tart and Waldo together.

Did you tell him about Waldo?

Yes. He already knew Waldo of his readings. Possibly from the review of the book Projectiology published in the Journal of ASPR.

From Carlos Alvarado.

That's it. He had read, knew Waldo's work.

Did he get Projectiology? Do you think he has it? The translated treatise?

The translated edition, certainly not, since it was not yet available at that time. Just when I asked him if he knew the book, he replied: ah the blue book! He quickly recalled the existence of the book. He made me understand that he had the book. That's when we talked in London the first time.

Besides Projectiology, did they know Conscientiology? Was it known then? In the time you were there, in the 90's?

At the Beyond the Brain event, I presented a poster titled "The new sciences of Conscientiology and Projectiology" whose abstract was part of the program of the event. In all the contacts we made, I always considered it important to call attention to Conscientiology. So, at least individually, they got to know Conscientiology. I feel that they see us, at least they saw us at the time, as intriguing, but rather an alternative, rather hazy, somewhat strange ... Something new, different and unfounded, which for a researcher can be risky. When I tell you that Ellison did not mention or write anything about Conscientiology, the same thing might happen to other researchers. So they saw us as something para-scientific like something out of context ... outstream, you know? Out of the chain, which is understandable if it were not something they valued.

Do you think it was put together with other things, more in the lines of the pseudo-science?

Yes, kind of. They saw us as something pseudo-scientific. Out of the scientific tradition for non-physical issues established since the founders of SPR, for example.

Even if the contents has substance, shall we say so? The texts, etc. It is something that is not mystical. There is a difference in content.

I know, you know. But it has the conditioning of the scientific methodology. And they want to see that content through a scientific literature. They do not want to see this coming from outside. When Waldo said: I do not care to go there, they come here. Waldo had already realized that this kind of contact is very difficult.

And Waldo, in Brazil, he was in several places. UNICAMP, he was at INPE.

But this in the early days, when he still...

In [19] 86, when he did the Projectiology.

... maybe at the time he was still trying to Interact with conventional organizations.

Did you ever go with him to any of these universities?

Yes. For example, in Rio de Janeiro we went to Gama Filho, we went to Botafogo where there was an official medicine building, where the release of the book 700 Experiments of Conscientiology took place.

Was it there? Did not know.

It was an official release, actually one of the releases.

Was it on the Board of Medicine?

It was, if I'm not mistaken, at Rua Visconde Silva, in Botafogo. I do not remember exactly what that was, but it was an environment of Medicine, an official environment of Medicine [Brazilian College of Surgeons].

And he gave the talk to this audience?

Yes, but in practice, much of the audience was made up of acquaintances.

Yes. You've come in 1990, haven't you? Did you ever go to that course about Serene Consciousnesses at UNICAMP?

No, no. This course precedes my arrival in the group.

This was also famous, he defended the four theses on the Serene Consciousnesses Theory. It's something I still wanted to go after, it looks like this was filmed.

At that time, it seems that Samuel [de Souza], Wagner, were Waldo's top aides. Also, Cláudio Paredes, that recently passed away. Marina Thomaz ... So you see how time goes by. But I think it's important to emphasize Waldo's position when he says, "I do not care to go there, the interested people will come here." What I understand is that Waldo has come to the conclusion, which I respect and agree, through my experience, that depending on the situation trying to convince someone else is a waste of time. I remember an interesting phrase from Epictetus when he says that it is impossible for a person to learn what he thinks he already knows. You will not be able to speak to these people in their terms. It is important for those interested, first, to doubt their positions and to have conscientiall openness for new content, which is not easy for those who consider themselves to be holders of scientific content.

When Waldo invited, he proposed to Interparadigmas, that he saw that there were people with the diploma, say, and might perhaps be able to make the dialogue...

Sensitize in some way. Perfect!

... by a similar language, something.

I agree. Sensitizing through enlightenment is our job. But you see, it's a journal, it's a work that you edit from a conscientiological context.

Yes. We're going after this people. We have published material from people who are from the academic world, so one or the other. There's something.

Sensitize those who are most sensitive. Certainly there must be many predisposed researchers.

It is those who are at the threshold of the paradigm, say, those who are already wanting another paradigm or expanding the paradigm, in that sense. There are very few people, but there are.

Yes! They are, however, based on a rigid paradigm, established, embedded, structured. Let´s hope it opens up sometime in the future. But if we listen to [Max] Planck, he says that a generation has to disappear for a new idea to come up. Let's see, generations are passing ...

Yes, change a paradigm. And tell me about your contact with John Beloff, how it was.

So Beloff was quite open.

He was a philosopher. John Beloff was not a doctor, he was a philosopher.

Yes. He had important texts, he had published contents about consciousness. He had been with Professor Waldo before, perhaps on some of Waldo's trips to Europe.

He met Waldo.

He made me understand that yes, that Waldo he knew personally.

Beloff is in the bibliography of Projectiology.

I even invited Beloff to give a talk to our group at the time we had weekly lectures in London at the Golden Square Book Shop, a great location in the center of the city. I lived for a while at the home of Peter Harrison, the owner of the bookstore. He had a house next to his own where he rented a few rooms. I had the privilege to have had a good friendship with Harrison. I even had the key to the bookstore. Eventually I invited people to give lectures, to interact. And Beloff came once and gave a lecture there for us.

He lived in London?

No, if I remember correctly, he lived in Scotland.

Of course, he lived in Edinburgh, yes. You were there?

No, I did not have a chance, but that's right, he lived in Edinburgh. He was a professor there at the University of Edinburgh. And then...

I think there was a parapsychology chair there.

Exactly. And he was responsible there. As I said, I invited him and he came to London when he took the opportunity and gave the lecture to us. This, among all of the researchers I met, Beloff was one of the most predisposed to our ideas. He was with us, came and talked about his experience, how he developed that chair in Edinburgh, about Parapsychology and things like that. It was really cool, but just once.

Didn't you ever get in touch with him?

No, not personally.

Didn't you e-mail him?

Maybe a few times.

But he met then. He had a sense of Conscientiology. On that occasion you went out with him, talked to him.

Yes, at Beyond the Brain we met a few times. We had breakfast together, I remember that. On the days of the event we would meet and he would tell me his story and the contact he had with Waldo, about Waldo's book, and things like that. So it was on these two occasions that we were together with Beloff. But I remember, it is very positive the memory that I have of this contact with him. So as I'm telling you, I remember him opening up, even though it was only twice, and I have not been as friendly with him as I was with Ellison, for example.

He lived in London? Was it easier to find?

Yes. Much easier to find. It was just taking the subway. And there was always some kind of monthly meeting they had. Eventually I would go and meet Elisson and the other researchers.

He and the group of friends?

Yeah, there was the SMN group and the SPR group. When I did not have lectures or courses from the London Office I would come. It was a very rich experience to have been able to interact with these illustrious figures.

Yes, from the history of parapsychology.

As we said, Arthur Ellison was president of SPR in two managements. For those who know the history of the SPR, it is no small thing. There were two other researchers, which I am recalling now, that I also met: **David Fontana**[10], also President of SPR and **Guy Claxton**[11]. This second, renowned author, also knew the work of Waldo and his books. He lectured at Beyond the Brain, but I met him in person one afternoon I was at SPR, and he was there. There was a room with a library and people would go and talk. In fact, the official Library, very large, was in another location. The conversation was very interesting. They also had other events, and whenever I could I made a point of going to meet the people, to see the debates of this people closely. Another one I also remember is **Rupert Sheldrake**[12], it was not at SPR, it was at an alternate location, St. James, where there were always interesting lectures. I remember also having attended a talk by **Paulo Coelho**[13], with whom I also talked briefly, in this place. I had the opportunity to

10 **David G. J. Fontana** (1934-2010) was an English psychologist and parapsychologist, who dedicated himself to the theme of spirituality.

11 **Guy Claxton** (1947-) is an English psychologist, specialised on learning.

12 **Alfred Rupert Sheldrake** (1942-) is an English biologist, proponent of the theory of morphic resonance.

13 **Paulo Coelho de Souza** (1947-) is a Brazilian writer of literary works of spiritualistic nature, translated into dozens of languages and world famous.

attend Sheldrake's lecture, another one for whom I had great admiration, after all the importance, for example of the idea of morphic resonance.

He is also working to deconstruct the physicalist paradigm.

I went to talk to him at the end of the talk. But his reaction was like coming across another pseudoscience.

Like a discredit a priori, without wanting to know what is right.

Yes. He looks at you with some disdain as you speak.

Show the material...

Yes. You do not want to know. I even understand the plight of such people, besieged with often inconvenient questions and requests.

Harman, you have not yet spoken, of the book you translated.

Willis Harman was a highly respectable man. His story is very impressive. He had an open course at Stanford, a transdisciplinary course, called Human Potential, very busy and helping people to organize and develop themselves. Harman was one of the founders and president for two decades of the Institute of Noetic Sciences.

We sent the material [Interparadigmas] there, to Dean Radin.

Dean Radin[14], yes important personality. At that time he was already a member ot the IONS.

He received the Interparadigmas. He did an interview with us by e-mail. We're going to publish the interview with him. A very open person.

Very good. Then Charles Tart, Willis Harman, and another group of people, **Marilyn Schlitz**[15], IONS Research Director who I also met at that event back in England, she was there with these people when she had the opportunity to talk about the scientific production of IONS. The work of this Institute is strong and impressive.

14 **Dean Radin** (1952-) is an American electrical engineer and parapsychologist, chief researcher at the *Institute of Noetic Sciences (IONS).*

15 **Marilyn Schlitz** (1957-) is an American anthropologist and author dedicated to the theme of integral health.

What are you talking about? Noetic Sciences?

Yes, the Institute of Noetic Sciences (IONS), an American organization.

Yes, it's in California.

Noetic Sciences co-hosted this event in Cambridge along with the Scientific and Medical Network. The two organized together, the American part was Noetic Sciences. There are a lot of good people there. Even after all these years, I still remember the impact they had on me, the lectures, the one given by Tart, the last, one of the brightest I've ever attended; but also, and especially the first one, given by Willis Harman, which dealt with the scientific exploration of consciousness, that is, epistemology, which was already my interest in research since that time. Harman's talk had everything to do with my subject and research interest.

Exploration for research?

Yes. Even now, after all these years, when I reread this little great book that I have translated, some concepts still call my attention. Things that I still want to study and get to know better. The book is quite interesting.

The book is very interesting indeed, I found it too.

The book provides an overview of the knowledge on the topic of consciousness. He makes a journey into contents and concepts fundamental to the scientific exploration of consciousness.

What was the book? The title of the book, when was it written? For us to register.

The title is Scientific Exploration of Consciousness – Towards an Adequate Epistemology. It had just been published at the Congress in Cambridge. It was funded by the Institute of Noetic Sciences. It was written in co-authoring with **Christian de Quincey**[16]. Harman also wrote books in partnership with **Howard Rheingold**[17] and **Joseph Campbell**[18].

When did you publish?

I started and finished the translation soon. But the final review was missing. The years passed. One day, I think that in 2007 or 2008, reading Folha de São Paulo, I found Casa Willis Harman, in São Paulo. What an interesting thing! When

16 **Christian de Quincey** is a philosopher and author dedicated to the theme of consciousness.

17 **Howard Rheingold** (1947-) is an American author dedicated to the themes of technology and expansion of human cognition.

18 **Joseph Campbell** (1904-1987) was an American author and researcher, a reference in mythology and religion.

I went to São Paulo, I was there and met **Simone Ramounoulou**[19], a Brazilian lady who is on the board of the Institute of Noetic Sciences. It represents in Brazil, besides other interesting institutions, Willis Harman and IONS.

Is it a house open to visitors? A place where they give courses, activities?

Yes, consultancies, courses, activities and publications. I brought her to Foz, I think in 2017, for the lecture "What is being human".

Did you offer to translate the book? How did it go?

When I attended Harman´s lecture, Scientific Exploration of Consciousness – Toward a New Epistemology I was impressed by the man and his work. In one of the intervals of the event, when I met him, I offered to translate some of his books into Portuguese, he did not think twice, despite his other works available, he indicated, offering me a copy, the Scientific Exploration of Consciousness as if it were his masterpiece, saying that he wanted to see this content debated in languages other than English.

And you like Philosophy, do not you?

Exactly! My research theme since 1992 (unless mistaken), when Prof Waldo asked that each one at the Institute at that time point out the interest of personal research.

It is very rare for anyone to speak epistemologically of these things.

No doubt!

You got his contact.

He got mine. Two weeks later, he sent me a letter to Lisbon with the authorization to do the translation.

The one that came out in the book? There's a copy of that letter.

Yes, that's right ... Less than two years later he passed away.

19 **Simone Ramounoulou** is a Brazilian business administrator and humanist.

It's been a while. It was 97.

January 30, 1997, death of Willis Harman. An extraordinary man.

Did you ever make a correspondence with him, contacts, or was it just that one time?

Just our conversation at Cambridge and the letter he sent me. Lucky we have a picture of him, Lorimer and myself.

And then you did this translation now or it was ...

No, I started doing the translation right away. But it was a complex case. So I did a first version, but when I reread it, I did not think it was good.

He was not satisfied.

I think I needed to mature.

But never let go.

Then when I met Simone Ramounoulou, I had the impetus I needed to complete the translation.

And what did she think of that?

She was very interested. It was a pretty cool thing. Another Brazilian who would have known Harman and have his permission to translate one of his main works. So much so that when I talked to him about translating something, he said: this is it, I want to see this theme debated in as many languages as possible. You see, I had to have that experience. Personal writing experience is a very interesting thing. Writing is not a simple thing. And when you are a translator, you are also writing. The idea is not yours, but you are putting in that language the idea of the author, it ends up putting your ideas, because it is an idiomatic expression.

You cannot translate, you don't have the means to translate.

So you have to expose, in a way you're a writer. The idea is not yours, but you are choosing the best words, expressions and inflections.

The translator, he ends up getting very attached to the author, consciously speaking.

And look, I think in my case, those years of experience that I had as a reviewer of Professor Waldo's texts and in the *Conscientia* Journal were important for me to mature. For example, I remember once having shown a text of my own in English to Professor Arthur Ellison and he returned me with a phrase from one who had not understood the message of the text.

Oh, because he's an Englishman...

No, I think it's because he could not really understand. Writing requires maturity of autonomy, otherwise it is repetition. Especially in another language like English.

Problem of English or the neologisms of Conscientiology?

The two factors. Both writing in English, as well as authoring, the ability to write. So I think that period was necessary to finish the translation. I will not say that the text is excellent, possibly if we go look now we will find what to improve.

He speaks this question of first-person research of the altered state. This is what Conscientiology proposes, it is the basis of Conscientiology.

It is true. The book greatly values personal experience.

He's the one who got closer. He speaks of the Gordian knot.

The book presents an interesting analogy with a group of Boy Scouts who launched ahead and on the exploration glimpsed the new dimensions of another paradigm and, in this sense, proposes a provisional epistemology with nine attributes capable of supporting a new epistemology of consciousness. The first is to be radically empirical, encompassing the totality of human experience. Consciousness would not be a thing to be studied by an outside observer, but must involve the observation of the subject experiencing experience. This provisional epistemology was formulated for people to discuss and, from a greater consensus, to formulate a solid and systematized epistemology.

What would be an epistemology of a new science, properly.

That's exactly.

In history, whenever a new science arises, it does not yet have an epistemology in the beginning. It has certain results, which are different from other sciences.

Exactly.

Then will come up these elaborations.

Exactly. The idea is to expose consciential experiences, projections for example in the first person, to discuss the possibilities and to establish a more complete paradigm. There is a very interesting area of intercession with Conscientiology.

There is. I wanted to get more out of it. Quote, finally, bring to the discussion.

In the context of maxiproexis each one must define his/her responsibility. In my case, I see Autonomy in Health, in its basic variables, as an essential step for the understanding and experiencing of an epistemology of the consciousness or the consciential paradigm. Thus, I am dedicated to contributing to the education and qualification of one´s personal identity and the evolutionary level. In summary, the etymology of the word health, when it points to completeness, suggests helping the person concerned to be able to expand the capacity to integrate what he/she resists. We have work to do. Let's go together!

Translation: Alexandre Zaslavsky.
Revision: Antonio Pitaguari.

INSTITUIÇÕES CONSCIENCIOCÊNTRICAS – ICS

(CONSCIENTIOCENTRIC INSTITUTIONS – CIs)

ICs. As Instituições Conscienciocêntricas – ICs – são organizações cujos objetivos, metodologias de trabalho e modelos organizacionais estao fundamentados no *Paradigma Consciencial.* A atividade principal das ICs é apoiar a evolução das consciencias através da *tarefa do esclarecimento* pautada pelas *verdades relativas de ponta,* encontradas nas pesquisas no campo da Ciencia Conscienciologia e especialidades.

Voluntariado. Todas as Instituições Conscienciocêntricas são associações independentes, de caráter privado, sem fins de lucro e mantidas predominantemente pelo trabalho voluntário de professores, pesquisadores, administradores e profissionais de diversas áreas.

CCCI. O conjunto das Instituições Conscienciocêntricas e dos voluntários da Conscienciologia no Planeta compõe a *Comunidade Conscienciológica Cosmoética Internacional* – CCCI – formada atualmente por 24 ICs.

CIs. The Conscientiocentric Institutions – CIs – are organizations whose purposes, methodologies of work and organizational models are based in the *Consciential Paradigm.* The main activity of the CIs is to support the evolution of the consciousnesses through the *clarifying task* guided by the *cutting edge relative truths,* found in researches in the field of the Science Conscientiology and its specialties.

Volunteer. Every Conscientiocentric Institution is an independent association, of private character, non-profit and maintained predominantly by volunteer work of teachers, researchers, administrators and professionals of several areas.

CCCI. The set of Conscientiocentric Institutions and Conscientiology's volunteers in the planet composes the *International Cosmoethical Conscientiological Community* which currently consists of 24 CIs.

AIEC – Associação Internacional para Expansão da Conscienciologia
(International Association for Expansion of Conscientiology)

Fundação (*Foundation*): 22/04/2005

Sede (*Head office*): Av. Felipe Wandscheer, 6.200, sala 111, Cognópolis Foz do Iguaçu, Paraná, Brasil, CEP: 85856-750

Tel.: +55 (45) 2102-1411

Site: www.worldaiec.org

Contato: aiec.comunicacao@gmail.com

Campus Discernimentum: Av. Felipe Wandscheer, 6.200, sala 201 Cognópolis, Foz do Iguaçu, Paraná, Brasil, CEP: 85856-750

Tel.: +55 (45) 2102-1400

Contato: contato@discernimentum.org

APEX – Associação Internacional da Programação Existencial (Intenational Association of Existential Program)

Fundação (*Foundation*): 20/02/2007
Sede (*Head office*): Rua da Cosmoética, 1.635, Cognópolis, Caixa Postal 921, Centro Foz do Iguaçu, Paraná, Brasil, CEP: 85853-755
Tel.: +55 (45) 3525-2652 – Fax: +55 (45) 3525-5511
Site: www.apexinternacional.org
Contato: contato@apexinternacional.org

ARACÊ – Associação Internacional para Evolução da Consciência (International Association for Consciousness Evolution)

Fundação (*Foundation*): 14/04/2001
Campus **ARACÊ:** Rota do Conhecimento, Km 7, acesso pela BR-262 Km 87, Distrito de Arace, Domingos Martins, Espírito Santo, Brasil
Endereço para correspondência: Caixa Postal 110, Pedra Azul Domingos Martins, Espírito Santo, Brasil CEP: 29278-000
Tel.: +55 (27) 9739-2400
Site: www.arace.org
Contato: associacao@arace.org

ASSINVÉXIS – Associação Internacional de Inversão Existencial (International Association of Existential Inversion)

Fundação (*Foundation*): 22/07/2004
Campus **de Invexologia:** Av. Maria Bubiak, 1.100, Cognópolis Foz do Iguaçu, Paraná, Brasil CEP: 85853-728
Tel.: +55 (45) 3525-0913
Site: www.assinvexis.org
Contato: contato@assinvexis.org

ASSIPI – Associação Internacional de Parapsiquismo Interassistencial (International Association of Interassistential Parapsychism)

Fundação (*Foundation*): 29/12/2011
Sede (*Head office*): Av. Felipe Wandscheer, 6.200, sala 212, Cognópolis, Foz do Iguaçu, Paraná, Brasil CEP: 85856-750
Tel.: +55 (11) 2102-1421 – VOIP: +55 (45) 4053-9818
Site: www.assipi.org
Contato: assipi@assipi.com

CEAEC – Associação Internacional do Centro de Altos Estudos da Conscienciologia (International Association of the Center for Advanced Studies of Conscientiology)

Fundação (*Foundation*): 15/07/1995
Sede (*Head office*): Rua da Cosmoética, 1.635, Cognópolis, Caixa Postal 921, Centro Foz do Iguaçu, Paraná, Brasil CEP: 85853-755
Tel.: +55 (45) 3525-2652 – Fax:+55 (45) 3525-5511
Site: www.ceaec.org
Contato: ceaec@ceaec.org

COMUNICONS – Associação Internacional de Comunicação Conscienciológica (International Association of Conscientiological Communication)

Fundação (*Foundation*): 24/07/2005

Sede (*Head office*): Av. Felipe Wandscheer, 6.200, sala 206, Cognópolis Foz do Iguaçu, Paraná, Brasil CEP: 85856-750

Tel.: +55 (45) 2102-1409

Site: www.comunicons.org.br

Contato: comunicons@comunicons.org

CONSCIUS – Associação Internacional de Conscienciometria Interassistencial (International Association of Interassistantial Conscientiometry)

Fundação (*Foundation*): 24/02/2006

Sede (*Head office*): Av. Felipe Wandscheer, 6.200, sala 110, Cognópolis Foz do Iguaçu, Paraná, Brasil CEP: 85856-750

Tel.: +55 (45) 2102-1460

Site: www.conscius.org.br

Contato: conscius@conscius.org.br

CONSECUTIVUS – Associação Internacional de Pesquisas Seriexológicas e Holobiográficas (International Association of Seriexologic and Holobiographic Research)

Fundação (*Foundation*): 14/12/2014

Sede (*Head office*): Av. Felipe Wandscheer, 6.200, Casa 351, Cognópolis Foz do Iguaçu, Paraná, Brasil CEP: 85851-579

Tel.: +55 (45) 9807-1320

Site: www.consecutivus.com.br

Contato: consecutivus@consecutivus.com.br 226

COSMOETHOS – Associação Internacional de Cosmoeticologia (International Association of Cosmoethicology)

Fundação (*Foundation*): 03/10/2015

Sede (*Head office*): Av. Felipe Wandscheer, 6.200, Sala 104, *Cosmoethicarium* Cognópolis Foz do Iguaçu, Paraná, Brasil CEP: 85856-750

Tel.: +55 (45) 99921-4122

Site: www.cosmoethos.org.br

Contato: contato@cosmoethos.com.br

ECTOLAB – Associação Internacional de Pesquisa Laboratorial em Ectoplasmia e Paracirurgia (International Association of Laboratorial Research in Ectoplasmy and Parasurgery)

Fundação (*Foundation*): 14/07/2013

Sede (*Head office*): Avenida Felipe Wandscheer, 6.200, sala 105, Cognópolis Foz do Iguaçu, PR, Brasil CEP: 85856-750 **Telefone:** +55 (45) 2102-1427

Site: www.ectolab.org

Contato: ectolab@ectolab.org

EDITARES – Associação Internacional Editares (International Association Editares)

Fundação (*Foundation*)**:** 23/10/2004

Sede (*Head office*): Av. Felipe Wandscheer, 6.200, sala 107, Cognópolis Foz do Iguaçu, Paraná, Brasil CEP: 85856-750

Tel.: +55 (45) 2102-1407 – VOIP: +55 (45) 4053-953

Site: www.editares.org.br

Contato: editares@editares.org

ENCYCLOSSAPIENS – Associação Internacional de Enciclopediologia Conscienciológica (International Association of Conscientiological Encyclopediology)

Fundação (*Foundation*)**:** 21/12/2013

Sede (*Head office*): Rua da Cosmoética, 1.635, Cognópolis, Foz do Iguaçu, Paraná, Brasil CEP: 85853-755, Caixa Postal 921

Tel.: +55 (45) 3525-2652 – Fax: +55 (45) 3525-5511

Site: www.encyclossapiens.org

Contato: contato@encyclossapiens.org

EVOLUCIN – Associação Internacional de Conscienciologia para Infância (International Association of Conscientiology for Youth)

Fundação (*Foundation*)**:** 09/07/2006

Sede (*Head office*): Av. Felipe Wandscheer, 6.200, Cognópolis Foz do Iguaçu, Paraná, Brasil, CEP: 85856-750

Tel.: +55 (45) 9909-6129

Site: www.evolucin.org

Contato: evolucin@gmail.com

IC TENEPES – Associação Internacional de Tenepessologia (International Association of Pentology)

Fundação (*Foundation*)**:** 11/06/2016

Sede (*Head office*): Felipe Wandscheer 6.200, Sala 205, Cognópolis Foz do Iguaçu, Paraná, Brasil, CEP: 85856-750

Tel.: +55 (45) 99131-2855

Site: www.ictenepes.org

INTERPARES – Associação Internacional de Aportes Interassistenciais (International Association of Interassistential Intakes)

Fundação (*Foundation*)**:** 15/05/2016

Sede (*Head office*): Rua da Cosmoética, 1635, sala 11, Cognópolis Foz do Iguaçu, Paraná, Brasil, CEP: 85853-755

Tel.: +55 (45) 99124-7681

Site: www.interpares.org.br

Contato: aslascani@yahoo.com.br

IIPC – Instituto Internacional de Projeciologia e Conscienciologia (International Institute of Projectiology and Conscientiology)

Fundação (*Foundation*)**:** 16/01/1988

Sede (*Head office*): Av. Felipe Wandscheer, 6.200, sala 103, Cognópolis Foz do Iguaçu, Paraná, Brasil, CEP: 85856-750

Tel.: +55 (45) 2102-1448

Site: www.iipc.org.br

Contato: iipc@iipc.org.br

***Campus* de Pesquisas IIPC:** Estrada do Universalismo, 1.177 Sampaio Correa, Saquarema, Rio de Janeiro, Brasil, CEP: 28997-970

Tel.: +55 (22) 2654-1186

Contato: campussaquarema@iipc.org

INTERCAMPI – Associação Internacional dos *Campi* de Pesquisas da Conscienciologia (International Association of the Campi of Research in Conscientiology)

Fundação: 23/07/2005

Sede (*Head office*): Av. Antonio Basílio, 3006, sala 602, Lagoa Nova Natal, Rio Grande do Norte, CEP: 59056-005

Tel.: +55 (84) 3211-3126

Site: www.intercampi.org

Contato: intercampi@intercampi.org

JURISCONS – Associação Internacional de Paradireitologia (International Association of Paralawology)

Fundação (*Foundation*)**:** 25/04/2015

Sede (*Head office*): Av. Felipe Wandscheer, 6.200, sala 350 A, Cognópolis Foz do Iguaçu, Paraná, Brasil, CEP: 85856-750

Site: www.juriscons.org

Contato: juriscons@juriscons.org

ORTHOCOGNITIVUS – Associação Internacional para Implantação da Cognópolis em SC (International Association for the Implementation of Cognopolis in SC)

Fundação (*Foundation*)**:** 18/05/2018

Sede (*Head office*): Av. Mal. Castelo Branco, 65, Sala 1111, Torre II, Campinas, São José, Santa Catarina, Brasil, CEP: 88101-020

Tel.: +55 (48) 99845-9931

Site: www.cognopolis-sc.org

Contato: contato@cognopolis-sc.org

OIC – Organização Internacional de Conscienecioterapia (International Organization of Conscientiotherapy)

Fundação (*Foundation*)**:** 06/09/2003

***Campus* OIC:** Av. Felipe Wandscheer, 6945, Cognópolis Foz do Iguaçu, Paraná, Brasil, CEP: 85856-750

Tel.: +55 (45) 3025-1404 / 2102-1402 / 99921-6664

Site: www.oic.org.br

Contato: aco@oic.org.br

REAPRENDENTIA – Associação Internacional de Parapedagogia e Reeducação Conciencial (International Association of Parapedagogy and Conscientia Reeducation)

Fundação (Foundation):21/10/2007

Sede (*Head office*): Av. Felipe Wandscheer, 6.560, Cognópolis Foz do Iguaçu, Paraná, Brasil, CEP: 85853-755 Caixa Postal 921, Centro

Tel.: +55 (45) 3525-2652 – Fax: +55 (45) 3525-5511

Site: www.reaprendentia.org

Contato: contato@reaprendentia.org.br

UNICIN – União das Instituições Conscienciocêntricas Internacionais (Union of the International Conscientiocentric Institutions)

Fundação (*Foundation*)**:**22/01/2005

Sede (*Head office*): Av. Felipe Wandscheer, 6.200, sala 105, Cognópolis Foz do Iguaçu, Paraná, Brasil, CEP: 85856-750

Tel.: +55 (45) 2102-1405

Site: www.unicin.org

Contato: unicin@unicin.org

UNIESCON – União Internacional de Escritores da Conscienciologia (Union of Writers of Conscientiology)

Fundação (*Foundation*)**:**23/11/2008

Sede (*Head office*): Rua da Cosmoética, 1.635, Cognópolis Foz do Iguaçu, Paraná, Brasil, CEP: 85853-755

Tel.: +55 (45) 3525-2652 –

TÍTULOS PUBLICADOS PELA EDITARES

AUTOR	TÍTULO
Adriana Kauati	SÍNDROME DO IMPOSTOR
Adriana Lopes	SENSOS EVOLUTIVOS E CONTRASSENSOS REGRESSIVOS
Alessandra Nascimento e Felix Wong (Orgs.)	CONSCIENCIOLOGIA É NOTÍCIA: PROJECIOLOGIA
Alexandre Nonato	JK E OS BASTIDORES DA CONSTRUÇÃO DE BRASÍLIA
Alexandre Nonato *et al.*	ACOPLAMENTO ENERGÉTICO
	INVERSÃO EXISTENCIAL
Alexandre Zaslavsky (Editor)	INTERPARADIGMAS Nº 1 – Princípio da Descrença INTERPARADIGMAS Nº 2 – Parapercepciologia INTERPARADIGMAS Nº 3 – Pesquisa da Autoconsciência INTERPARADIGMAS Nº 4 – Diálogos Interparadigmáticos INTERPARADIGMAS Nº 5 – Precursores Interparadigmáticos INTERPARADIGMAS Nº 6 – O Paradigma Consciencial e Outros Paradigmas de Pesquisa da Consciência
Aline Niemeyer	MEGAPENSENES TRIVOCABULARES DA INTERASSISTENCIALIDADE
Aline Niemeyer e Lilian Zolet	TÉCNICAS BIOENERGÉTICAS PARA CRIANÇAS
Almir Justi, Amin Lascan e Dayane Rossa	COMPETÊNCIAS PARAPSÍQUICAS
Alzemiro Rufino de Matos	VIDA: OPORTUNIDADE DE APRENDER
Alzira Gesing	INTENÇÃO
Ana Luiza Rezende *et al.*	MANUAL DO ECP2
Ana Seno	COMUNICAÇÃO EVOLUTIVA
Ana Seno e Eliane Stédile (Orgs.)	*SERENARIUM*
Anália Rosário Lopes, Myriam Sanchez e Rita Sawaya	DICIONÁRIO DE TECAS DA HOLOTECOLOGIA
Antonio Fontenele	DECISÕES EVOLUTIVAS
Antonio Pitaguari e Marina Thomaz	REDAÇÃO E ESTILÍSTICA CONSCIENCIOLÓGICA
Arlindo Alcadipani	ITINERÁRIO EVOLUTIVO DE UM RECICLANTE
Bárbara Ceotto	DIÁRIO DE AUTOCURA
Caio Polizel (Org.)	DIRETRIZES DA AUTOGESTÃO EXISTENCIAL
Cesar Cordioli	CALEPINO CONSCIENCIOLÓGICO
	CONSCIENCIOLOGIA BREVE INTRODUÇÃO À CIÊNCIA DA CONSCIÊNCIA
Cesar Machado	ANTIVITIMIZAÇÃO
	PROATIVIDADE EVOLUTIVA
Cesar Machado e Stéfani Sabetzki	HUMANIZAÇÃO PARAPSÍQUICA NA UTI
Cirleine Couto	CONTRAPONTOS DO PARAPSIQUISMO
	INTELIGÊNCIA EVOLUTIVA COTIDIANA
Dalva Morem	SEMPRE É TEMPO
Dayane Rossa	OPORTUNIDADE DE VIVER
Débora Klippel	O PEQUENO PESQUISADOR: MULTIDIMENSIONALIDADE
Dulce Daou	AUTOCONSCIÊNCIA E MULTIDIMENSIONALIDADE
	VONTADE: CONSCIÊNCIA INTEIRA
Eduardo Martins	HIGIENE CONSCIENCIAL
Eliana Manfroi	ANTIDESPERDÍCIO CONSCIENCIAL
Eliane Wojslaw *et al.*	GLOSSÁRIO INGLÊS-PORTUGUÊS DE TERMOS ESSENCIAIS CONSCIENCIOLOGIA
Ernani Brito, Rosemary Salles e Sandra Tornieri (Orgs.)	LIVRO DOS CREDORES GRUPOCÁRMICOS
Eucárdio de Rosso (Org.)	COSMOETICOLOGIA
Everaldo Bergonzini e Lilian Zolet	CONVIVIALIDADE SADIA
Fernando R. Sivelli e Marineide C. Gregório	AUTOEXPERIMENTOGRAFIA PROJECIOLÓGICA
Flavia Rogick	CONSCIÊNCIA CENTRADA NA ASSISTÊNCIA
	MUDAR OU MUDAR

AUTOR	TÍTULO
Flávio Amado (Org.)	TEÁTICAS DA TENEPES
Flávio Buononato	ANUÁRIO DA CONSCIENCIOLOGIA 2012 ANUÁRIO DA CONSCIENCIOLOGIA 2013 ANUÁRIO DA CONSCIENCIOLOGIA 2014 FATOS E PARAFATOS DA COGNÓPOLIS FOZ DO IGUAÇU
Flávio Monteiro e Pedro Marcelino	CONS - COMPREENDENDO NOSSA EVOLUÇÃO
Giuliana Costa	AUTOBIOGRAFIA DE UMA PERSONALIDADE CONSECUTIVA
Graça Razera	HIPERATIVIDADE EFICAZ
Guilherme Kunz	MANUAL DO MATERPENSENE
Isabel Manfroi	O EMPREENDEDORISMO REURBANIZADOR DE HÉRCULES GALLÓ E WALDO VIEIRA
Jacqueline Nahas e Pedro Fernandes (Orgs.)	*HOMO LEXICOGRAPHUS*
Jayme Pereira	BÁRBARAH VAI À ESTRELA
	PRINCÍPIOS DO ESTADO MUNDIAL COSMOÉTICO
Jean Pierre Bastiou	*GLOBE-TROTTER* DA CONSCIÊNCIA
João Aurélio e Katia Arakaki	COGNÓPOLIS FOZ: UM LUGAR PARA SE VIVER
João Paulo Costa e Dayane Rossa	MANUAL DA CONSCIN-COBAIA
João Ricardo Schneider	HISTÓRIA DO PARAPSIQUISMO
Jovilde Montagna	VIVÊNCIAS PARAPSÍQUICAS DE UMA PEDIATRA
Julieta Mendonça	MANUAL DO TEXTO DISSERTATIVO
Julio Almeida	QUALIFICAÇÃO AUTORAL
	QUALIFICAÇÕES DA CONSCIÊNCIA
Kátia Arakaki	ANTIBAGULHISMO ENERGÉTICO
	VIAGENS INTERNACIONAIS
	OTIMIZAÇÕES PRÉ-TENEPES
Kátia Arakaki (Org.)	AUTOFIEX
Lane Galdino	MANUAL DE ASSESSORIA JURÍDICA EM INSTITUIÇÕES CONSCIEN CIOCÊNTRICAS (ICs)
Laura Sánchez	LASTANOSA: MEMÓRIA E HISTÓRIA DO INTELECTUAL E HOLOTECÁRIO DO SÉCULO XVII
Lilian Zolet	PARAPSIQUISMO NA INFÂNCIA
Lilian Zolet e Flavio Buononato	MANUAL DO ACOPLAMENTARIUM
Lilian Zolet e Guilherme Kunz (Orgs.)	*ACOPLAMENTARIUM*: PRIMEIRA DÉCADA
Lourdes Pinheiro e Felipe Araújo	DICIONÁRIO DE VERBOS CONJUGADOS
Luciana Lavôr (Org.)	I NOITE DE GALA MNEMÔNICA - HISTÓRIA ILUSTRADA
Luciano Vicenzi	CORAGEM PARA EVOLUIR
Lucy Lufti	VOLTEI PARA CONTAR
Luiz Bonassi	PARADOXOS
Mabel Teles	PROFILAXIA DAS MANIPULAÇÕES CONSCIENCIAIS
	ZÉFIRO
Málu Balona	AUTOCURA ATRAVÉS DA RECONCILIAÇÃO
	SÍNDROME DO ESTRANGEIRO
Marcelo da Luz	ONDE A RELIGIÃO TERMINA?
Maria Helena Lagrota	MINHAS QUATRO ESTAÇÕES
Maria Thereza Lacerda	A PEDRA DO CAMINHO
Marilza de Andrade	PROJEÇÕES ASSISTENCIAIS
Marina Thomaz e Antonio Pitaguari (Orgs.)	TENEPES: ASSISTÊNCIA INTERDIMENSIONAL LÚCIDA
Marta Ramiro	MANUAL DA TÉCNICA DA RECEXIS
Maximiliano Haymann	PRESCRIÇÕES PARA O AUTODESASSÉDIO
	SÍNDROME DO OSTRACISMO
Miriam Kunz	ANTROPOZOOCONVIVIOLOGIA
Moacir Gonçalves e Rosemary Salles	DINÂMICAS PARAPSÍQUICAS
Osmar Ramos Filho	CRISTO ESPERA POR TI (Edição Comentada)
Paulo Mello	EVOLUTIVIDADE PLANEJADA
Phelipe Mansur	EMPREENDEDORISMO EVOLUTIVO
Reinalda Fritzen	CAMINHOS DA AUTOSSUPERAÇÃO
Ricardo Rezende	VOLUNTARIADO CONSCIENCIOLÓGICO INTERASSISTENCIAL

AUTOR	TÍTULO
Roberto Leimig	VIDAS DE NATURALISTA
Rodrigo Medeiros	CLARIVIDÊNCIA
Rosa Nader	AUTODESREPRESSÃO
Rosa Nader (Org.)	MANUAL DE VERBETOGRAFIA
Roseli Oliveira	DICIONÁRIO DE EUFEMISMOS DA LÍNGUA PORTUGUESA
Rosemary Salles	CONSCIÊNCIA EM REVOLUÇÃO
Sandra Tornieri	MAPEAMENTO DA SINALÉTICA ENERGÉTICA PARAPSÍQUICA
Selma Prata	O CÉREBRO ENVELHECE E O PARACÉREBRO ENRIQUECE
Silda Dries	TEORIA E PRÁTICA DA EXPERIÊNCIA FORA DO CORPO
Tathiana Mota	CURSO INTERMISSIVO
Tatiana Lopes	DESENVOLVIMENTO DA PROJETABILIDADE LÚCIDA
Tony Muskopf	AUTENTICIDADE CONSCIENCIAL
Vera Hoffmann	SEM MEDO DA MORTE
Vera Tanuri	PERDÃO: OPÇÃO COSMOÉTICA DE SEGUIR EM FRENTE
Victor Strate Bolfe	ESTADO VIBRACIONAL: VIVÊNCIA E AUTOQUALIFICAÇÃO
Wagner Alegretti	RETROCOGNIÇÕES: PESQUISA DA MEMÓRIA DE VIVÊNCIAS PASSADAS
Wagner Strachicini	CONSCIÊNCIA ANTIDOGMÁTICA
Waldo Vieira	100 TESTES DA CONSCIENCIOMETRIA
	200 TEÁTICAS DA CONSCIENCIOLOGIA
	500 VERBETÓGRAFOS DA ENCICLOPÉDIA DA CONSCIENCIOLOGIA
	700 EXPERIMENTOS DA CONSCIENCIOLOGIA
	CONSCIENCIOGRAMA
	DICIONÁRIO DE ARGUMENTOS DA CONSCIENCIOLOGIA
	DICIONÁRIO DE NEOLOGISMOS DA CONSCIENCIOLOGIA
	HOMO SAPIENS PACIFICUS
	HOMO SAPIENS REURBANISATUS
	LEXICO DE ORTOPENSATAS
	MANUAL DA DUPLA EVOLUTIVA
	MANUAL DA PROÉXIS
	MANUAL DA TENEPES
	MANUAL DE REDAÇÃO DA CONSCIENCIOLOGIA
	MANUAL DOS MEGAPENSENES TRIVOCABULARES
	NOSSA EVOLUÇÃO
	O QUE É A CONSCIENCIOLOGIA
	PROJECIOLOGIA
	PROJEÇÕES DA CONSCIÊNCIA
	TEMAS DA CONSCIENCIOLOGIA
Waldo Vieira *et al.*	ENCICLOPÉDIA DA CONSCIENCIOLOGIA

INGLÊS

AUTOR	TÍTULO
Alessandra Nascimento e Felix Wong (Orgs.)	*CONSCIENTIOLOGY IS NEWS: PROJECTIOLOGY*
Cesar Machado	*ANTIVICTIMIZATION*
Débora Klippel	*THE LITTLE RESEARCHER*
Eduardo Martins	*CONSCIENTIAL HYGIENE*
Eliana Manfroi	*CONSCIENTIAL ANTIWASTAGE*
Eliane Wojslaw *et al.*	*GLOSSARY OF ESSENTIAL CONSCIENTIOLOGY TERMS*
Flávio Monteiro e Pedro Marcelino	*CONS: UNDERSTANDING OUR EVOLUTION*
Lilian Zolet	*PARAPSYCHISM IN CHILDHOOD QUESTIONS AND ANSWERS*
Mabel Teles	*ZEPHYRUS - THE INTERMISSIVE PARAIDENTITY OF WALDO VIEIRA*
Marcelo da Luz	*WHERE DOES RELIGION END?*
Tathiana Mota	*INTERMISSIVE COURSE*

INGLÊS

AUTOR	TÍTULO
Waldo Vieira	*700 CONSCIENTIOLOGY EXPERIMENTS*
	CONSCIENTIOGRAM
	OUR EVOLUTION
	PENTA MANUAL
	PROEXIS MANUAL
	PROJECTIOLOGY – A PANORAMA OF EXPERIENCES OF THE CONSCIOUSNESS OUTSIDE THE HUMAN BODY
	PROJECTIONS OF THE CONSCIOUSNESS

ESPANHOL

AUTOR	TÍTULO
Alessandra Nascimento e Felix Wong (Orgs.)	*CONCIENCIOLOGÍA ES NOTICIA: PROYECCIOLOGÍA*
Málu Balona	*SÍNDROME DEL EXTRANJERO*
Maximiliano Haymann	*SÍNDROME DEL OSTRACISMO*
Miguel Cirera	*EVOLUCIÓN DE LA INTELIGENCIA PARAPSÍQUICA*
Rosemary Salles	*CONCIENCIA EN REVOLUCIÓN*
Waldo Vieira	*CONSCIENCIOGRAMA*
	NUESTRA EVOLUCIÓN
	MANUAL DE LA TENEPER
	MANUAL DE LA PROEXIS
	PROYECCIONES DE LA CONCIENCIA

GERMAN

AUTOR	TÍTULO
Jayme Pereira	*BARBARAH FLIEGT ZUM STERN*

Site da Editora: www.editares.org.br

NÃO ACREDITE EM NADA, NEM MESMO NO QUE ESTÁ PUBLICADO NA INTERPARADIGMAS.
EXPERIMENTE, VIVENCIE.
TENHA SUAS EXPERIÊNCIAS PESSOAIS.

A *Interparadigmas* – A Revista de Doutores da Conscienciologia é um periódico científico, com publicação impressa, de periodicidade anual, sob a responsabilidade exclusiva de doutores da Conscienciologia.

Os objetivos da Interparadigmas são:

I – Caracterizar e explicitar as bases epistemológicas e científicas da Conscienciologia.

II – Divulgar os conhecimentos conscienciológicos para o meio acadêmico.

III – Problematizar os paradigmas científicos vigentes na academia a partir do paradigma consciencial.

IV – Servir de espaço para debates e controvérsias entre os paradigmas convencionais e o consciencial.

V – Auxiliar, ao modo de ponte, nos processos de transição do paradigma materialista e fisicalista para o paradigma consciencial, multidimensional.

VI – Possibilitar o acolhimento dos intermissivistas atuantes no mundo acadêmico.

A *Interparadigmas* tem o posicionamento de publicar exclusivamente textos produzidos por especialistas com título de doutorado. A intenção é dupla:

1. Estabelecer interlocução efetiva com a Academia, ou seja, universidades e institutos de pesquisa, com base no domínio técnico atual das discussões científicas.
2. Certificar, *a priori*, a solidez e o profissionalismo das investigações e reflexões publicadas acerca de temas controversos, polêmicos e até *tabus*, ao modo das experiências extrassensoriais da consciência.

E-mail: **interparadigmas@gmail.com**

www.ingramcontent.com/pod-product-compliance
Ingram Content Group UK Ltd.
Pitfield, Milton Keynes, MK11 3LW, UK
UKHW051526260826
14628UKWH00012B/3639

9 780231 869416